Aprender

Visual Basic para Aplicaciones en Excel

con 100 ejercicios prácticos

Aprender

Visual Basic para Aplicaciones en Excel

con 100 ejercicios prácticos

Marcombo

Aprender Visual Basic para Aplicaciones en Excel con 100 ejercicios prácticos

© 2023 Juan Antonio Gómez Gutiérrez

Primera edición, 2023

© 2023 MARCOMBO, S.L.
www.marcombo.com

Maquetación interior y diseño: María Paz Mora Encinas
Correctora: Haizea Beitia Aldaiturriaga
Director de colección: Pablo Martínez Izurzu
Directora de producción: M.ª Rosa Castillo Hidalgo

ISBN: 978-84-267-3564-5
D.L.: B 20550-2022

Impreso en Ulzama Digital
Printed in Spain

Presentación

APRENDER VISUAL BASIC PARA APLICACIONES EN EXCEL CON 100 EJERCICIOS PRÁCTICOS

Este libro muestra los diferentes elementos a tener en cuenta cuando nos adentramos en el mundo de la programación de macros con Visual Basic. En primer lugar, muestra cómo es posible fabricar macros sin tener que escribir ninguna línea de código gracias al uso de la grabación de macros y, seguidamente, realiza un recorrido por las diferentes herramientas que componen el IDE de desarrollo (editor, ventanas diversas, barras de iconos, menús, etc. Además, destaca las sentencias más importantes del lenguaje, así como las funciones más utilizadas, con las que podrá resolver todo tipo de problemas gracias a los ejemplos que acompañan cada explicación.

A QUIÉN VA DIRIGIDO

Este libro está dirigido tanto a los entusiastas de Microsoft Excel que pretenden utilizar una de sus diversas funcionalidades para sacar mayor partido a la herramienta como a aquellos que necesitan material de consulta y ejemplos para resolver algunas tareas repetitivas que pueden encontrarse en su día a día, ya sea personal o profesionalmente.

El seguimiento de este libro no requiere ningún conocimiento especial previo, con lo que puede serle útil a cualquier persona que utilice Microsoft Excel.

LA FORMA DE APRENDER

Nuestra experiencia en el ámbito de la enseñanza nos ha llevado a diseñar este tipo de manual, en el que cada una de las funciones se ejercita mediante la realización de un ejercicio práctico. Dicho ejercicio se halla explicado paso a paso y pulsación a pulsación, a fin de no dejar ninguna duda en su proceso de ejecución. Además, lo hemos ilustrado con imágenes descriptivas de los pasos más importantes o de los resultados que deberían obtenerse, y con recuadros «IMPORTANTE» que ofrecen información complementaria sobre los temas tratados en los ejercicios.

LOS ARCHIVOS NECESARIOS

En la parte inferior de la primera página del libro encontrará el código de acceso que le permitirá descargar de forma gratuita los contenidos adicionales del libro en *www.marcombo.info.*

Cómo leer
los libros "**Aprender...**"

El título de cada ejercicio expresa en qué consiste dicho ejercicio. De esta forma, si le interesa, puede acceder directamente a la acción que desea aprender o refrescar.

Puede seguir el ejercicio de forma gráfica y paso a paso. Los números colocados en las fotos le remiten a entradas en el cuerpo de texto.

El número a la derecha de la página le indica en qué ejercicio se encuentra.

Los recuadros IMPORTANTE» incluyen acciones que debe hacer para asegurarse de que realiza el ejercicio correctamente. También contienen información interesante que le facilitará su trabajo con el programa.

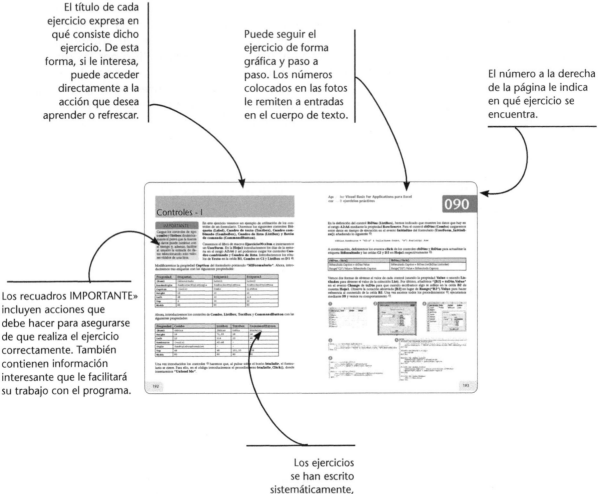

Los ejercicios se han escrito sistemáticamente, paso a paso, para que nunca se pierda durante su realización.

*Dedico este libro a mi mujer Victoria y a mi hijo Pablo, que son la alegría de mi vida.
También se lo dedico a mi madre, a mi hermana y a mi padre,
a los que quiero con todo mi corazón.*

*Por último, quisiera dedicárselo a mis amigos Victor y Quim que,
a pesar de los años, siempre están ahí.*

Índice

Índice

Crear libro xlsm y mostrar pestaña Programador

Para poder trabajar con macros en un libro de Excel, disponemos de varias posibilidades, ya que podemos crear macros utilizando la función **Grabar Macro** o escribiendo todo su código al completo.

En nuestro primer ejercicio, vamos a utilizar la forma más sencilla, que es Grabar Macro. De esta forma, podremos disponer de una primera macro creada automáticamente con todos los detalles que se necesitan para su almacenamiento y ejecución.

Para ello crearemos un libro de Excel y mostraremos la pestaña **Programador** (si aún no la tenemos a la vista), ya que es la que nos va a facilitar todas las acciones relacionadas con la creación y ejecución de macros.

En primer lugar, abriremos **Microsoft Excel** y crearemos un **Libro en blanco** ❶. A continuación, trataremos de localizar la pestaña **Programador** ❷ en la cinta de opciones. Si no está disponible, tendremos que configurar **Excel** para que la muestre. Para mostrar la pestaña **Programador**, accederemos a **Archivo -> Opciones** ❸ y, en el cuadro de diálogo que aparece, seleccionaremos el apartado **Personalizar cinta de opciones** y, en la parte derecha, dentro de las pestañas principales que se muestran, marcaremos el casillero correspondiente a **Programador** ❹.

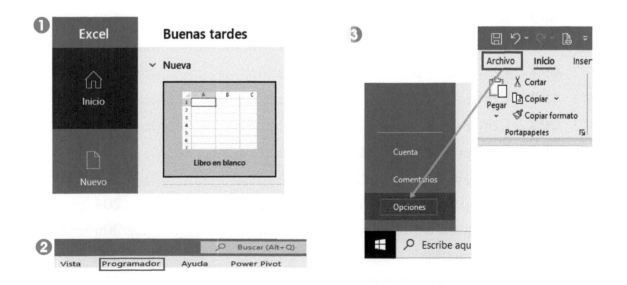

En este punto, ya vemos la pestaña **Programador** y ya podríamos empezar a trabajar con macros. Conviene recordar que, para poder grabar libros de macros, tendremos que guardarlos con la extensión **xlsm**, que es la extensión prevista para este tipo de libros. Para ello, la primera vez que guardamos el libro tendremos que guardarlo mediante la opción **Archivo -> Guardar como -> Examinar** ❺ y, en el cuadro de diálogo que aparece, pondremos el nombre que deseemos (p. ej. **Ejercicio01.xlsm**) y seleccionaremos el tipo **Libro de Excel habilitado para macros (*.xslm)** ❻.

Ahora, en el título de la ventana de Excel ❼ comprobaremos que nuestro libro ya está guardado con la extensión necesaria para trabajar con macros.

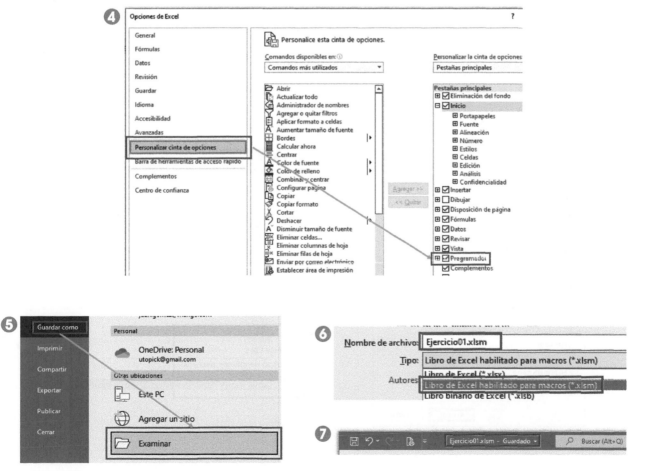

Grabar primera macro

En este ejercicio vamos a grabar nuestra primera macro, la cual simplemente consistirá en ajustar el ancho de todas las columnas para que el ancho coincida exactamente con la longitud de la mayor cadena de caracteres existentes en cada una de ellas.

Para ello, crearemos un libro nuevo de Excel y haremos un **Guardar como** (según vimos en el ejercicio anterior) con el nombre de **Ejercicio02.xlsm**.

A continuación, introduciremos algunos valores en las celdas **A1**, **B1** y **C1** ❶.

Seguidamente, localizaremos la opción **Grabar macro** en la pestaña **Programador** ❷ y pulsaremos sobre ella. Observaremos que aparece un cuadro de diálogo en el que podemos definir algunas características de la macro que estamos creando ❸. Por ejemplo, como nombre de la macro introduciremos el texto "**Ajuste01**" y, en **Descripción**, indicaremos "**Mi primera macro**". Podríamos definir alguna combinación de teclas que nos permitiera ejecutar la macro si especificáramos alguna letra en el campo **Tecla de método abreviado** y, asimismo, podríamos guardar la macro en un libro diferente al libro en curso ❹ si cambiáramos la selección en **Guardar macro en:**. Este detalle, sin embargo, lo comentaremos en un ejercicio posterior con mayor detalle.

Cuando pulsamos en **Aceptar**, observamos que la opción **Grabar macro** desaparece y en su lugar aparece la opción **Detener macro** ❺ para que podamos detener la grabación cuando ya no queramos almacenar más acciones durante el proceso de grabación.

Ahora vamos a ejecutar secuencialmente cada una de las acciones que queremos almacenar en la macro. Las acciones a realizar serán las siguientes:

Seleccionar todas las **celdas** de la hoja cuyas columnas queremos ajustar ❻. Para ello, simplemente hacemos clic en la esquina superior izquierda de la zona destinada a las celdas.

Hacemos **doble clic** en cualquiera de las **separaciones** de **columnas** para que se ejecute la acción Autofit (Autoajuste) ❼.

Por último, **detenemos** la **grabación** ❽.

En este momento, ya hemos finalizado la grabación y disponemos de la macro dentro de nuestro propio libro.

En el siguiente ejercicio, veremos cómo podemos ejecutar esta macro cuando sea necesario.

❻

	A	B	C
1	Uno	Dos	Tres
2			
3			

❺

Archivo   Inicio   Insertar   Dispo:

☐ Detener grabación
⊞ Usar referencias relativas
Visual Macros
Basic   ⚠ Seguridad de macros

❼

	A	B	C
1	Uno	Dos	Tres
2			
3			

❽

Hoja1 Se está grabando una macro en este momento. Haga clic para detener la grabación.

Listo   ⛁ Public   ☐

🔍 Escribe aquí para buscar

Ejecutar macro

Existen diversas maneras de ejecutar una macro, pero la más sencilla e inmediata es la de acudir a la pestaña **Programador** y pulsar sobre la opción **Macros** ❶.

Para realizar este ejercicio, podemos hacer una copia del libro creado en el ejercicio anterior (Grabar primera macro; **Ejercicio02.xlsm**) sobre un libro nuevo llamado **Ejercicio03.xlsm**, o bien realizar los mismos pasos descritos para crear el libro y grabar la macro. Una vez que tengamos el libro **Ejercicio03.xlsm** creado, al abrirlo veremos con toda probabilidad un mensaje en el que se indica que "Las macros se han deshabilitado" ❷. Por el momento, pulsaremos sobre el botón "Habilitar contenido" y en el ejercicio de Seguridad de macros ya comentaremos más detalladamente este tipo de situaciones. Una vez abierto el libro, veremos que las celdas **A1**, **B1** y **C1** contienen un texto de prueba, ❸ el cual modificaremos introduciendo un texto de longitud variable para comprobar cómo se autoajusta el ancho de las columnas al ejecutar la macro.

Introduzcamos cadenas de diferente longitud en las celdas **A1**, **B1** y **C1**. Por ejemplo, en **A1** introducimos **"Uno (pruebas)"**; en **B1**, **"Dos (Pruebas de longitud variable y extensa)"**, y en **C1**, **"Tres (pruebas long)"** ❹.

A continuación, pulsaremos sobre **Macros** desde la pestaña **Programador** y veremos que aparece el cuadro de diálogo **Macro** ❺ con diversas opciones y con una lista de las macros disponibles en todos los libros abiertos. En nuestro caso, solo se muestra la macro **Ajuste01**. Al pulsar sobre **Ejecutar**, comprobaremos cómo se ha ajustado el ancho de cada columna en función del nuevo texto introducido ❻.

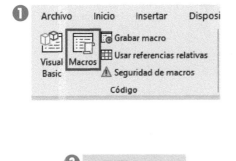

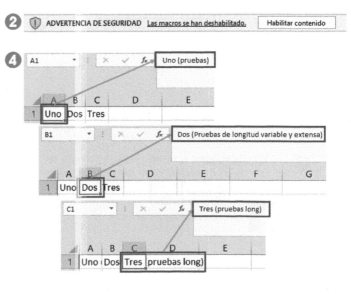

De nuevo, modificamos otra vez el texto y añadimos textos en las celdas **D1** y **E1** para comprobar que el ajuste se hace sobre todas las columnas, ya que la selección realizada en la macro alcanza a toda la hoja. En **D1** introducimos **"Nuevo"** y en **E1**, **"Texto para otra columna nueva"** ❼. Después ejecutamos otra vez la macro **Ajuste01**.

Comprobamos una vez más que se ha ajustado de nuevo el ancho de cada columna, incluidas las columnas nuevas.

En el cuadro de diálogo **Macro** utilizado para ejecutar la macro disponemos de las siguientes opciones:

Nombre de la macro	Permite introducir el nombre de la macro a crear. Si se introduce un nombre nuevo, se hablita el botón Crear
Macros en	Permite seleccionar el libro que contiene la macro que deseamos ejecutar. Por defecto, se propone el libro en curso
Descripción	Contiene una descripción sobre la macro seleccionada
Ejecutar	Ejecuta la macro seleccionada
Paso a paso	Abre el editor de Visual Basic y ejecuta la macro en modo Debug ejecutando línea a línea
Modificar	Abre el editor de Visual Basic y permite la modificación del código fuente de la macro
Crear	Abre el editor de Visual Basic y permite la introducción de código de la nueva macro
Eliminar	Elimina la macro seleccionada solicitando confirmación previamente ❽
Opciones	Permite modificar la **Tecla de método abreviado** y la **Descripción de la macro** ❾
Cancelar	Abandona el diálogo **Macro** sin realizar ninguna acción

Asociar macro a imagen

Otra forma de ejecutar una macro es asociándola a una imagen de forma que, al pulsar sobre la misma, se realice la ejecución.

Para facilitar la preparación del ejercicio, de nuevo sugerimos copiar el libro que creamos en el ejercicio Grabar primera macro (**Ejercicio02.xlsm**) sobre **Ejercicio04.xlsm** para disponer de una hoja con datos ❶ y con la macro **Ajuste01** ya creada.

A continuación, para preparar el ejercicio, modificaremos el contenido de las celdas **A1**, **B1** y **C1**. Por ejemplo, en **A1** introducimos "**Uno (pruebas)**"; en **B1**, "**Dos (Pruebas de longitud variable y extensa)**", y en **C1**, "**Tres (pruebas long)**" ❷. De esta forma, vemos claramente que el ancho actual de las columnas no permite visualizar todo el contenido de cada celda.

Seguidamente, buscamos una imagen cualquiera y la insertamos en nuestra hoja. En nuestro ejemplo usaremos una imagen fabricada expresamente para el ejercicio que denominamos **ImgAjuste.png** ❸. Colocaremos la imagen mas o menos sobre la celda D3 dejando a la vista las celdas con información ❹.

Ahora, haciendo clic con el botón derecho del ratón sobre la imagen, seleccionaremos la opción **Asignar macro...** ❺, lo que dará paso a la visualización del diálogo **Asignar macro**, el cual, por defecto ❻, nos ofrece un nombre nuevo por si en ese momento queremos crear (**Nuevo**) o grabar (**Grabar...**) una macro nueva. En nuestro caso, sin embargo, seleccionaremos la macro que ya tenemos, **Ajuste01**. Observe cómo al pulsar sobre **Ajuste01** desaparecen los botones **Nuevo** y **Grabar** y en su lugar aperece el botón **Modificar**, por si queremos modificar la macro antes de asociarla ❼. A continuación, pulsamos en **Aceptar** y ya damos por finalizada la asignación de la macro a la imagen.

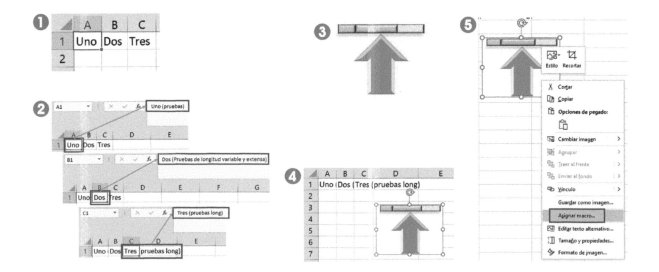

Una vez que se haya cerrado el diálogo **Asignar macro**, veremos que ahora, al pasar el puntero del ratón sobre la imagen, este cambia invitando a pulsar sobre la misma para ejecutar la macro ❽.

Si pulsamos sobre la imagen, comprobaremos cómo la macro, efectivamente, se ejecuta y ajusta el ancho de cada columna en función del contenido de cada celda ❾.

Para desenlazar la macro de la imagen, haremos clic con el botón derecho del ratón y, en el diálogo llamado **Asignar macro**, borraremos el texto que hace referencia a la macro en el campo **Nombre de la macro**.

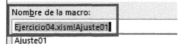

Asociar macro a un botón

En este ejercicio, crearemos un libro de macros y ejecutaremos una macro a través de un botón. Se trata de un ejercicio similar al visto anteriormente para asociar una macro a una imagen, con la diferencia de que, además de asociar la macro a un botón de formulario, esta vez la macro se creará durante el proceso de grabación que se lanzará durante la asignación.

En primer lugar, crearemos el libro **Ejercicio05.xlsm** abriendo **Microsoft Excel**, seleccionando **Libro en blanco** y, después, **Archivo -> Guardar como -> Examinar -> Ejercicio05.xlsm** ❶.

A continuación, introduciremos alguna información en las celdas **A1**, **B1** y **C1** para poder ejecutar posteriormente un autoajuste del ancho de las columnas, de forma que cada columna tenga exactamente el ancho necesario para visualizar el texto de cada celda sin truncar su contenido ni excederse de tamaño. Por ejemplo, podemos introducir "**Uno**" en **A1** , "**Dos**" en **B1** y "**Tres**" en **C1** ❷.

Seguidamente, desde la pestaña **Programador**, seleccionaremos **Insertar -> Botón** ❸ y dibujaremos un botón sobre la celda **D3** ❹. Observaremos que se abre el cuadro de diálogo **Asignar macro**, que nos propone un nombre de macro por defecto ("**Botón1_Haga_clic_en**") ❺.

Modificamos el **Nombre de la macro** para introducir **Ajuste05** y pulsamos en el botón **Grabar** para iniciar la grabación de la macro ❻. Al pulsar sobre el botón **Grabar**, aparece el cuadro de diálogo **Grabar macro**, en el que podemos introducir una **Descripción** y pulsar **Aceptar** ❼ para iniciar la grabación.

Las acciones para realizar serán:

En primer lugar, seleccionaremos con el ratón las columnas A, B y C ❽.

Seguidamente, haremos doble clic sobre cualquiera de las separaciones de columna (por ejemplo, entre la B y la C) para provocar el autoajuste ❾.

Detendremos la grabación pulsando sobre la opción **Detener grabación** en la pestaña Programador. ❿

Para comprobar el funcionamiento, modificaremos el contenido de las celdas **A1**, **B1** y **C1**. Por ejemplo, en **A1** introducimos **"Uno (pruebas)"**; en **B1**, **"Dos (Pruebas de longitud variable y extensa)"**, y en **C1**, **"Tres (pruebas long)"** ⓫.

Por último, pulsaremos sobre el botón y comprobaremos que la macro se ha ejecutado y las columnas se han autoajustado a su ancho ideal ⓬.

Si lo desea, puede cambiar el texto del botón haciendo clic con el puntero del ratón sobre el mismo, seleccionando la opción **Editar texto** y sobrescribiendo el contenido con el texto deseado (por ejemplo, Autoajuste) ⓭.

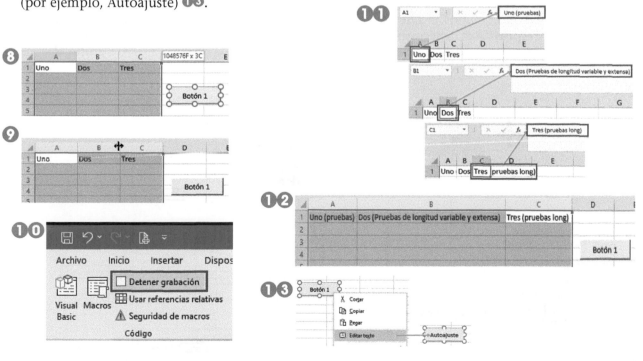

Asociar macro a opción de cinta de opciones

En este ejercicio, añadiremos una pestaña nueva a la cinta de opciones con un grupo de comandos donde colocar finalmente nuestra macro.

Para realizar este ejercicio, podemos hacer una copia del libro creado en el ejercicio Grabar primera macro (**Ejercicio02.xlsm**) sobre un libro nuevo llamado **Ejercicio06.xlsm**, o bien realizar los mismos pasos descritos para crear el libro y grabar la macro.

Una vez dispongamos del libro **Ejercicio06.xlsm** con datos en las celdas **A1**, **B1** y **C1** y, además, la macro **Ajuste01** ❶, lo abriremos y accederemos a la opción **Archivo -> Opciones -> Opciones de Excel** ❷.

En este cuadro de diálogo, lo primero que haremos será crear una pestaña haciendo clic en el botón **Nueva pestaña** ❸. Observaremos que se ha creado una nueva pestaña y un nuevo grupo dentro de la misma. Para cambiar el nombre de la nueva pestaña, haremos clic sobre el check que contiene el nombre **Nueva pestaña (personalizada)** y, a continuación, pulsaremos sobre el botón **Cambiar nombre...**, lo que dará paso a un pequeño cuadro de diálogo con el título **Cambiar nombre** en el que introduciremos, por ejemplo, **"MisMacros"** ❹.

Ahora, cambiaremos el nombre del grupo de forma similar a la descrita para la nueva pestaña. Seleccionaremos el nuevo grupo y pulsaremos sobre el botón **Cambiar nombre...**, donde en el cuadro de diálogo que aparece introduciremos el nombre **Ajustes** y seleccionaremos el icono que representará al grupo en la nueva pestaña recién creada ❺.

Por último, seleccionaremos el nuevo grupo **Ajustes (personalizada)** y en el desplegable de **Comandos disponibles**, seleccionaremos **Macros** y, seguidamente, seleccionaremos la macro **Ajuste01** y pulsaremos sobre el botón **Agregar >>** para añadir la macro a nuestro grupo ❻.

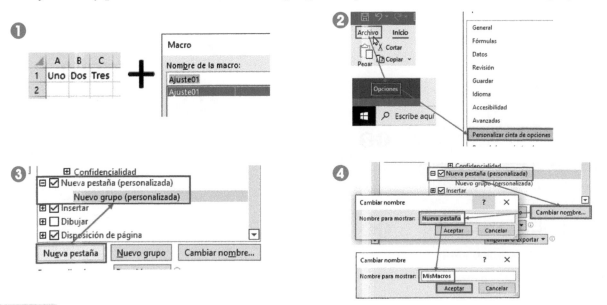

En este punto, ya disponemos de una nueva pestaña (**MisMacros**) con un nuevo grupo (**Ajustes**) que contiene una llamada a nuestra macro (**Ajuste01**) ❼. Para mostrar la pestaña en una posición concreta, basta con seleccionarla en el cuadro de diálogo **Opciones de Excel** y, dentro del apartado **Pestañas principales**, arrastrarla a la posición deseada ❽.

Para probar la nueva opción, basta con seleccionar las columnas **A**, **B** y **C** y cambiarles el tamaño aleatoriamente para posteriormente pulsar sobre nuestra nueva opción **Ajuste01** y comprobar cómo el ancho de las columnas se ha vuelta a ajustar automáticamente ❾.

Para eliminar la nueva pestaña recién creada, bastará con seleccionarla en el apartado **Pestañas principales** situado en el diálogo de **Opciones de Excel** y, con el botón derecho sobre ella, seleccionar **Quitar** ❿.

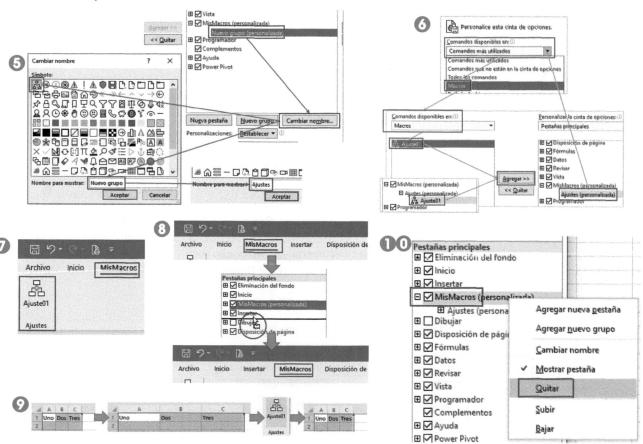

Crear macro con referencias absolutas/relativas

Cuando grabamos una macro, por defecto estamos usando la grabación con referencias absolutas, lo que significa que las acciones que se realizan se realizan siempre sobre las celdas que se indicaron en el momento de la grabación.

Sin embargo, si grabamos la macro con referencias relativas, se almacenan los desplazamientos respecto de la celda inicial, de forma que cuando ejecutemos la macro, las celdas tratadas serán las correspondientes al desplazamiento desde la celda que hayamos seleccionado en el momento de ejecutar la macro, y no las celdas que se trataron durante la grabación inicial.

Veamos un ejemplo para aclarar este comportamiento. En primer lugar, creamos el libro **Ejercicio07.xslm** sin introducir ningún dato y accedemos a la pestaña **Programador** para disponernos a grabar una macro.

Podemos observar que en el grupo de comandos **Código** de la pestaña **Programador** tenemos la opción **Usar referencias relativas**. Esta opción es biposicional, de forma que si pulsamos una vez se **activa** y si volvemos a pulsar se **desactiva** ❶.

Por defecto, esta opción está inactiva y, por tanto, la grabación a realizar será con referencias absolutas.

Acciones a realizar:

Pulsamos sobre **Grabar macro** y bautizamos nuestra macro con el nombre **"RefAbsolutas"** ❷.

Hacemos clic sobre **A1**, introducimos el texto **"Uno"** y pulsamos la tecla **INTRO**, con lo que el cursor se situará sobre la celda **A2**.

En **A2** introducimos el texto **"Dos"** y volvemos a pulsar **INTRO** para desplazarnos a la celda **A3**.

En la celda **A3**, introducimos el texto **"Tres"**, pulsamos **INTRO** y detenemos la grabación ❸.

En este punto, veremos que en la hoja tenemos datos en las celdas A1, A2 y A3 ❹. Si seleccionamos el rango **A1:A3** y pulsamos **Suprimir**, el contenido desaparecerá ❺. Si hacemos clic en la celda **B4** y ejecutamos la macro **RefAbsolutas** (**Macros -> Seleccionar -> RefAbsolutas** y pulsar sobre **Ejecutar**) ❻ veremos que a pesar de que el cursor se hallaba en la celda **B4**, las celdas que se rellenan son las celdas **A1**, **A2** y **A3** ❹.

Veamos qué sucede si grabamos la macro con **Usar referencias relativas**. Para ello, seleccionamos el rango **A1:A3** y pulsamos la tecla **Suprimir ❺**.

Pulsamos sobre **Usar referencias relativas** para activar esta funcionalidad ❶.

Realizamos la grabación con las mismas acciones descritas anteriormente pero poniendo como nombre de macro **"RefRelativas" ❼**. Es decir, hacemos clic sobre **A1**, introducimos **"Uno"** e **INTRO**, **"Dos"** e **INTRO** y **"Tres"** e **INTRO ❹** más **Detener grabación ❸**.

Para comprender el funcionamiento de la grabación con referencias relativas, podemos comprobar que ahora, si hacemos clic sobre **B3** y ejecutamos la macro **RefRelativas**, ❻ los datos se introducen en el rango **B4:B6** porque la celda activa en el momento de la ejecución era **B3** y no **A1:A3**, ya que hemos grabado la macro con **Usar referencias relativas** activada ❾.

De nuevo, si hacemos clic sobre la celda **C7** y ejecutamos la macro **RefRelativas ❻**, veremos que los datos se incluyen en el rango **C7:C9 ❿**.

Modificar macro

En este ejercicio modificaremos una macro que ya hemos creado previamente. Para simplificar la preparación de este ejercicio, sugerimos copiar el libro creado en el ejercicio anterior (**Ejercicio07. xlsm**) sobre **Ejercicio08.xlsm**. Así, nos ahorraremos todos los pasos de grabación realizados con anterioridad.

Para modificar una macro tendremos que editarla accediendo al editor de **Visual Basic**. Para ello, existen diversas posibilidades, pero teniendo en cuenta los ejercicios realizados hasta el momento, sugerimos acceder al editor a través de la opción **Modificar**, que aparece en el cuadro de diálogo **Macro** mostrado cuando vamos a ejecutar una macro.

Una vez tengamos el libro **Ejercicio08.xlsm** abierto, accedemos a la pestaña **Programador** y, dentro del grupo de comandos **Código**, pulsamos sobre **Macros** para acceder al cuadro de diálogo **Macro**. Allí, habiendo seleccionado la macro **RefAbsolutas** previamente, pulsaremos en el botón **Modificar** ❶.

Al pulsar sobre **Modificar** abriremos el **IDE** que proporciona **Microsoft Excel** para poder trabajar con **Microsoft Visual Basic para Aplicaciones**. A pesar de que este **IDE** se analiza en detalle en ejercicios posteriores, para poder modificar la macro y volver a ejecutarla comprobando su resultado utilizaremos el editor de forma sencilla. De forma intuitiva, podemos encontrar una serie de vistas entre las que, por el momento, la única que nos interesa es la situada en la parte superior derecha (ventana de código) y que muestra el código **Visual Basic** que contienen las macros que hemos creado en el ejercicio anterior ❷.

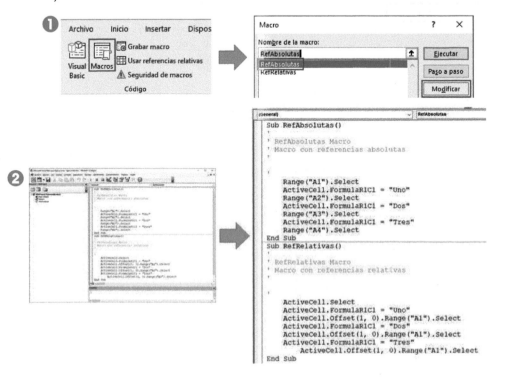

28

La modificación que realizaremos será muy sencilla y consistirá en cambiar los literales **"Uno"**, **"Dos"** y **"Tres"** que vemos en ambas macros por **"Uno Modificado"**, **"Dos Modificado"** y **"Tres Modificado"**. Además, anticipándonos un poco a temas que veremos en sucesivos ejercicios, vamos a incluir un mensaje por pantalla al finalizar el ajuste utilizando la función **MsgBox** en el que simplemente se indique **"Ajuste finalizado!!"** ❸.

Una vez realizada la modificación de las macros, volveremos de nuevo al libro de Excel **Ejercicios08.xlsm**, donde veremos los resultados que habíamos copiado del ejercicio anterior (**Ejercicio07.xlsm**), ❹ y ejecutaremos, en primer lugar, la macro **RefAbsolutas**. Al finalizar la ejecución, veremos cómo se ha modificado el contenido de las celdas existentes en el rango **A1:A3** según lo previsto y, además, veremos un mensaje por pantalla que indica que el ajuste ha finalizado ❺.

Para terminar el ejercicio, haremos clic en la celda **B4** y ejecutaremos la macro **RefRelativas** para ver que también se modifica el contenido de las celdas existentes en el rango **B4:B6** y se muestra un mensaje que indica la finalización del ajuste. ❻

> **IMPORTANTE**
>
> La modificación de macros es una tarea fundamental en la programación con VBA, tanto para modificar las macros creadas mediante grabación como, por supuesto, para la edición de los módulos que contendrán nuestros programas escritos en VBA para Excel.

❸
```
(General)                                    RefRelativas
Sub RefAbsolutas()
'
' RefAbsolutas Macro
' Macro con referencias absolutas
'
'
    Range("A1").Select
    ActiveCell.FormulaR1C1 = "Uno Modificado"
    Range("A2").Select
    ActiveCell.FormulaR1C1 = "Dos Modificado"
    Range("A3").Select
    ActiveCell.FormulaR1C1 = "Tres Modificado"
    Range("A4").Select

    MsgBox "Ajuste finalizado!!"
End Sub
Sub RefRelativas()
'
' RefRelativas Macro
' Macro con referencias relativas
'
'
    ActiveCell.Select
    ActiveCell.FormulaR1C1 = "Uno Modificado"
    ActiveCell.Offset(1, 0).Range("A1").Select
    ActiveCell.FormulaR1C1 = "Dos Modificado"
    ActiveCell.Offset(1, 0).Range("A1").Select
    ActiveCell.FormulaR1C1 = "Tres Modificado"
    ActiveCell.Offset(1, 0).Range("A1").Select

    MsgBox "Ajuste finalizado!!"
End Sub
```

❹

	A	B	C
1	Uno		
2	Dos		
3	Tres		
4		Uno	
5		Dos	
6		Tres	
7			Uno
8			Dos
9			Tres

❺

	A	B	C	D	E	F
1	Uno Modificado					
2	Dos Modificado					
3	Tres Modificado					
4		Uno				
5		Dos				
6		Tres				
7			Uno			
8			Dos			
9			Tres			

Microsoft Excel ✕
Ajuste finalizado!!
Aceptar

❻

	A	B	C	D	E	F
1	Uno Modificado					
2	Dos Modificado					
3	Tres Modificado					
4		Uno Modificado				
5		Dos Modificado				
6		Tres Modificado				
7			Uno			
8			Dos			
9			Tres			

Microsoft Excel ✕
Ajuste finalizado!!
Aceptar

Seguridad para macros

IMPORTANTE

Sugerimos mantener la opción por defecto **Deshabilitar macros de VBA con notificación** y **NO** seleccionar la opción **Habilitar todas las macros de VBA**. Si lo desea, defina ubicaciones de confianza donde depositar libros con macros sobre los que no quiera realizar ningún control.

La seguridad de las macros es un tema muy importante que permite controlar qué macros pueden ejecutarse o no al abrir un libro.

Hay que tener en cuenta que podemos descargar libros desde Internet o simplemente recibirlos por correo, y si no pusiéramos ningún tipo de control estaríamos corriendo un riesgo muy elevado, dada la potencia que podemos tener con VBA en general y con este libro en particular, relativo a VBA para Excel.

Para realizar este ejercicio podemos hacer una copia del libro creado en el ejercicio Grabar primera macro (**Ejercicio02. xlsm**) sobre un libro nuevo llamado **Ejercicio09.xlsm**, o bien realizar los mismos pasos descritos para crear el libro y grabar la macro.

A continuación, abriremos el libro **Ejercicio09.xlsm** y casi con toda probabilidad aparecerá un mensaje indicando que **"Las macros se han deshabilitado"** ❶. En este punto, pulsaremos sobre el botón **Habilitar contenido**.

Este mensaje es fruto de la seguridad que por defecto configura Excel con los libros que contienen macros. A pesar de que existen diversas configuraciones relativas a la seguridad, nos centraremos principalmente en la pantalla de **Configuración de macros** ❷ a la que accederemos desde **Archivo -> Opciones -> Centro de confianza -> Configuración del Centro de confianza...** ❸

En esta pantalla podemos ver las siguientes opciones:

Configuración de macros	
Deshabilitar las macros de VBA sin notificación	Se deshabilitan las macros y también las alertas que indican que las macros están deshabilitadas. Sí ejecutará macros que se hayan indicado en el apartado Ubicaciones de confianza.
Deshabilitar las macros de VBA con notificación	Es la opción por defecto. Al abrir un libro que contiene macros mostrará una alerta para que pueda elegir si desea habilitar el contenido o no. Una vez habilitado el contenido del libro, este ya queda marcado como documento de confianza.
Deshabilitar las macros de VBA excepto las firmadas digitalmente	Similar a Deshabilitar macros de VBA con notificación pero ejecuta las macros que estén firmadas digitalmente sin notificar nada.
Habilitar todas las macros de VBA (no recomendado; se puede ejecutar un código potencialmente peligroso)	Permite ejecutar todas las macros. Se trata de una opción peligrosa y no recomendada porque puede ejecutar código malicioso.

Habilitar macros de Excel 4.0 cuando las macros de VBA están deshabilitadas

Cuando deshabilitamos las macros de VBA, se permite ejecutar las macros en el formato antiguo existente en la versión 4.0 de Excel, cuya sintaxis es muy diferente a la que utiliza VBA en la actualidad.

Configuración de la macro del programador	
Confiar en el acceso al modelo de objetos de proyectos de VBA	Permite acceder al modelo de objetos de VBA desde cualquier cliente de automatización que se configure por aplicación y usuario. Por defecto el acceso está denegado.

El apartado de **Centro de Confianza** merece una explicación relativamente extensa y no es objeto de este libro de ejercicios. Para poder proseguir con los ejercicios que aquí expondremos tenemos suficiente con la introducción realizada y, si en algún momento debemos cambiar alguna configuración, ya lo advertiremos.

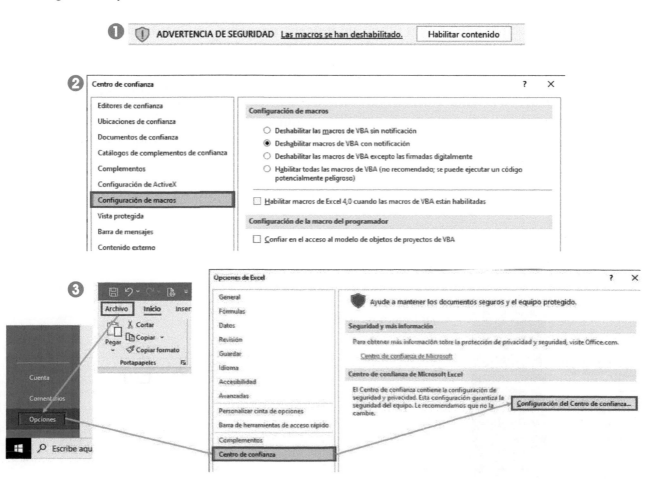

Guardar en libro personalizado de macros

Hasta ahora, todas las macros que hemos creado las hemos guardado en el propio libro creado para el ejercicio tratado en cada momento. En este ejercicio, crearemos una macro sencilla y la guardaremos en el libro de macros personal de Excel, el cual se halla disponible cada vez que abrimos un libro de Excel. Las macros que se guardan en este libro son accesibles desde cualquier libro, lo cual nos permite reutilizar las macros de interés general que vayamos fabricando a lo largo del tiempo.

En primer lugar, arrancaremos Excel e introduciremos los siguientes valores: **"Uno"** en **A1**, **"Dos"** en **B1** y **"Tres"** en **C1** ❶.

Seguidamente, lo grabaremos como libro de macros mediante la opción **Archivo -> Guardar como -> Examinar** seleccionando como tipo de archivo **.xlsm** y como nombre de archivo, **Ejercicio10.xlsm** ❷.

A continuación, accederemos a la pestaña **Programador** y pulsaremos sobre **Grabar macro** ❸. En este punto, aparece el cuadro de diálogo **Macro**, en el que introduciremos **"Ajuste10"** como nombre de la macro e indicaremos **Libro de macros personal** en Guardar macro en. En **Descripción** podemos poner **"Para libro de macros personal"** ❹.

Una vez que pulsamos en **Aceptar**, las acciones a realizar serán:

- Seleccionar toda la hoja. ❺
- Hacer doble clic sobre cualquier separador de columna. ❻
- Pulsar en **Detener macro**. ❼
- Pulsar en **Guardar**. ❽

En este punto, ya disponemos de la macro **Ajuste10** en el **Libro de macros personal** y, por tanto, estará disponible desde cualquier otro libro.

Para comprobar esto, creamos un libro de prueba nuevo mediante **Archivo -> Nuevo-> Libro en blanco**, en el que introduciremos el siguiente texto: **A1**, **"Texto largo 1"**; **B1**, **"Texto largo 2"**, y **C1**, **"Texto largo 3"**.

A continuación, acedemos a la pestaña **Programador -> Macros**, en la que veremos el cuadro de diálogo **Macro**. En él ya podemos advertir cómo la macro **Ajuste10**, efectivamente, está guardada en el libro de macros personal que se llama **PERSONAL.XLSB** ❾.

Pulsaremos en **Ejecutar** y observaremos cómo se han ajustado las columnas en el nuevo libro que acabamos de introducir ❿.

Si alguna vez queremos eliminar el libro de macros **PERSONAL.XLSB** podemos acudir al directorio **C:\Users\nombre_usuario\AppData\Roaming\Microsoft\Excel\XLSTART** y eliminarlo de allí.

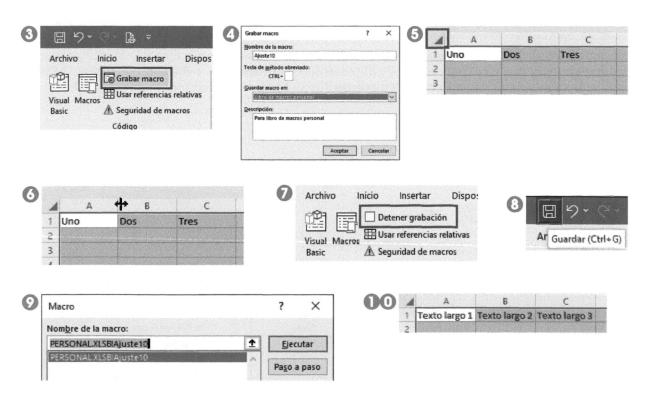

Acceso al IDE de Visual Basic

Para realizar este ejercicio, podemos hacer una copia del libro creado en el ejercicio Grabar primera macro (**Ejercicio02.xlsm**) sobre un libro nuevo llamado **Ejercicio11.xlsm**, o bien realizar los mismos pasos descritos para crear el libro y grabar la macro.

Si hemos copiado el libro **Ejercicio02.xlsm** sobre **Ejercicio11.xlsm**, posiblemente al abrirlo veremos un mensaje en el que se indica que **"Las macros se han deshabilitado"** ❶. Pulsaremos sobre el botón **Habilitar contenido** y continuaremos sin problemas.

El **IDE** (Integrated Development Environment) de **Visual Basic** es el entorno de desarrollo integrado que **Microsoft Office** aporta para el desarrollo de aplicaciones VBA. Existen diversas maneras de acceder a él, pero la forma más clara sería tal vez ir a la pestaña **Programador** y, dentro del grupo de controles de **Código**, pulsar sobre el icono **Visual Basic** ❷.

Tras haber pulsado sobre el icono **Visual Basic**, veremos que aparece una nueva ventana con una serie de elementos, como pueden ser el menú del IDE, una barra de botones, diversas vistas con código, etc. ❸ De hecho, ya pudimos anticipar la visión de esta ventana en el ejercicio Modificar macro, ya que también es posible acceder al IDE al pulsar sobre **Modificar** en el cuadro de diálogo **Macro** que aparece al seleccionar la opción **Programador -> Macros** y seleccionar una macro ❹.

El menú posee las siguientes opciones:

Opción ❺	Comentario
Archivo	Además de guardar el libro, nos permite importar o exportar alguno de los archivos correspondientes a clases o módulos que aparezcan en el explorador de proyectos, así como quitar módulos, imprimir un proyecto o parte del mismo y cerrar el IDE.
Edición	Opciones clásicas de Cortar, Copiar y Pegar, además de Buscar, Reemplazar y otras opciones de información útiles especialmente para el código fuente.
Ver	Permite mostrar las diferentes ventanas y barras de herramientas ❻ que componen el IDE.
Insertar	Permite insertar un procedimiento, un formulario de usuario, un módulo, un módulo de clase o un archivo.
Formato	Opciones para dar formato a controles de formulario tales como alinear, tamaño, agrupar/desagrupar, etc.
Depuración	Opciones para depurar una macro durante su ejecución (paso a paso, puntos de ruptura, inspecciones…)
Ejecutar	Permite ejecutar, interrumpir o restablecer una macro o formulario.
Herramientas	Permite, entre otras cosas, agregar referencias a bibliotecas de objetos y tipos al proyecto, establecer protecciones y opciones en el proyecto, añadir una firma digital, etc.
Complementos	Accede al administrador de complementos.
Ventana	Permite organizar las ventanas que tengamos abiertas en el IDE (mosaico horizontal, vertical, en cascada, dividir, etc.)
Ayuda	Muestra ayuda sobre VBA. Si pulsamos F1 sobre una palabra, se muestra la ayuda correspondiente.

Descripción de la interfaz

Para realizar este ejercicio podemos, o bien hacer una copia del libro creado en el ejercicio Grabar primera macro (**Ejercicio02.xlsm**) sobre un libro nuevo llamado **Ejercicio12.xlsm** para disponer de alguna macro creada de antemano, o bien crear un libro nuevo completamente.

El entorno de desarrollo integrado de Visual Basic (IDE, Integrated Development Environment) está formado por diversos componentes que detallamos a continuación:

Elemento	Descripción
1- **Menú ❶❶**	Ofrece acciones para gestión del proyecto, modificación y ejecución de código, depuraciones, etc. (Comentado en el ejercicio **Acceso al IDE de Visual Basic**).
2- **Barra de herramientas ❶❷**	Ofrece algunas de las acciones más frecuentes y se puede personalizar agregando o quitando botones. **❷**
3- **Ventana de Proyecto ❶❸**	Muestra un proyecto por cada libro abierto y los elementos que lo componen (hojas, módulos, clases, etc.)
4- **Ventana de Propiedades ❶❹**	Muestra las propiedades del objeto seleccionado previamente en la ventana de proyectos o en un formulario.
5- **Examinador de objetos ❶❺**	Esta vista permite examinar los objetos del proyecto, así como sus propiedades, métodos y eventos. Muestra también las bibliotecas referenciadas por el proyecto seleccionado y las clases y miembros de clases según la selección en curso.
6- **Ventana de Código ❶❻**	Ventana en la que escribiremos nuestro código y sobre la que podemos realizar diversas acciones, como pueden ser agregar puntos de ruptura para depuración, agregar inspecciones, etc.
7 **Ventana de Inmediato ❶❼**	Permite la ejecución de diversos comandos (anteponiendo el símbolo '**?**') y muestra también el resultado relativo a determinadas instrucciones del código, como por ejemplo **Debug.Print**.
8- **Ventana de Locales ❶❽**	Permite visualizar las variables del procedimiento y sus valores. Además, puede mostrar la pila de llamadas hasta llegar al procedimiento.
9- **Ventana de Inspecciones ❶❾**	Permite visualizar inspecciones que pueden detener un procedimiento cuando se cumpla una condición o cambie el valor de una variable.

Además de la barra de herramientas estándar, disponemos de otras posibles barras de herramientas:

Barra	Comentario
Depuración ❸	Ofrece opciones relativas al código para ejecutar, pausar, detener, establecer puntos de ruptura, ir paso a paso, etc.
Edición ❹	Ofrece opciones para poner/quitar comentarios en bloques de código, incluir sangrías que permitan visualizar mejor el código, alternar marcadores de código y recabar informaciones en general sobre propiedades y métodos.
UserForm ❺	Permite alinear controles, agruparlos, traerlos adelante o enviarlos atrás, gestionar sus dimensiones, etc.

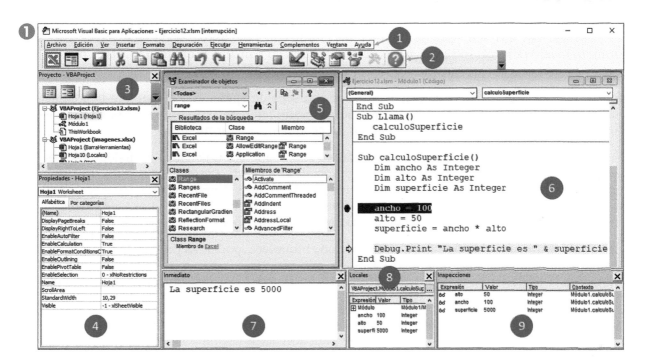

Herramientas: Referencias y controles adicionales

Para realizar este ejercicio podemos, o bien hacer una copia del libro creado en el ejercicio Grabar primera macro (**Ejercicio02.xlsm**) sobre un libro nuevo llamado **Ejercicio13.xlsm** para disponer de un libro creado de antemano, o bien crear un libro nuevo completamente.

En el menú de **Herramientas** disponemos de una serie de opciones que amplían la potencia de los proyectos **VBA** que creemos, ya que permiten añadir referencias a librerías de objetos y, de esta forma, posibilitan su uso dentro de nuestros procedimientos y formularios.

Si acudimos al menú **Herramientas -> Referencias...** aparece un cuadro de diálogo ❶ en el que podemos ver las referencias que por defecto nos ofrece el **IDE**. Por ejemplo, si quisiéramos que nuestros procedimientos fabricasen un documento **Microsoft Word**, deberíamos crear un objeto que se apoyara en la referencia **Microsoft Word 16.0 Object Library** y, por tanto, deberíamos localizar dicha referencia en la lista de **Referencias disponibles** y marcarla ❷.

En el caso de que un objeto se halle en más de una biblioteca, podemos priorizar su búsqueda para que busque primero en una biblioteca antes que en otra seleccionando la biblioteca prioritaria y moviéndola hacia arriba en la lista de referencias utilizando las flechas que aparecen en el cuadro de diálogo ❸.

Si la biblioteca a utilizar no está disponible en la lista de **Referencias disponibles**, podemos incorporarla utilizando el botón **Examinar** para acceder a la ubicación en la que la tengamos disponible.

Por otra parte, en los ejercicios de formularios que estudiaremos más adelante, veremos que disponemos de una serie de controles a incorporar en nuestros formularios, como pueden ser los típicos botones o cajas de texto. Estos controles los incorporaremos desde el cuadro de herramientas ❹ que aparece al trabajar con un **UserForm**. Si necesitamos incorporar algún control especial, podemos utilizar la opción **Herramientas -> Controles adicionales...** para acceder al cuadro de diálogo **Controles adicionales** ❺ para marcarlo e incorporarlo.

Si queremos ver cuáles son los controles que tenemos disponibles, podemos marcar el check **Mostrar solo elementos seleccionados** ❻ para filtrar la lista que aparece.

Por ejemplo, si quisiéramos añadir en nuestro formulario un control mediante el que podamos reproducir videos, deberíamos seleccionar el control de **Windows Media Player** ❼ y comprobar a continuación cómo dicho control se ha incorporado a nuestro **Cuadro de herramientas** ❽ para que podamos utilizarlo como un control más.

IMPORTANTE

Si proporciona algún libro de macros en el que se utilice algún control especial, asegúrese de que el destinatario posee en su equipo la biblioteca correspondiente. De lo contrario, el formulario producirá errores.

Herramientas: Opciones y propiedades del proyecto

Para realizar este ejercicio podemos, o bien hacer una copia del libro creado en el ejercicio Grabar primera macro (**Ejercicio02.xlsm**) sobre un libro nuevo llamado **Ejercicio14.xlsm** para disponer de un libro creado de antemano, o bien crear un libro nuevo completamente.

Si accedemos a **Herramientas -> Opciones**, veremos un cuadro de diálogo mediante el que podemos configurar características relacionadas con el **Editor de código**, con el funcionamiento del **IDE** y con a forma de mostrar las diferentes ventanas que componen el entorno de desarrollo. Las fichas que componen este cuadro son las siguientes:

Ficha	Comentario
Editor ❶	Podemos comprobar la sintaxis de las instrucciones de código según se vayan escribiendo ❷, definir el ancho de la tabulación, mostrar separadores entre procedimientos, mostrar valor de las variables ❸, etc.
Formato del editor ❹	Podemos definir el tipo de fuente, el tamaño y el color en los diferentes lugares donde aparecen textos, como el propio código fuente, los marcadores, las palabras clave, etc.
General ❺	En formularios podemos decidir si se muestra o no la cuadricula, el tamaño de esta, forzar el ajuste de los controles, especificar cómo interrumpir en caso de errores, etc.
Acoplar ❻	Indica si la ventana que está marcada debe acoplarse junto al resto de vistas en una ubicación concreta o preferimos que se muestre como una ventana flotante. ❼

También podemos definir algunas propiedades del proyecto mediante la opción **Herramientas -> Propiedades de VBA Project...** Por ejemplo, en la pestaña **General** podemos nombrar el proyecto como **MiProyecto** y añadir una **Descripción del proyecto** ❽.

Por último, si queremos bloquear el proyecto para que no se pueda visualizar ni, por tanto, modificar, podemos incluir una *password* y marcar el check **"Bloquear proyecto para visua-**

lización". Esto hará que la próxima vez que se intente acceder al IDE y se intente expandir el árbol asociado al proyecto en la vista de proyectos, se solicite contraseña para poder acceder. ❾ Si no marcamos **"Bloquear proyecto para visualización"** pero sí que introducimos *password*, esta se solicitará cuando queramos acceder a **Herramientas -> Propiedades de VBA Project...**

Insertar módulo y crear procedimiento que muestre "Hola_Mundo"

En este ejercicio vamos a crear nuestra primera macro de forma manual insertando, en primer lugar, un módulo y, a continuación, escribiendo un procedimiento dentro del mismo.

Para ello abriremos **Excel** y crearemos un **Libro en blanco**. Seguidamente, podemos guardarlo como un libro de macros mediante la opción **Archivo -> Guardar como -> Examinar-> Ejercicio15.xlsm** ❶.

A continuación, accederemos a la pestaña **Programador** y, dentro del grupo de comandos de **Código**, haremos clic sobre **Visual Basic** para abrir el **IDE** de **Microsoft Visual Basic para Aplicaciones** ❷.

Para insertar un nuevo módulo podemos usar el menú **Insertar -> Módulo**, o bien hacer clic con el botón derecho sobre el proyecto VBA asociado al libro (**VBAProject [Ejercicio15.xlsm]**) y, en el menú contextual, seleccionar **Insertar -> Modulo** ❸. Por defecto, veremos que el nuevo módulo se llama **Módulo1**, pero podemos cambiarle el nombre si lo deseamos acudiendo a las propiedades y cambiando el valor de la propiedad (**Name**) ❹.

En este punto, en la **ventana de Código** escribimos nuestro primer procedimiento llamado **HolaMundo** insertando el siguiente código ❺:

```
Sub HolaMundo()
    Debug.Print "Hola Mundo"
End Sub
```

Lo que haremos es simplemente imprimir el texto **"Hola Mundo"** en la ventana **Inmediato** a través de la instrucción **Debug.Print**.

Ahora, para probar el procedimiento, pulsaremos sobre el icono en forma de punta de flecha verde ❻ o simplemente pulsaremos **F5** para invocar la acción **Ejecutar**.

Veremos en la ventana **Inmediato** el resultado de la ejecución tal y como esperábamos ❼.

Por último, guardaremos nuestro trabajo mediante la opción **Archivo -> Guardar Ejercicio15. xlsm** o simplemente pulsando sobre el icono que muestra el disquete de la barra de herramientas ❽.

Intente modificar el procedimiento añadiendo más instrucciones Debug.Print y ejecute tantas veces como quiera el procedimiento. Verá como los resultados se van acumulando en la ventana Inmediato.

Introducción y definición de variables (locales y globales) y opción Explicit

En este ejercicio vamos a analizar diferentes formas de definir variables y su nomenclatura.

En **VBA** podemos utilizar variables sin haberlas declarado previamente, pero no es una buena práctica, ya que las variables que se crean son de tipo **Variant**, que es el tipo de dato que más recursos de memoria consume. Si queremos evitar el uso de variables que no hayan sido previamente declaradas, incluiremos la instrucción **Option Explicit** al inicio del módulo y, con ello, provocaremos que el compilador dé un error cuando ejecutemos el procedimiento que hace referencia a dichas variables.

En general, las variables se declaran mediante la instrucción **Dim** usando la siguiente sintaxis:

```
Dim var1 As Tipo
Dim var1, var2, var3 As Tipo
Dim var1 As Tipo1, var2 As Tipo2
```

Si no se indica el tipo, por defecto serán **Variant**. Para este ejercicio solo usaremos el tipo **Integer**, para poder declarar variables que almacenen números enteros. Por ejemplo:

```
Dim cantidad As Integer
```

Cuando una variable se declara dentro de un procedimiento, diremos que se trata de una **variable local** y solo será visible dentro del procedimiento.

Podemos declarar **variables globales** que sean visibles en cualquier procedimiento del módulo si las declaramos al inicio de este. En este punto, las instrucciones **Dim** y **Private** son equivalentes y podemos usarlas indistintamente, aunque **Private** permite una interpretación más clara del código a simple vista.

Si queremos que una variable a nivel de módulo sea visible en cualquier procedimiento de todo el proyecto, podemos declararla como **Public**.

Por último, comentar que, si declaramos una variable como **Static** dentro de un procedimiento, la variable conservará su valor mientras el código se esté ejecutando, incluso aunque cambiemos de procedimiento durante dicha ejecución.

Los nombres de las variables han de cumplir con la siguiente nomenclatura:

- Han de comenzar con una letra.
- No hay distinción entre mayúsculas o minúsculas.
- El nombre no puede tener más de 255 caracteres.
- No pueden utilizarse caracteres como (.), (&), (#), ($), (@), (¡) ni tampoco espacios.
- No utilice nombres de palabras reservadas (instrucciones, métodos, funciones, etc.).

Vamos a probar alguna declaración creando el libro de macros **Ejercicio16.xlsm** como hemos venido haciendo en ejercicios anteriores. En la pestaña **Programador**, accederemos a **Visual Basic ❶** e insertaremos un módulo ❷ donde escribir un procedimiento de pruebas.

En el módulo recién creado escribiremos lo siguiente:

```
Sub Prueba()
    Dim cantidad As Integer, precio As Integer
    cantidad = 100
    precio = 5
    importe = cantidad * precio
    Debug.Print importe
End Sub
```

Podemos observar el resultado en la ventana **Inmediato**, a pesar de que no hemos declarado la variable importe ❸.

Si introducimos la instrucción **Option Explicit** al inicio del módulo para obligar a la declaración de cualquier variable y ejecutamos, observaremos que se produce un error que indica que no se ha definido la variable ❹.

Vamos a declarar la variable **importe**, pero a modo de ejemplo la declararemos globalmente al inicio del módulo ❺. Si ejecutamos de nuevo, veremos que ya no se produce ningún error y vuelve a dar el resultado correcto ❸.

> ## IMPORTANTE
>
> Es una buena práctica declarar todas las variables que vayan a utilizarse para emplear el tipo correcto y tener un control de las que realmente se usan. Por otra parte, evite utilizar variables globales si realmente no son usadas por diferentes procedimientos.

Tipos de datos

Tal y como hemos comentado en el ejercicio anterior, es muy recomendable declarar las variables de un procedimiento de acuerdo con el tipo de datos que vayan a almacenar. Además de optimizar el uso de la memoria, nos ayudará a prevenir asignaciones de valores erróneos a variables cuyos tipos no coincidan.

Para este ejercicio, crearemos el libro **Ejercicio17.xlsm** tal y como hemos hecho en ejercicios anteriores y definiremos el siguiente procedimiento de prueba:

```
Sub Prueba()
    Dim intVar1 As Integer
    intVar1 = "Fuerzo una cadena"
End Sub
```

Si ejecutamos, observaremos cómo se produce un error que indica que los tipos no coinciden ❶. Si pulsamos en **Depurar**, el cursor se situará en la instrucción donde precisamente hemos intentado asignar una cadena a una variable que habíamos declarado previamente de tipo **Integer** ❷. Esta es, como decíamos, una de las ventajas de declarar las variables antes de su uso.

Los tipos de datos más utilizados son los siguientes:

Tipo	Comentario
Variant	Tipo de dato por defecto que se utiliza cuando no hay declaración previa. Se trata de un tipo que admite cualquier valor
String	Almacena cadenas de caracteres
Integer	Almacena números enteros (de –32 768 a 32 767)
Long	Almacena valores enteros (de –2 147 483 648 a 2 147 483 647)
Double	Números de 64 bits y 16 decimales
Date	Valores de fecha
Currency	Almacena monedas (15 dígitos a la izquierda del punto decimal y 4 a la derecha)
Boolean	True/False
Otros	Byte, Decimal, LongPtr/LongLong (32 y 64 bits respectivamente), Object, Single, definidos por el usuario, etc.

Recuerde que cuando esté escribiendo una declaración, podrá aprovechar la función de autocompletar que aparece cuando empieza a escribir el tipo de dato que quiere usar tras la partícula **"As"** ❸.

Veamos algunos ejemplos de **declaración** y de **asignación**:

```
Dim variable As Variant        variable = "Valor variable"
Dim nombre As String           nombre = "Juanto"
Dim edad As Integer            edad = 10
Dim codigo As Long             codigo = 1234567890
Dim superficie As Double       superficie = 123.45
Dim fecha As Date              fecha = 44572
Dim saldo As Currency          saldo = 100.5
Dim abierto As Boolean         abierto = True
```

Si asignamos valores y los imprimimos mediante **Debug. Print** ❹, veremos en la ventana **Inmediato** el resultado de tales asignaciones ❺.

❶ (General)

```
Sub Prueba()
    Dim intVar1 As Integer
    intVar1 = "Fuerzo una cadena"
End Sub
```

Microsoft Visual Basic

Se ha producido el error '13' en tiempo de ejecución:

No coinciden los tipos

| Continuar | Finalizar | Depurar | Ayuda |

❷ (General)

```
Sub Prueba()
    Dim intVar1 As Integer
⇨   intVar1 = "Fuerzo una cadena"
End Sub
```

❹ (General)

```
Sub Prueba()
    Dim variable As Variant
    Dim nombre As String
    Dim edad As Integer
    Dim codigo As Long
    Dim superficie As Double
    Dim fecha As Date
    Dim saldo As Currency
    Dim abierto As Boolean

    variable = "Valor variable"
    nombre = "Juanto"
    edad = 10
    codigo = 1234567890
    superficie = 123.45
    fecha = 44572
    saldo = 100.5
    abierto = True

    Debug.Print variable
    Debug.Print nombre
    Debug.Print edad
    Debug.Print codigo
    Debug.Print superficie
    Debug.Print fecha
    Debug.Print saldo
    Debug.Print abierto

End Sub
```

❸
```
Sub Prueba()
    Dim intVar1 As int
```
| Integer |
| Interior |
| IPictureDisp |
| IRibbonControl |
| IRibbonExtensibility |
| IRibbonUI |
| IRtdServer |

❺ Inmediato

```
Valor variable
Juanto
 10
 1234567890
 123,45
11/01/2022
 100,5
Verdadero
```

Arrays

Los **arrays** son un tipo de variable especial que permite guardar un conjunto de valores del mismo tipo de datos. Se tratan como una matriz por lo general de una o varias dimensiones (hasta **60**) donde cada elemento de la matriz está asociado a un índice al que podemos recurrir para tratar un elemento concreto.

La forma habitual de declarar un array es indicando sus dimensiones y número de elementos. Por ejemplo, para un array de una dimensión usaríamos una expresión como la siguiente:

```
Dim nomArray(numElementos) As Tipo
```

Veamos algunos ejemplos de declaración de matrices:

```
Dim nomArray(numElementos) As Tipo          Dim diasSemana(7) As String
Dim nomArray(elem1, elem2) As Tipo          Dim cantHora(7, 24) As Integer
Dim nomArray(elem1, elem2, elem3) As Tipo   Dim cantMinuto(7, 24, 60) As Integer
```

Para asignar u obtener un valor de un elemento de la matriz, haremos referencia a su índice ❶:

```
Dim numeros(3) As Integer
 numeros(0) = 10
 numeros(1) = 20
 numeros(2) = 30…
...
 Dim valor As Integer
 valor = numeros(1)
```

Si la matriz contiene elementos de tipo **Variant**, también puede definirse e inicializarse de la siguiente manera:

```
Dim diversos As Variant
diversos = Array("1", "a", "01/01/2022")
```

Por defecto, el índice del primer elemento de un array es el 0. Si queremos que sea el 1 debemos usar la instrucción **Option Base 1** al inicio del módulo.

Podemos diferenciar entre matrices estáticas y matrices dinámicas. Las estáticas son aquellas que se declaran con una dimensión concreta. Las dinámicas se declaran con paréntesis vacíos y se redimensionan más tarde usando la instrucción **ReDim**. Por ejemplo ❷:

```
Dim arr() As Integer
…
Redim arr(10)
```

Por ejemplo, para traspasar datos de nuestro array **"numeros"** al rango de celdas de nuestra hoja **A1:C1**, podemos utilizar la siguiente expresión ❸:

```
Worksheets("Hoja1").Range("A1:C1") = numeros
```

Para recoger datos de una hoja (p. ej. rango **A1:C1**) y pasarlos a un array, podemos usar la siguiente expresión ❹:

```
numeros = Worksheets("Hoja1").Range("A1:C1").Value
```

Las matrices pueden pasarse como parámetros en procedimientos y funciones, tal y como veremos más adelante, y eso es una ventaja, ya que permite traspasos de mucha información con instrucciones simples.

En próximos ejercicios veremos cómo podemos recorrer todos los elementos de una matriz y averiguar sus dimensiones.

IMPORTANTE

Use arrays cuando tenga que trabajar con colecciones de valores de un mismo tipo que se presten a ser utilizados mediante un índice numérico. Los arrays son realmente cómodos de manejar, copiar, igualar entre sí y manejar como parámetros.

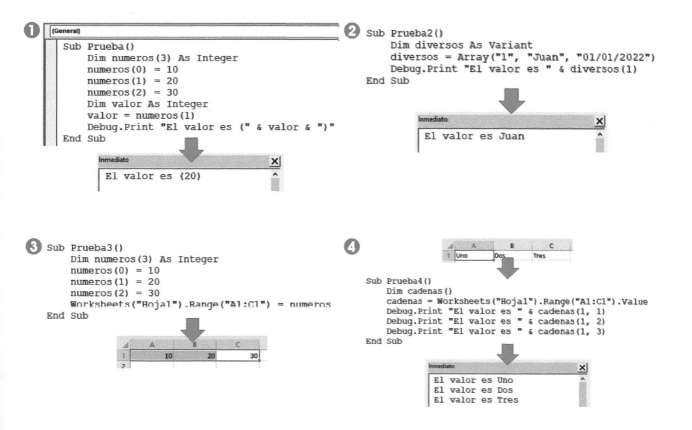

❶
```
(General)
Sub Prueba()
    Dim numeros(3) As Integer
    numeros(0) = 10
    numeros(1) = 20
    numeros(2) = 30
    Dim valor As Integer
    valor = numeros(1)
    Debug.Print "El valor es (" & valor & ")"
End Sub
```

Inmediato
```
El valor es (20)
```

❷
```
Sub Prueba2()
    Dim diversos As Variant
    diversos = Array("1", "Juan", "01/01/2022")
    Debug.Print "El valor es " & diversos(1)
End Sub
```

Inmediato
```
El valor es Juan
```

❸
```
Sub Prueba3()
    Dim numeros(3) As Integer
    numeros(0) = 10
    numeros(1) = 20
    numeros(2) = 30
    Worksheets("Hoja1").Range("A1:C1") = numeros
End Sub
```

	A	B	C
1	10	20	30

❹

	A	B	C
1	Uno	Dos	Tres

```
Sub Prueba4()
    Dim cadenas()
    cadenas = Worksheets("Hoja1").Range("A1:C1").Value
    Debug.Print "El valor es " & cadenas(1, 1)
    Debug.Print "El valor es " & cadenas(1, 2)
    Debug.Print "El valor es " & cadenas(1, 3)
End Sub
```

Inmediato
```
El valor es Uno
El valor es Dos
El valor es Tres
```

Módulos de clase

VBA es un lenguaje que utiliza objetos y, como tal, usa el concepto de clase para referirse a la definición de estos, así como de sus propiedades, métodos y eventos.

Las clases se definen en módulos de clase y fundamentalmente actúan como plantillas para la creación de objetos. Decimos que los objetos son instancias de una clase cuya vida transcurre desde su creación hasta su destrucción (por ejemplo, al finalizar el programa). La estructura de un libro de Excel, como veremos en sucesivos capítulos, se basa en una jerarquía de objetos en la que encontraremos la aplicación, los libros, las hojas, etc.

En este ejercicio vamos a crear un módulo de clase para almacenar una clase llamada "Persona" con una estructura muy básica.

En primer lugar, creamos el libro de macros **Ejercicio19.xlsm** tal y como hemos explicado en ejercicios anteriores. Desde la pestaña **Programador** pulsaremos sobre **Visual Basic** para acceder al **IDE** y, una vez aquí, haremos clic con el botón derecho del ratón sobre el proyecto **VBAProject** (**Ejercicio19.xlsm**) y del menú contextual seleccionaremos **Insertar -> Módulo de clase** ❶. Una vez creado el módulo de clase, le cambiaremos el nombre para que se llame "Persona". Para ello, iremos a la ficha de **Propiedades** y en la propiedad **Name** escribiremos **"Persona"** ❷.

Ahora, en la ventana de código asociada a la clase definiremos un par de propiedades dentro de la clase **Persona** para almacenar el **Nombre** (**String**) y la **Edad** (**Integer**). Para ello, introduciremos lo siguiente:

```
Private pNombre As String
Private pEdad As Integer
```

Private indica que solo es visible desde dentro del propio método y **Public**, que se puede acceder desde cualquier método del proyecto. En nuestro caso lo definimos **Private** porque el manejo de propiedades lo realizaremos desde las propiedades **Let** y **Get**:

Let	Asigna valor a la propiedad
Get	Accede al valor de la propiedad

Estas propiedades las definiremos en la clase de la siguiente manera:

```
Public Property Get Nombre() As String
    Nombre = pNombre
End Property
Public Property Let Nombre(Valor As String)
    pNombre = Valor
End Property
Public Property Get Edad() As Integer
    Edad = pEdad
End Property
Public Property Let Edad(Valor As Integer)
    pEdad = Valor
End Property
```

IMPORTANTE

Podemos crear clases cuando necesitemos definir entidades que posteriormente darán lugar a objetos que usaremos en nuestros módulos.

Definimos también una función (**Datos**) que nos devolverá los datos de persona en forma de cadena de texto:

```
Public Function Datos() As String
    Datos = "Nombre: " & pNombre & ", edad: " & pEdad
End Function
```

Aprovechamos para comentar que los módulos de clase poseen dos procedimientos estándar llamados **Class_Initialize** y **Terminate** que se producen cuando un objeto se crea y se destruye, respectivamente. Podemos definirlos para comprobar que, efectivamente, son ejecutados en cada situación (al crear el objeto y al finalizar el procedimiento).

Una vez hemos definido la clase ❸, crearemos un módulo en el que definir un procedimiento de prueba donde crearemos una instancia de pruebas. Para ello, de nuevo haremos clic con el botón derecho del ratón sobre el proyecto y seleccionaremos **Insertar -> Módulo** ❹. En dicho módulo incluiremos el siguiente código:

```
Sub prueba()
    Dim per1 As Persona
    Set per1 = New Persona
    per1.Nombre = "Juan"
    per1.Edad = 20
    Debug.Print per1.Datos
End Sub
```

Observamos que en el procedimiento **Prueba** usamos la instrucción **Set** para inicializar la variable **per1** de tipo **Persona** ❺. Fíjese también en que, para acceder a las propiedades de un objeto, lo hacemos escribiendo un punto (.) a continuación del mismo y seleccionando la propiedad (o método) ofrecido por el menú contextual que aparece ❻.

Si ejecutamos (por ejemplo, con **F5** o la flecha verde de la barra de herramientas) veremos el resultado en la ventana **Inmediato** ❼.

Colecciones de objetos

Las colecciones de objetos permiten almacenar grupos de elementos. Poseen ventajas e inconvenientes respecto de las matrices, pero dependiendo del uso que necesitemos usaremos un tipo u otro de variables.

El uso de colecciones es ideal cuando queremos tratar un número de elementos variable y, por tanto, no podemos dimensionar previamente una matriz. Por otra parte, dependiendo del índice utilizado, podría ser que una matriz estuviese ocupada de forma muy dispersa y recorrerla en busca de elementos no vacíos podría ser ineficiente.

Además, si necesitamos más elementos de los que habíamos previsto al dimensionar la matriz, tendremos que redimensionarla, con lo que tampoco resulta eficiente.

Las colecciones se van construyendo a base de añadir o eliminar elementos, por lo que, en este sentido, representan una solución muy útil para el manejo de grupos de variables cuyo número es indeterminado o variable a lo largo de la ejecución de un programa.

Las colecciones poseen los siguientes métodos:

Add	Añade un elemento a la colección	`coleccion.Add obj`
Remove	Elimina un elemento de la colección	`coleccion.Remove(index)`

Poseen las siguientes propiedades:

Item	Devuelve un elemento concreto	`colección.Item(index)`
Count	Indica el número de elementos	`colección.Count`

Para realizar este ejercicio, recomendamos hacer una copia del libro de macros creado en el ejercicio Módulos de clase (**Ejercicio19.xlsm**) sobre **Ejercicio20.xlsm** para disponer de la clase **Persona** y del módulo que creamos entonces. Si lo prefiere, puede crear la clase **Persona** siguiendo los mismos pasos descritos en el ejercicio 19 e insertar un módulo en blanco.

Asegúrese de disponer, en el **IDE**, el módulo de clase **Persona** y un módulo cualquiera ❶. A partir de este punto, añadimos el método **PruebaColeccion** en el que creamos dos objetos de tipo **Persona** ❷.

```
Dim per1, per2 As Persona

Set per1 = New Persona
per1.Nombre = "Juan"
per1.Edad = 20

Set per2 = New Persona
per2.Nombre = "Maria"
per2.Edad = 40
```

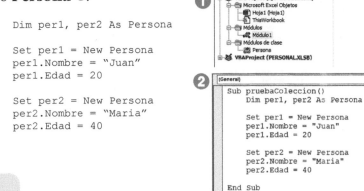

Seguidamente creamos una colección (**miColeccion**) y le añadimos los dos objetos **Persona** con el método **Add** ❸:

```
Dim miColeccion As New Collection
miColeccion.Add per1
miColeccion.Add per2
```

A continuación, añadimos alguna instrucción **Debug.Print** para mostrar algunos valores ❹:

```
Debug.Print "Num.Elementos: " & miColeccion.Count
Debug.Print "Nombre " & miColeccion.Item(1).Nombre & _
            " Edad " & miColeccion.Item(1).Edad
Debug.Print "Nombre " & miColeccion.Item(2).Nombre & _
            " Edad " & miColeccion.Item(2).Edad
```

Observe que para poder escribir una sentencia en varias líneas se ha utilizado el carácter '_' al final de la línea, lo que indica que la instrucción no está finalizada y sigue en la línea siguiente ❺. Observe también cómo hemos utilizado la propiedad **Count** de la colección para ver el número de elementos que tiene y la propiedad **Item** para acceder, en base a su índice, a cada uno de los elementos que hemos añadido a la colección **miColeccion**.

Por último, eliminamos el elemento 1 de la colección mediante el método **Remove** y volvemos a visualizar su número de elementos mediante la propiedad **Count** ❻:

```
miColeccion.Remove (1)
Debug.Print "Num.Elementos: " & miColeccion.Count
```

Si ejecutamos (menú **Ejecutar -> Ejecutar Sub/UserForm** o simplemente **F5**) veremos el resultado en la ventana **Inmediato** con la secuencia de acciones previstas ❼. Fíjese en que los objetos que se crean y se destruyen son **per1** y **per2**, gracias a sus métodos de clase **Class_Initialize()** y **Class_Terminate()**, tal y como vimos en el ejercicio anterior.

❸

```
(General)
Sub pruebaColeccion()
    Dim per1, per2 As Persona

    Set per1 = New Persona
    per1.Nombre = "Juan"
    per1.Edad = 20

    Set per2 = New Persona
    per2.Nombre = "Maria"
    per2.Edad = 40

    Dim miColeccion As New Collection
    miColeccion.Add per1
    miColeccion.Add per2

End Sub
```

❹

```
(General)
Sub pruebaColeccion()
    Dim per1, per2 As Persona

    Set per1 = New Persona
    per1.Nombre = "Juan"
    per1.Edad = 20

    Set per2 = New Persona
    per2.Nombre = "Maria"
    per2.Edad = 40

    Dim miColeccion As New Collection
    miColeccion.Add per1
    miColeccion.Add per2

    Debug.Print "Num.Elementos: " & miColeccion.Count
    Debug.Print "Nombre " & miColeccion.Item(1).Nombre & _
                " Edad " & miColeccion.Item(1).Edad
    Debug.Print "Nombre " & miColeccion.Item(2).Nombre & _
                " Edad " & miColeccion.Item(2).Edad
End Sub
```

❻

```
(General)
Sub pruebaColeccion()
    Dim per1, per2 As Persona

    Set per1 = New Persona
    per1.Nombre = "Juan"
    per1.Edad = 20

    Set per2 = New Persona
    per2.Nombre = "Maria"
    per2.Edad = 40

    Dim miColeccion As New Collection
    miColeccion.Add per1
    miColeccion.Add per2

    Debug.Print "Num.Elementos: " & miColeccion.C
    Debug.Print "Nombre " & miColeccion.Item(1).N
                " Edad " & miColeccion.Item(1).Ed
    Debug.Print "Nombre " & miColeccion.Item(2).N
                " Edad " & miColeccion.Item(2).Ed

    miColeccion.Remove 1
    Debug.Print "Num.Elementos: " & miColeccion.C
```

❺
```
Debug.Print "Nombre " & miColeccion.Item(1).Nombre & ⊡
            " Edad " & miColeccion.Item(1).Edad
Debug.Print "Nombre " & miColeccion.Item(2).Nombre & ⊡
            " Edad " & miColeccion.Item(2).Edad
```

❼
```
Inmediato
Se crea
Se crea
Num.Elementos: 2
Nombre Juan Edad 20
Nombre Maria Edad 40
Num.Elementos: 0
```

Tipos personalizados

Los tipos de datos personalizados son un recurso muy útil cuando queremos manejar estructuras de datos, ya que nos permiten definir estructuras compuestas por varios elementos de diversos tipos (básicos, matrices u otros tipos definidos por el usuario).

Es una forma de acortar la lista de parámetros proporcionada a un procedimiento o función, ya que, en lugar de pasar como parámetro cada uno de los elementos que componen el tipo, pasamos directamente una variable de dicho tipo que contiene esos campos.

Para definir un tipo de datos de usuario utilizaremos la palabra clave **Type** y crearemos un bloque con la siguiente sintaxis:

```
Type nomTipoUsu
    var1 As Tipo1
    var2 As Tipo2
    var3 As Tipo3
End Type
```

Los tipos personalizados se definen al inicio de un módulo y fuera de los procedimientos.

Para este ejercicio, creamos un libro de macros con el nombre **Ejercicio21.xlsm**, tal y como hemos visto en anteriores ejercicios. Una vez creado, accedemos al entorno de desarrollo (pestaña **Programador -> Visual Basic**) y añadimos un nuevo módulo ❶.

En primer lugar, al inicio del módulo definimos un tipo personalizado para guardar algunos datos sobre un empleado, como pueden ser su nombre, su salario y su fecha de alta (cada uno con su correspondiente tipo):

```
Type empleado
    nombre As String
    salario As Currency
    fechaAlta As Date
End Type
```

A continuación, definimos un procedimiento (**Prueba**) que contenga un array (**lista**) con una capacidad de hasta 100 elementos de tipo empleado y un par de empleados (**empleado1** y **empleado2**) con los que poder hacer pruebas ❷.

Asignamos a cada empleado unos valores arbitrarios y, finalmente, guardamos cada empleado en un elemento de la matriz ❸. Observe cómo al escribir el nombre de la variable que contiene un empleado y a continuación un punto (.) se muestra la lista de elementos que componen el tipo personalizado ❹.

Por último, incluiremos un grupo de instrucciones (**Debug.Print**) para poder mostrar por pantalla el contenido de los empleados y comprobar cómo esos elementos han quedado almacenados en la matriz **lista** ❺.

Una vez completado el módulo con todas las instrucciones descritas en los párrafos anteriores ❻, ejecutaremos el procedimiento (menú **Ejecutar -> Ejecutar Sub/UserForm** o simplemente **F5** sobre el procedimiento) y comprobaremos el resultado en la ventana **Inmediato ❼**.

Imagine la ventaja que supone poder pasar un parámetro (como, por ejemplo, **empleado**) a un procedimiento en lugar de pasar como argumentos cada uno de los elementos que lo componen. Hay estructuras que pueden llegar a ser realmente complejas y extensas y poder manejarlas con una sola variable supone una gran ventaja.

❶
```
VBAProject (Ejercicio21.xslm.xlsm)
  Microsoft Excel Objeto     Ver código
    Hoja1 (Hoja1)            Ver objeto
    ThisWorkbook
  VBAProject (PERSONAL       Alternar carpetas

                             Propiedades de VBAProject...

                             Insertar              ▶    UserForm
                             Importar archivo...         Módulo
                             Exportar archivo...         Módulo de clase
```

❷
```
(General)
Sub Prueba()
    Dim lista(100) As empleado
    Dim empleado1 As empleado
    Dim empleado2 As empleado
End Sub
```

❸
```
empleado1.nombre = "Juan"
empleado1.salario = 100
empleado1.fechaAlta = "01/01/2020"
lista(0) = empleado1

empleado2.nombre = "Maria"
empleado2.salario = 200
empleado2.fechaAlta = "01/01/2019"
lista(1) = empleado2
```

❹
```
empleado1.
           fechaAlta
           nombre
           salario
```

❺
```
Debug.Print "Nombre     : " & lista(0).nombre
Debug.Print "Salario    : " & lista(0).salario
Debug.Print "Fecha alta : " & lista(0).fechaAlta

Debug.Print "Nombre     : " & lista(1).nombre
Debug.Print "Salario    : " & lista(1).salario
Debug.Print "Fecha alta : " & lista(1).fechaAlta
```

❻
```
(General)
Type empleado
    nombre As String
    salario As Currency
    fechaAlta As Date
End Type

Sub Prueba()
    Dim lista(100) As empleado
    Dim empleado1 As empleado
    Dim empleado2 As empleado

    empleado1.nombre = "Juan"
    empleado1.salario = 100
    empleado1.fechaAlta = "01/01/2020"
    lista(0) = empleado1

    empleado2.nombre = "Maria"
    empleado2.salario = 200
    empleado2.fechaAlta = "01/01/2019"
    lista(1) = empleado2

    Debug.Print "Nombre     : " & lista(0).nombre
    Debug.Print "Salario    : " & lista(0).salario
    Debug.Print "Fecha alta : " & lista(0).fechaAlta

    Debug.Print "Nombre     : " & lista(1).nombre
    Debug.Print "Salario    : " & lista(1).salario
    Debug.Print "Fecha alta : " & lista(1).fechaAlta

End Sub
```

❼
```
Inmediato
Nombre     : Juan
Salario    : 100
Fecha alta : 01/01/2020
Nombre     : Maria
Salario    : 200
Fecha alta : 01/01/2019
```

Etiquetas y comentarios

Las etiquetas son identificadores dentro de un procedimiento que permiten marcar líneas de un programa y pueden ser referenciadas mediante algunas instrucciones que varían el flujo de la ejecución, como pueden ser **Goto** o **On Error Goto**.

En principio, el uso de la instrucción **Goto** no es recomendable, ya que debido a los saltos que provoca puede llegar a complicar el seguimiento del flujo de un programa y podría conducirnos a escribir programas poco estructurados. Para nuestro ejercicio, vamos a tomarnos la licencia de utilizarla solo con el fin de poder usar algunas etiquetas, ya que el uso de **On Error Goto** lo veremos en los ejercicios correspondientes al tratamiento de errores en VBA.

Las etiquetas se definen al inicio de la línea y se representan como una cadena de texto o un número seguidos de dos puntos (:).

Por otra parte, los comentarios en un programa son de gran utilidad para poder explicar determinados bloques y para que cualquier persona que revise su funcionamiento tenga información sobre el mismo.

Para añadir un comentario en un programa, basta con poner una comilla simple (') antes de la línea a comentar o del propio comentario. Todo lo que venga detrás de la comilla no será interpretado por el compilador como instrucción a ejecutar. Si lo que queremos es comentar un grupo de líneas, podemos seleccionar todas las líneas a comentar y pulsar sobre el icono **Bloque con comentarios** ❶ que tenemos en la barra de herramientas **Edición** y que podemos mostrar seleccionando el menú **Ver -> Barras de herramientas -> Edición** ❷. Para eliminar los comentarios de un grupo de líneas, podemos seleccionar dicho bloque y pulsar en el icono **Bloque sin comentarios**, que se halla a la derecha del icono **Bloque con comentarios** mencionado anteriormente ❸.

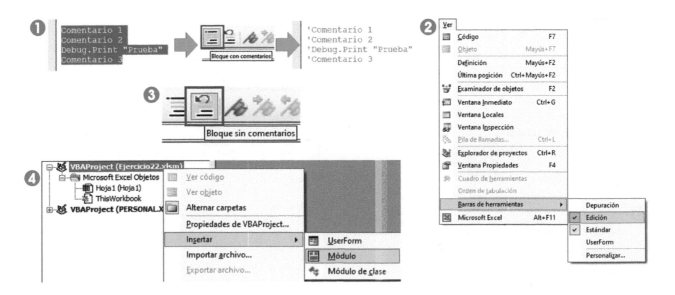

Para realizar este ejercicio, creamos un libro de macros con el nombre **Ejercicio22.xlsm** de la misma manera que hemos visto en anteriores ejercicios. Una vez creado, accedemos al entorno de desarrollo (pestaña **Programador -> Visual Basic**) y añadimos un nuevo módulo ❹.

En este módulo crearemos un procedimiento de **Prueba** en el que incluiremos una etiqueta numérica (**10:**) y otra alfanumérica (**Fin:**) seguidas de una instrucción **Debug.Print** que nos indique el flujo del programa en ejecución ❺.

Podemos colocar también un par de comentarios (al inicio y en la etiqueta **Fin**) para ver un ejemplo ❻.

Ahora añadiremos una instrucción **Goto** para provocar el salto del programa a la etiqueta **Fin** y un **Debug.Print** de un texto que nunca se imprimirá por culpa del salto que provocamos intencionadamente ❼.

Si ejecutamos el procedimiento ya completamente escrito con los bloques descritos anteriormente ❽ (menú **Ejecutar -> Ejecutar Sub/UserForm** o simplemente **F5** sobre el procedimiento), veremos el resultado en la ventana **Inmediato** y podremos comprobar cómo el **Debug.Print** existente detrás de la instrucción **Goto** nunca se ejecuta y, por tanto, no se imprime el texto **"Nunca se imprime"** ❾.

> ## IMPORTANTE
>
> Utilice comentarios para documentar sus módulos y también etiquetas cuando las necesite para variar el flujo de su programa cuando se cumplan determinadas condiciones.

❺
```
(General)
Sub Prueba()
10:
    Debug.Print "Inicio del programa"
Fin:
    Debug.Print "Fin del programa"
End Sub
```

❻
```
(General)
'
' Programa de prueba para mostrar el uso de etiquetas y comentarios.
' Juanto
'
Sub Prueba()
10:
    Debug.Print "Inicio del programa"
Fin: ' Comentario que acompaña la etiqueta de fin de programa
    Debug.Print "Fin del programa"
End Sub
```

❼
```
10:
    Debug.Print "Inicio del programa"

    GoTo Fin
    Debug.Print "Nunca se imprime"

Fin: ' Comentario que acompaña la etic
```

❽
```
(General)
'
' Programa de prueba para mostrar el uso de etiquetas y comentarios.
' Juanto
'
Sub Prueba()
10:
    Debug.Print "Inicio del programa"

    GoTo Fin
    Debug.Print "Nunca se imprime"

Fin: ' Comentario que acompaña la etiqueta de fin de programa
    Debug.Print "Fin del programa"
End Sub
```

❾
```
Inmediato
Inicio del programa
Fin del programa
```

Constantes y enumeraciones

Las contantes son un tipo de elemento que, una vez declarado, ya no es posible modificar. Son útiles para fijar un valor y asegurar que dicho valor permanecerá invariable durante la ejecución del programa. Pueden definirse al inicio de un módulo o en un procedimiento y se declaran usando la palabra reservada **Const**. Por ejemplo:

```
Const MICONSTANTE As Integer = 123
```

Las contantes se declaran usando tipos estándar (p. ej. **Variant**, **Integer**, **String**, etc.) y si las declara fuera de un procedimiento, puede usar las partículas **Private** y **Public** para indicar su visibilidad dentro del módulo solamente o de todo el proyecto, respectivamente, aunque en los módulos de clase solo se pueden declarar como **Public**.

Las enumeraciones son colecciones de valores que tampoco pueden modificarse y que nos permiten clasificar un número concreto de valores a los que nos referiremos por el nombre de la enumeración y el nombre del valor que representan en concreto.

Creamos el libro de macros **Ejercicio23.xlsm** y añadimos un nuevo módulo. En el mismo, definimos la constante **PI** al inicio del módulo con el valor **3.141592**.

Seguidamente, escribimos el procedimiento **pruebaConst** declarando las variables **radio**, **circunferencia** y **superficie**, con las cuales realizaremos las pruebas de nuestro ejercicio.

A continuación, introduciremos algunos cálculos para poder hallar el valor de la **circunferencia** y de la **superficie** dado un **radio** en concreto usando la constante **PI**.

IMPORTANTE

Use una constante cuando quiera que el valor asignado a una variable definida como tal no se modifique a lo largo de un programa y use enumeraciones cuando quiera acotar el conjunto de posibles valores concretos que puede adquirir una variable (por ejemplo, sexo: masculino [0] o femenino [1], los días de la semana [1,2,3,4,5,6,7], meses del año [del 1 al 12], etc.).

Por último, imprimiremos el resultado mediante instrucciones **Debug.Print** ❶ y lo comprobaremos en la ventana **Inmediato** ❷ tras ejecutar el procedimiento pulsando **F5**.

Para probar las enumeraciones, definiremos al inicio del módulo una enumeración que represente a tamaños pequeños, medianos y grandes ❸. Se definen mediante la palabra clave **Enum** y poseen la siguiente sintaxis:

```
Enum NombreEnumeración        Enum NombreEnumeración
   nombre1                       nombre1 = valor1
   nombre2                       nombre2 = valor2
   …                             …
   nombreN                       nombreN = valorN
End Enum                      End Enum
```

Si no indicamos el valor, los nombres se van autoevaluando empezando por el 0 para el primer elemento, el 1 para el segundo y así sucesivamente. Si lo preferimos podemos otorgar valores, pero han de ser de tipo **Long**.

Creamos el procedimiento **PruebaEnum** en el que, anticipándonos un poco a los ejercicios en los que trataremos la instrucción **If**, vamos a utilizar un ejemplo en el que crearemos una variable llamada objeto asociada a esta enumeración y, tras darle un valor concreto, veremos a qué valor de la enumeración corresponde.

Observe que, una vez creada la enumeración, esta aparece disponible en la ayuda contextual que emerge a la hora de definir la variable objeto tras la partícula As ❹. Excel posee un gran número de enumeraciones y constantes "de serie" cuya documentación sería recomendable revisar a pesar de su extensión.

El bloque que añadiremos tras la declaración de la variable **objeto** comparará esta con cada uno de los valores de la enumeración e imprimirá un texto que indicará si el objeto es **Pequeño**, **Mediano** o **Grande** ❺. Fíjese en que al escribir la sentencia **If objeto =** aparece una ayuda contextual que muestra los posibles valores que puede tener la variable objeto ❻.

Ejecutamos el procedimiento (**F5** sobre cualquier instrucción de **PruebaEnum** o menú **Ejecutar -> Ejecutar Sub/UserForm**) y comprobamos el resultado en la ventana **Inmediato** ❼.

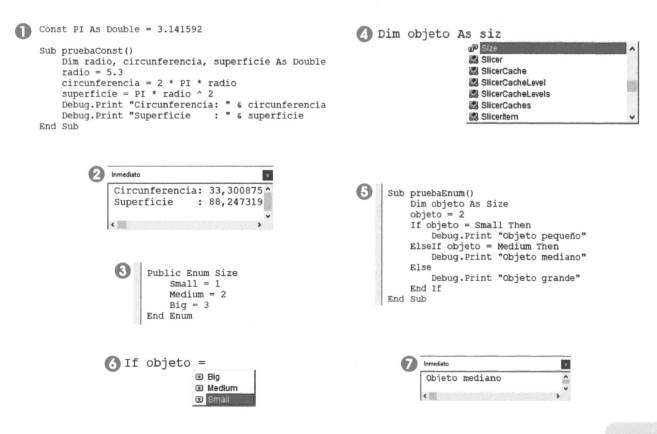

❶
```
Const PI As Double = 3.141592

Sub pruebaConst()
    Dim radio, circunferencia, superficie As Double
    radio = 5.3
    circunferencia = 2 * PI * radio
    superficie = PI * radio ^ 2
    Debug.Print "Circunferencia: " & circunferencia
    Debug.Print "Superficie    : " & superficie
End Sub
```

❹ `Dim objeto As siz`

| Size |
| Slicer |
| SlicerCache |
| SlicerCacheLevel |
| SlicerCacheLevels |
| SlicerCaches |
| SlicerItem |

❷ Inmediato
```
Circunferencia: 33,300875
Superficie    : 88,247319
```

❸
```
Public Enum Size
    Small = 1
    Medium = 2
    Big = 3
End Enum
```

❺
```
Sub pruebaEnum()
    Dim objeto As Size
    objeto = 2
    If objeto = Small Then
        Debug.Print "Objeto pequeño"
    ElseIf objeto = Medium Then
        Debug.Print "Objeto mediano"
    Else
        Debug.Print "Objeto grande"
    End If
End Sub
```

❻ `If objeto =`
| Big |
| Medium |
| Small |

❼ Inmediato
```
Objeto mediano
```

Operadores matemáticos

En VBA contamos con los operadores matemáticos típicos de la inmensa mayoría de lenguajes de programación que enumeramos a continuación:

+	Sumar		^	Potencia
-	Restar / Negación		\	Entero de la división
*	Multiplicar		Mod	Resto de la división
/	Dividir			

El orden en el que se resuelven las operaciones es el siguiente: en primer lugar, se resuelven los **paréntesis**; seguidamente, las **potencias**, la **negación** (-), la **multiplicación**, la **división**, la **suma**, la **resta**, el **Mod** y el **entero** (\). Es posible operar entre variables de diferentes tipos, pero el resultado de la operación se devolverá en el tipo más preciso.

El operador Suma entre dos variables de tipo **String** actúa concatenándolos al igual que el símbolo **ampersand** (**&**).

Para realizar este ejercicio vamos a crear el libro de macros **Ejercicio24.xlsm** tal y como hemos visto en anteriores ejercicios. Una vez creado, accedemos al entorno de desarrollo (pestaña **Programador -> Visual Basic**) y añadimos un nuevo **módulo ❶**.

A continuación, escribiremos un procedimiento (**Prueba**) para realizar algunas operaciones y comprobar los resultados. Primero definiremos dos variables de tipo **Integer** (**var1** y **var2**) y una de tipo **Double** (**var3**) para poder obtener decimales en los resultados ❷.

Seguidamente asignaremos unos valores a **var1**, **var2** y **var3** ❸.

❶ Microsoft Visual Basic para Aplicaciones - Ejercicio24.xls

Archivo   Edición   Ver   Insertar   Formato   Depura

Procedimiento...
UserForm
Módulo
Módulo de clase
Archivo...

Proyecto - VBAProject

VBAProject (Ejercicio24.xlsm)

❷
```
(General)
    Sub Prueba()
        Dim var1 As Integer
        Dim var2 As Integer
        Dim var3 As Double
    End Sub
```

❸
```
var1 = 20
var2 = 3
var3 = 2.5
```

❻
```
...ediato
...ma var1 + var2 : (23) var1 + var3 (22,5)
...esta var1 - var2 : (17) var1 - var3 (17,5)
...ltiplicación var1 * var2 : (60) var1 * var3 (50)
...ivisión var1 / var2 : (6,66666666666667) var1 / var3 (8)
...otencia var1 ^ var2 : (8000) var1 ^ var3 (1788,85438199983)
...ntero var1 \ var2 : (6) var1 \ var3 (10)
...esto var1 Mod var2 : (2) var1 Mod var3 (0)
```

Después escribiremos una instrucción **Debug.Print** y realizaremos un ejemplo de cada operación primero con **var1** y **var2** y, luego, con **var1** y **var3** para usar dos tipos diferentes en cada operación ❹.

Por último, una vez que hayamos completado el procedimiento ❺, procederemos a su ejecución (menú **Ejecutar -> Ejecutar Sub/UserForm** o **F5**) para ver el resultado en la ventana **Inmediato** ❻.

Si la operación generase un resultado fuera del rango de valores que puede admitir la variable que almacenará dicho resultado, se produciría un error de desbordamiento. Por ejemplo, definamos un procedimiento llamado **PruebaDesbordamiento** y declaremos tres variables de tipo **Integer** (**base**, **exponente** y **resultado**). Posteriormente asignemos estos valores ❼:

```
base = 10
exponente = 20
resultado = base ^ exponente
```

Al ejecutar el procedimiento, veremos un mensaje de error de **Desbordamiento** ❽, ya que el resultado de la operación es **1E+20** y este valor no cabe en una variable de tipo **Integer**.

❹
```
Debug.Print "Suma var1 + var2 : (" & var1 + var2 & ") var1 + var3 (" & var1 + var3 & ")"
Debug.Print "Resta var1 - var2 : (" & var1 - var2 & ") var1 - var3 (" & var1 - var3 & ")"
Debug.Print "Multiplicación var1 * var2 : (" & var1 * var2 & ") var1 * var3 (" & var1 * var3 & ")"
Debug.Print "División var1 / var2 : (" & var1 / var2 & ") var1 / var3 (" & var1 / var3 & ")"
Debug.Print "Potencia var1 ^ var2 : (" & var1 ^ var2 & ") var1 ^ var3 (" & var1 ^ var3 & ")"
Debug.Print "Entero var1 \ var2 : (" & var1 \ var2 & ") var1 \ var3 (" & var1 \ var3 & ")"
Debug.Print "Resto var1 Mod var2 : (" & var1 Mod var2 & ") var1 Mod var3 (" & var1 Mod var3 & ")"
```

❺
```
(General)                                                          ∨  Prueba
Sub Prueba()
    Dim var1 As Integer
    Dim var2 As Integer
    Dim var3 As Double

    var1 = 20
    var2 = 3
    var3 = 2.5

    Debug.Print "Suma var1 + var2 : (" & var1 + var2 & ") var1 + var3 (" & var1 + var3 & ")"
    Debug.Print "Resta var1 - var2 : (" & var1 - var2 & ") var1 - var3 (" & var1 - var3 & ")"
    Debug.Print "Multiplicación var1 * var2 : (" & var1 * var2 & ") var1 * var3 (" & var1 * var3 & ")"
    Debug.Print "División var1 / var2 : (" & var1 / var2 & ") var1 / var3 (" & var1 / var3 & ")"
    Debug.Print "Potencia var1 ^ var2 : (" & var1 ^ var2 & ") var1 ^ var3 (" & var1 ^ var3 & ")"
    Debug.Print "Entero var1 \ var2 : (" & var1 \ var2 & ") var1 \ var3 (" & var1 \ var3 & ")"
    Debug.Print "Resto var1 Mod var2 : (" & var1 Mod var2 & ") var1 Mod var3 (" & var1 Mod var3 & ")"
End Sub
```

❼
```
Sub PruebaDesbordamiento()

    Dim base, exponente, resultado As Integer

    base = 10
    exponente = 20
    resultado = base ^ exponente

End Sub
```

❽
```
Microsoft Visual Basic

Se ha producido el error '6' en tiempo de ejecución:

Desbordamiento

     Continuar      Finalizar      Depurar      Ayuda
```

Operadores de comparación

En VBA disponemos de los clásicos operadores de comparación que permiten comparar dos valores para determinar si son iguales o no o si son mayores, menores, etc.

Se usan especialmente para comparar valores numéricos, aunque también es posible comparar otros elementos, como pueden ser **strings**. Para comparar objetos se puede usar el operador **Is**, el cual compara referencias y determina si ambas referencias apuntan al mismo objeto. En este ejercicio, sin embargo, nos centraremos solo en valores numéricos y cadenas.

Lo que se obtiene de una comparación es un resultado booleano (**Verdadero** o **Falso**) que nos permitirá tomar decisiones dentro del flujo de un programa.

Los operadores de comparación son los siguientes:

>	Mayor que
<	Menor que
=	Igual
>=	Mayor o igual
<=	Menor o igual
<>	Distinto
Is	Para objetos

Vamos a hacer alguna prueba para ver su comportamiento. Para ello creamos el libro de macros **Ejercicio25.xlsm** como hemos visto en ejercicios anteriores y le añadimos un módulo donde escribir nuestro procedimiento de **Prueba**.

Para hacer un ejercicio simple pero suficiente para mostrar las comparaciones entre numéricos, definiremos tres variables (**a**, **b** y **c**) y les asignaremos unos valores (**20**, **-10** y **30** respectivamente) ❶.

Seguidamente, añadimos una serie de instrucciones **Debug.Print** para visualizar el resultado de las comparaciones ❷.

Por último, cuando tengamos escrito nuestro procedimiento completo ❸, lo ejecutaremos para comprobar el resultado en la ventana **Inmediato** ❹.

❶
```
Dim a, b, c As Integer
a = 20
b = -10
c = 30
```

❷
```
Debug.Print "a = " & a & " ; b = " & b & " ; c = " & c
Debug.Print "a > b (" & (a > b) & ") a > c (" & (a > c) & ")"
Debug.Print "a < b (" & (a < b) & ") a < c (" & (a < c) & ")"
Debug.Print "a = b (" & (a = b) & ") a = c (" & (a = c) & ")"
Debug.Print "a >= b (" & (a >= b) & ") a >= c (" & (a >= c) & ")"
Debug.Print "a <= b (" & (a <= b) & ") a <= c (" & (a <= c) & ")"
Debug.Print "a <> b (" & (a <> b) & ") a <> c (" & (a <> c) & ")"
```

Para probar comparaciones de cadenas, vamos a crear un procedimiento llamado **PruebaCadenas**. Para ello, copiaremos el procedimiento anterior (seleccionándolo y tecleando **CTRL+C** para copiarlo con **CTRL+V**, por ejemplo) y lo pegaremos seguido del procedimiento **Prueba**.

Después, haremos algunos cambios, como la declaración y la asignación de las variables. Quedará así:

```
Dim a, b, c As String
a = "Juan"
b = "Maria"
c = "Isabel"
```

Una vez hayamos hecho estas modificaciones y dispongamos de nuestro procedimiento **PruebaCadenas** completo ❺, lo ejecutaremos para comprobar de nuevo el resultado en la ventana **Inmediato** ❻.

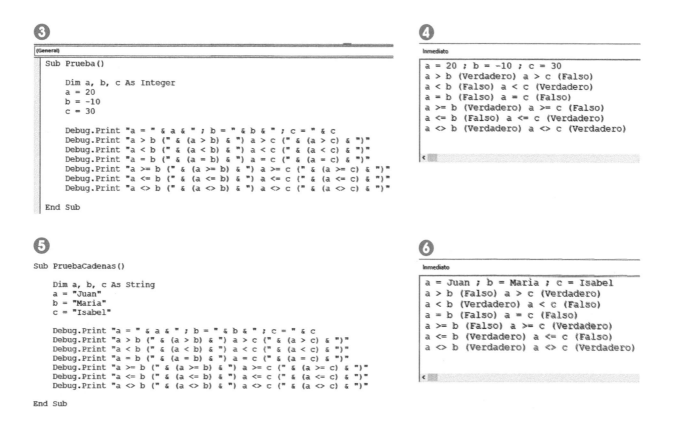

❸

```
(General)

Sub Prueba()

    Dim a, b, c As Integer
    a = 20
    b = -10
    c = 30

    Debug.Print "a = " & a & " ; b = " & b & " ; c = " & c
    Debug.Print "a > b (" & (a > b) & ") a > c (" & (a > c) & ")"
    Debug.Print "a < b (" & (a < b) & ") a < c (" & (a < c) & ")"
    Debug.Print "a = b (" & (a = b) & ") a = c (" & (a = c) & ")"
    Debug.Print "a >= b (" & (a >= b) & ") a >= c (" & (a >= c) & ")"
    Debug.Print "a <= b (" & (a <= b) & ") a <= c (" & (a <= c) & ")"
    Debug.Print "a <> b (" & (a <> b) & ") a <> c (" & (a <> c) & ")"

End Sub
```

❹

```
Inmediato

a = 20 ; b = -10 ; c = 30
a > b (Verdadero) a > c (Falso)
a < b (Falso) a < c (Verdadero)
a = b (Falso) a = c (Falso)
a >= b (Verdadero) a >= c (Falso)
a <= b (Falso) a <= c (Verdadero)
a <> b (Verdadero) a <> c (Verdadero)
```

❺

```
Sub PruebaCadenas()

    Dim a, b, c As String
    a = "Juan"
    b = "Maria"
    c = "Isabel"

    Debug.Print "a = " & a & " ; b = " & b & " ; c = " & c
    Debug.Print "a > b (" & (a > b) & ") a > c (" & (a > c) & ")"
    Debug.Print "a < b (" & (a < b) & ") a < c (" & (a < c) & ")"
    Debug.Print "a = b (" & (a = b) & ") a = c (" & (a = c) & ")"
    Debug.Print "a >= b (" & (a >= b) & ") a >= c (" & (a >= c) & ")"
    Debug.Print "a <= b (" & (a <= b) & ") a <= c (" & (a <= c) & ")"
    Debug.Print "a <> b (" & (a <> b) & ") a <> c (" & (a <> c) & ")"

End Sub
```

❻

```
Inmediato

a = Juan ; b = Maria ; c = Isabel
a > b (Falso) a > c (Verdadero)
a < b (Verdadero) a < c (Falso)
a = b (Falso) a = c (Falso)
a >= b (Falso) a >= c (Verdadero)
a <= b (Verdadero) a <= c (Falso)
a <> b (Verdadero) a <> c (Verdadero)
```

Operadores lógicos

Los operadores lógicos devuelven un valor booleano en función de las condiciones que se producen entre dos o más expresiones. La excepción es el operador **Not**, que simplemente devuelve el valor contrario a la expresión a la que se antepone. La lista de operadores lógicos manejados por VBA es la siguiente:

And	Devuelve Verdadero si se evalúan como Verdadero las expresiones de ambos lados de la sentencia.
Or	Devuelve Verdadero si cualquiera de las expresiones de ambos lados se evalúa como Verdadero.
Not	Devuelve el valor contrario al evaluado por una expresión. Es decir, si una expresión devuelve Verdadero, anteponer **Not** implica devolver Falso y viceversa.
Xor	Devuelve Verdadero si las expresiones evaluadas poseen resultados diferentes.
Eqv	Devuelve Verdadero cuando las expresiones de ambos lados poseen el mismo resultado.
Imp	Devuelve Verdadero si ambas expresiones son iguales o si la segunda es Verdadera.

Creamos el libro de macros **Ejercicio26.xlsm** e insertamos un módulo donde añadimos el procedimiento **Prueba** y declaramos cuatro variables (a, b, c y d) como **Integer** y les asignamos un valor de **10**, **20**, **30** y **40** respectivamente ❶.

Luego, escribimos un bloque de **Debug.Print** para cada tipo de operador en el que probaremos lo siguiente:

And ❷ Verdadero si ambas expresiones se cumplen al mismo tiempo		**Or** ❸ Verdadero si se cumple una de las expresiones		**Not** ❹ Devuelve el valor contrario al evaluado por la expresión	
`a > 5 And b > a`	Verdadero	`a < 5 Or b > a`	Verdadero	`Not (a > 5 And b > a)`	Falso
`a < 5 And b > a`	Falso	`a > 5 Or b < a`	Verdadero	`Not (a < 5 And b > a)`	Verdadero
`a > 5 And b < a`	Falso	`a < 5 Or b < a`	Falso	`Not (a > 5 And b < a)`	Verdadero

Xor ❺ Verdadero si ambas expresiones poseen resultados diferentes		**Eqv** ❻ Verdadero si ambas expresiones poseen el mismo resultado		**Imp** ❼ Verdadero si ambas expresiones devuelven el mismo resultado o si la segunda es Verdadera	
`a < 5 Xor b > a`	Verdadero	`a < 5 Eqv b > a`	Falso	`a < 5 Imp b > a`	Verdadero
`a > 5 Xor b < a`	Verdadero	`a > 5 Eqv b < a`	Falso	`a > 5 Imp b < a`	Falso
`a < 5 Xor b < a`	Falso	`a < 5 Eqv b < a`	Verdadero	`a < 5 Imp b < a`	Verdadero

Una vez incluidos todos los bloques ❽, ejecutamos el procedimiento y comprobamos el resultado en la ventana **Inmediato** ❾.

1

```
Dim a, b, c, d As Integer
a = 10
b = 20
c = 30
d = 40
```

2

```
' AND
    Debug.Print "a > 5 And b > a (" & (a > 5 And b > a) & ")"
    Debug.Print "a < 5 And b > a (" & (a < 5 And b > a) & ")"
    Debug.Print "a > 5 And b < a (" & (a > 5 And b < a) & ")"
    Debug.Print
```

3

```
' OR
    Debug.Print "a < 5 Or b > a (" & (a < 5 Or b > a) & ")"
    Debug.Print "a > 5 Or b < a (" & (a > 5 Or b < a) & ")"
    Debug.Print "a < 5 Or b < a (" & (a < 5 Or b < a) & ")"
    Debug.Print
```

4

```
' NOT
    Debug.Print "Not(a > 5 And b > a) (" & (Not (a > 5 And b > a)) & ")"
    Debug.Print "Not(a < 5 And b > a) (" & (Not (a < 5 And b > a)) & ")"
    Debug.Print "Not(a > 5 And b < a) (" & (Not (a > 5 And b < a)) & ")"
    Debug.Print
```

5

```
' XOR
    Debug.Print "a < 5 Xor b > a (" & (a < 5 Xor b > a) & ")"
    Debug.Print "a > 5 Xor b < a (" & (a > 5 Xor b < a) & ")"
    Debug.Print "a < 5 Xor b < a (" & (a < 5 Xor b < a) & ")"
    Debug.Print
```

6

```
' EQV
    Debug.Print "a < 5 Eqv b > a (" & (a < 5 Eqv b > a) & ")"
    Debug.Print "a > 5 Eqv b < a (" & (a > 5 Eqv b < a) & ")"
    Debug.Print "a < 5 Eqv b < a (" & (a < 5 Eqv b < a) & ")"
    Debug.Print
```

7

```
' IMP
    Debug.Print "a < 5 Imp b > a (" & (a < 5 Imp b > a) & ")"
    Debug.Print "a > 5 Imp b < a (" & (a > 5 Imp b < a) & ")"
    Debug.Print "a < 5 Imp b < a (" & (a < 5 Imp b < a) & ")"
```

8

```
(General)

Sub prueba()
    Dim a, b, c, d As Integer
    a = 10
    b = 20
    c = 30
    d = 40
' AND
    Debug.Print "a > 5 And b > a (" & (a > 5 And b > a) & ")"
    Debug.Print "a < 5 And b > a (" & (a < 5 And b > a) & ")"
    Debug.Print "a > 5 And b < a (" & (a > 5 And b < a) & ")"
    Debug.Print
' OR
    Debug.Print "a < 5 Or b > a (" & (a < 5 Or b > a) & ")"
    Debug.Print "a > 5 Or b < a (" & (a > 5 Or b < a) & ")"
    Debug.Print "a < 5 Or b < a (" & (a < 5 Or b < a) & ")"
    Debug.Print
' NOT
    Debug.Print "Not(a > 5 And b > a) (" & (Not (a > 5 And b > a)) & ")"
    Debug.Print "Not(a < 5 And b > a) (" & (Not (a < 5 And b > a)) & ")"
    Debug.Print "Not(a > 5 And b < a) (" & (Not (a > 5 And b < a)) & ")"
    Debug.Print
' XOR
    Debug.Print "a < 5 Xor b > a (" & (a < 5 Xor b > a) & ")"
    Debug.Print "a > 5 Xor b < a (" & (a > 5 Xor b < a) & ")"
    Debug.Print "a < 5 Xor b < a (" & (a < 5 Xor b < a) & ")"
    Debug.Print
' EQV
    Debug.Print "a < 5 Eqv b > a (" & (a < 5 Eqv b > a) & ")"
    Debug.Print "a > 5 Eqv b < a (" & (a > 5 Eqv b < a) & ")"
    Debug.Print "a < 5 Eqv b < a (" & (a < 5 Eqv b < a) & ")"
    Debug.Print
' IMP
    Debug.Print "a < 5 Imp b > a (" & (a < 5 Imp b > a) & ")"
    Debug.Print "a > 5 Imp b < a (" & (a > 5 Imp b < a) & ")"
    Debug.Print "a < 5 Imp b < a (" & (a < 5 Imp b < a) & ")"
End Sub
```

9

```
Inmediato

a > 5 And b > a (Verdadero)
a < 5 And b > a (Falso)
a > 5 And b < a (Falso)

a < 5 Or b > a (Verdadero)
a > 5 Or b < a (Verdadero)
a < 5 Or b < a (Falso)

Not(a > 5 And b > a) (Falso)
Not(a < 5 And b > a) (Verdadero)
Not(a > 5 And b < a) (Verdadero)

a < 5 Xor b > a (Verdadero)
a > 5 Xor b < a (Verdadero)
a < 5 Xor b < a (Falso)

a < 5 Eqv b > a (Falso)
a > 5 Eqv b < a (Falso)
a < 5 Eqv b < a (Verdadero)

a < 5 Imp b > a (Verdadero)
a > 5 Imp b < a (Falso)
a < 5 Imp b < a (Verdadero)
```

If Then Else

La instrucción **If** permite ejecutar una instrucción si se cumple una determinada condición.

Para realizar este ejercicio creamos el libro de macros **Ejercicio27.xlsm** e insertamos un módulo tal y como venimos haciendo en ejercicios anteriores.

En primer lugar, creamos el procedimiento **Prueba** y declaramos tres variables (**a**, **b**, y **c**) como **Integer** y les asignamos un valor de **10**, **20** y **30** respectivamente ❶.

La sintaxis más simple es ❷:

Sintaxis	If <condición> Then <instrucción_si_cumple>
Ejemplo	If a > 5 Then Debug.Print "a es mayor que 5"

Si queremos ejecutar una instrucción alternativa cuando no se cumple la condición del **If**, podemos usar la palabra clave **Else** de la siguiente manera ❸:

Sintaxis	If <condición> Then <instrucción_si_cumple> Else <instrucción_si_no_cumple>
Ejemplo	If a > 5 Then Debug.Print "a es mayor que 5" Else Debug.Print "a NO es mayor que 5"

Podemos ejecutar más de una instrucción si definimos un bloque con la siguiente sintaxis ❹:

```
If <condición> Then
    Instruccion1
    ...
Else
    Instruccion1
    ...
End If
```

Podemos anidar bloques si es necesario ❺:

```
If <condición> Then
    Instruccion1
    If <condición> Then
        Instruccion1
        ...
        InstruccionN
    Else
        Instruccion1
        ...
        InstruccionN
    End If
End If
```

IMPORTANTE

Puede anidar tantos bloques como necesite, pero procure indentar (formatear) correctamente las instrucciones para que el "dibujo" del código facilite su comprensión. Si necesita usar muchos bloques de **ElseIf**, plantéese usar como alternativa la instrucción **Select Case** que veremos en ejercicios posteriores, la cual simplifica mucho el código.

También podemos encadenar sentencias If de la siguiente manera ❻:

```
If <condición1> Then
    Instruccion1
ElseIf <condición2> Then
    Instruccion2
Else
    Instruccion3
End If
```

Pruebe algunos de estos bloques sustituyendo **<condición>** por cualquier expresión que se le ocurra, como por ejemplo **a > 5**, y sustituya Instrucciones por la instrucción **Debug.Print "miTexto"** con algún texto significativo que le permita comprobar el funcionamiento de lo que hemos visto ❼. Cuando haya modificado el código, ejecútelo para ver el resultado en la ventana **Inmediato** ❽.

❶
```
Dim a, b, c As Integer
a = 10
b = 20
c = 30
```

❷
```
If a > 5 Then Debug.Print "a es mayor que
```

❸
```
If a > 5 Then Debug.Print "a es mayor que 5" Else Debug.Print "a NO es mayor que 5"
```

❹
```
If a > 5 Then
    Debug.Print "a es mayor que 5"
    Debug.Print "prueba1 If"
Else
    Debug.Print "a NO es mayor que 5"
    Debug.Print "prueba2 Else"
End If
```

❺
```
If a > 5 Then
    Debug.Print "a es mayor que 5"
    If b > 15 Then
        Debug.Print "b es mayor que 15"
    Else
        Debug.Print "b NO es mayor que 15"
    End If
End If
```

❻
```
If a > 30 Then
    Debug.Print "a es mayor que 30"
ElseIf b > 30 Then
    Debug.Print "b es mayor que 30"
Else
    Debug.Print "a y b son menores que 30"
End If
```

❼
```
(General)                                                          Prueba
Sub Prueba()

    Dim a, b, c As Integer
    a = 10
    b = 20
    c = 30

    If a > 5 Then Debug.Print "a es mayor que 5"

    If a > 5 Then Debug.Print "a es mayor que 5" Else Debug.Print "a NO es mayor que 5"

    If a > 5 Then
        Debug.Print "a es mayor que 5"
        Debug.Print "prueba1 If"
    Else
        Debug.Print "a NO es mayor que 5"
        Debug.Print "prueba2 Else"
    End If

    If a > 5 Then
        Debug.Print "a es mayor que 5"
        If b > 15 Then
            Debug.Print "b es mayor que 15"
        Else
            Debug.Print "b NO es mayor que 15"
        End If
    End If

    If a > 30 Then
        Debug.Print "a es mayor que 30"
    ElseIf b > 30 Then
        Debug.Print "b es mayor que 30"
    Else
        Debug.Print "a y b son menores que 30"
    End If

End Sub
```

❽
```
Inmediato
a es mayor que 5
a es mayor que 5
a es mayor que 5
prueba1 If
a es mayor que 5
b es mayor que 15
a y b son menores que 30
```

67

For

La instrucción **For** permite repetir un grupo de instrucciones un determinado numero de veces. La sintaxis más sencilla es la siguiente:

```
For contador = inicio To final
     Instrucciones …
Next
```

El bucle comenzará asignando a la variable **contador** el valor indicado en **inicio** y ejecutará las instrucciones incluidas en el bloque hasta la instrucción **Next** tantas veces como veces sea necesario incrementar la variable **contador** hasta llegar a alcanzar el valor indicado en **final**.

Por defecto, cada vez que el flujo del programa alcanza la instrucción **Next**, se incrementa el valor de la variable **contador** un número de pasos (que por defecto es **1**).

Para realizar este ejercicio creamos el libro de macros **Ejercicio28.xlsm** e insertamos un módulo tal y como venimos haciendo en ejercicios anteriores.

Vamos a crear un bucle sencillo que imprima un texto un número de veces. En el módulo recién insertado, escribimos el procedimiento **Prueba** con las siguientes instrucciones ❶:

```
Dim a As Integer
For a = 1 To 5
     Debug.Print "Valor " & a
Next
```

Si lo ejecutamos (por ejemplo, con **F5**) veremos en la ventana **Inmediato** el resultado ❷.

Si queremos que el contador se incremente un valor diferente a 1, podemos usar la partícula **Step** para indicar precisamente qué valor se ha de incrementar la variable cuando llegue a la instrucción **Next**. El contador puede ser positivo o negativo. Veamos el siguiente ejemplo, en el que realizamos un bucle para mostrar de **20** a **0** los valores existentes múltiplos de **5**:

```
For a = 20 To 0 Step -5
     Debug.Print "Valor " & a
Next
```

Ejecutémoslo para ver el resultado en la ventana **Inmediato** ❸.

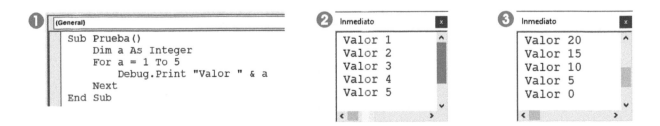

68

También podemos forzar la salida del bucle cuando se cumpla una determinada condición utilizando la instrucción **Exit For**. Para probar esto, escribimos un bloque similar al anterior modificando mediante **Step** el incremento de la variable **a** para que sea **-2** e indicamos que queremos salir del bucle cuando se cumpla que **a** sea **menor que 10**:

```
For a = 20 To 0 Step -2
    If a < 10 Then Exit For
    Debug.Print "Valor " & a
Next
```

Si ejecutamos el procedimiento, veremos el resultado en la ventana **Inmediato** ❹.

En este punto, si añadimos una instrucción **Debug.Print** entre cada bucle y ejecutamos el procedimiento completo ❺, veremos todos los resultados en la ventana **Inmediato** ❻

> ## IMPORTANTE
>
> Utilice For para realizar bucles cuando conozca los límites que han de indicarse como parámetros inicio y, especialmente, final. Cuando desconozca tales límites, tendrá que emplear otras instrucciones (que veremos en ejercicios posteriores) que controlen las iteraciones a realizar en base a que se cumplan ciertas condiciones.

❹ Inmediato

```
Valor 20
Valor 18
Valor 16
Valor 14
Valor 12
Valor 10
```

❺ (General)

```
Sub Prueba()
    Dim a As Integer
    For a = 1 To 5
        Debug.Print "Valor " & a
    Next

    Debug.Print

    For a = 20 To 0 Step -5
        Debug.Print "Valor " & a
    Next

    Debug.Print

    For a = 20 To 0 Step -2
        If a < 10 Then Exit For
        Debug.Print "Valor " & a
    Next

End Sub
```

❻ Inmediato

```
Valor 1
Valor 2
Valor 3
Valor 4
Valor 5

Valor 20
Valor 15
Valor 10
Valor 5
Valor 0

Valor 20
Valor 18
Valor 16
Valor 14
Valor 12
Valor 10
```

For Each

Este tipo de bucle está indicado para trabajar con arrays o colecciones y es muy útil cuando desconocemos el número de elementos a tratar, puesto que, si no decimos nada en contra, tratará todos los elementos existentes en el grupo indicado.

Para probar este tipo de bucles, crearemos un nuevo libro de macros llamado **Ejercicio29.xlsm** e insertaremos un módulo donde poder escribir un procedimiento de pruebas llamado **Prueba**.

La sintaxis de esta instrucción es la siguiente:

```
For Each var In array/colección
    Instrucciones …
Next
```

Por ejemplo, podemos definir un array en el que indicar los días de la semana tal y como mostramos a continuación ❶:

```
dias() = Array("Lunes", "Martes", "Miércoles", "Jueves", _
"Viernes", "Sábado", "Domingo")
```

Después, escribiremos un bucle que recorra todos los elementos de la matriz e imprima un texto con el nombre de cada día ❷:

```
For Each dia In dias
    Debug.Print "Dia de la semana : " & dia
Next
```

Ejecutamos y vemos el resultado en la ventana **Inmediato** ❸.

Si queremos forzar la salida del bucle cuando se cumpla una determinada condición, usaremos la instrucción **Exit For.** Supongamos que queremos detener el bucle cuando estemos tratando el

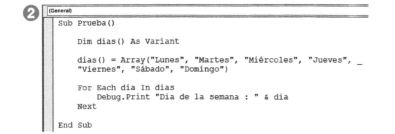

❶
```
Sub Prueba()

    Dim dias() As Variant

    dias() = Array("Lunes", "Martes", "Miércoles", "Jueves", _
    "Viernes", "Sábado", "Domingo")

End Sub
```

❷ (General)
```
Sub Prueba()

    Dim dias() As Variant

    dias() = Array("Lunes", "Martes", "Miércoles", "Jueves", _
    "Viernes", "Sábado", "Domingo")

    For Each dia In dias
        Debug.Print "Dia de la semana : " & dia
    Next

End Sub
```

❸ Inmediato
```
Dia de la semana : Lunes
Dia de la semana : Martes
Dia de la semana : Miércoles
Dia de la semana : Jueves
Dia de la semana : Viernes
Dia de la semana : Sábado
Dia de la semana : Domingo
```

día **Viernes** para indicar que se acaba la semana laboral. Podemos añadir otro bucle similar al anterior con las siguientes instrucciones:

```
For Each dia In dias
    Debug.Print "Dia de la semana : " & dia
    If dia = "Viernes" Then
        Debug.Print " -- Se acaba la semana laboral!!"
        Exit For
    End If
Next
```

Si ejecutamos el procedimiento, además de la salida del bucle anterior ahora veremos también el resultado de este nuevo bucle ❹.

Ahora, añadimos una instrucción **Debug.Print** entre cada bucle y ejecutamos el procedimiento completo ❺ para ver el resultado total en la ventana **Inmediato** ❻.

❹
```
Inmediato                                    x
Dia de la semana : Lunes
Dia de la semana : Martes
Dia de la semana : Miércoles
Dia de la semana : Jueves
Dia de la semana : Viernes
 -- Se acaba la semana laboral!!
```

❺
```
(General)
Sub Prueba()

    Dim dias() As Variant

    dias() = Array("Lunes", "Martes", "Miércoles", "Jueves", _
    "Viernes", "Sábado", "Domingo")

    For Each dia In dias
        Debug.Print "Dia de la semana : " & dia
    Next

    Debug.Print

    For Each dia In dias
        Debug.Print "Dia de la semana : " & dia
        If dia = "Viernes" Then
            Debug.Print " -- Se acaba la semana laboral!!"
            Exit For
        End If
    Next

End Sub
```

❻
```
Inmediato                                    x
Dia de la semana : Martes
Dia de la semana : Miércoles
Dia de la semana : Jueves
Dia de la semana : Viernes
Dia de la semana : Sábado
Dia de la semana : Domingo

Dia de la semana : Lunes
Dia de la semana : Martes
Dia de la semana : Miércoles
Dia de la semana : Jueves
Dia de la semana : Viernes
 -- Se acaba la semana laboral!!
```

Do While

Con el bloque **Do While** podemos ejecutar un grupo de instrucciones hasta que se cumpla una determinada condición.

Podemos usar el bloque para que la condición se compruebe antes de ejecutar ninguna instrucción o podemos comprobar la condición después de que al menos las instrucciones se hayan ejecutado una vez.

Las sintaxis de ambas posibilidades son las siguientes:

Se comprueba al inicio	Se comprueba al final

`Do While condición`
`    Instrucciones…`
`Loop`
	`Do`
	`    Instrucciones…`
	`Loop While condición`

Vamos a crear un nuevo libro de macros llamado **Ejercicio30.xlsm** en el que insertaremos un módulo para poder escribir un procedimiento de pruebas llamado **PruebaInicio**. En él probaremos la primera de las sintaxis propuestas. La idea es realizar un bucle en el que iremos incrementando una variable una unidad en cada iteración hasta que alcance un determinado valor y salga del bucle.

Declaramos la variable **variable** como **Integer**, la inicializamos con el valor **0** y mostramos su valor por pantalla tal y como indicamos a continuación ❶:

```
Dim variable As Integer
variable = 0
Debug.Print "Inicio - Variable = " & variable
```

Seguidamente añadimos el bucle y mostramos el valor a la salida del mismo con las siguientes instrucciones:

```
Do While variable < 5 ' Mientras que variable sea menor que 5...
    Debug.Print "  Variable = " & variable
    variable = variable + 1
Loop
Debug.Print "Fin    - Variable = " & variable
```

Una vez que tengamos el procedimiento completamente escrito ❷ lo ejecutamos y comprobamos el resultado en la ventana **Inmediato** ❸.

Ahora probaremos la segunda sintaxis y, para ello, lo más sencillo es copiar el procedimiento que acabamos de escribir y pegarlo a continuación de este para renombrarlo con el nombre de **PruebaFinal**.

El cambio que hemos de realizar en el procedimiento, concretamente en el bucle, es el siguiente:

```
Do
    Debug.Print "  Variable = " & variable
    variable = variable + 1
Loop While variable < 5 ' Mientras que variable sea menor que 5...
```

Fíjese en que ahora la palabra clave **While** ya no está acompañando a **Do**, sino que ha pasado a la derecha de **Loop**. Así, las instrucciones **Debug.Print** y el incremento de **variable** se producen al principio y, por lo tanto, siempre se ejecutarán al menos una vez.

Una vez modificado el procedimiento **PruebaFinal** ❹ lo ejecutamos y comprobamos el resultado en la ventana **Inmediato** ❺.

De forma similar a como vimos en la instrucción **For**, podemos provocar la salida del bucle con las palabras clave **Exit Do**.

Probemos a modificar el procedimiento **PruebaInicio** de forma que salga del bucle cuando **variable** sea mayor que **2**. Para ello modificamos el bucle de la siguiente manera:

```
Do While variable < 5 ' Mientras que variable sea menor que 5...
    Debug.Print "  Variable = " & variable
    variable = variable + 1
    If variable > 2 Then Exit Do
Loop
```

Una vez modificado el procedimiento ❻ volvemos a ejecutar y comprobamos de nuevo el resultado en la ventana **Inmediato** ❼.

❶
```
(General)
Sub PruebaInicio()

    Dim variable As Integer
    variable = 0

End Sub
```

❷
```
(General)
Sub PruebaInicio()

    Dim variable As Integer
    variable = 0

    Debug.Print "Inicio - Variable = " & variable
    Do While variable < 5 ' Mientras que variable sea menor que 5...
        Debug.Print "  Variable = " & variable
        variable = variable + 1
    Loop

    Debug.Print "Fin    - Variable = " & variable

End Sub
```

❸
```
Inmediato
Inicio - Variable = 0
  Variable = 0
  Variable = 1
  Variable = 2
  Variable = 3
  Variable = 4
Fin    - Variable = 5
```

❹
```
Sub PruebaFinal()
    Dim variable As Integer

    variable = 0

    Debug.Print "Inicio - Variable = " & variable
    Do
        Debug.Print "  Variable = " & variable
        variable = variable + 1
    Loop While variable < 5 ' Mientras que variable sea menor que 5...

    Debug.Print "Fin    - Variable = " & variable

End Sub
```

❺
```
Inmediato
Inicio - Variable = 0
  Variable = 0
  Variable = 1
  Variable = 2
  Variable = 3
  Variable = 4
Fin    - Variable = 5
```

❻
```
(General)
Sub PruebaInicio()

    Dim variable As Integer
    variable = 0

    Debug.Print "Inicio - Variable = " & variable
    Do While variable < 5 ' Mientras que variable sea menor que 5...
        Debug.Print "  Variable = " & variable
        variable = variable + 1
        If variable > 2 Then Exit Do ' Forzamos salida del bucle
    Loop

    Debug.Print "Fin    - Variable = " & variable

End Sub
```

❼
```
Inmediato
Inicio - Variable = 0
  Variable = 0
  Variable = 1
  Variable = 2
Fin    - Variable = 3
```

Do Until

De forma similar a la descrita para la instrucción **Do While**, también **Do Until** permite ejecutar un grupo de instrucciones hasta que se cumpla una determinada condición. Note la diferencia, ya que **Do While** lo hacía **"mientras"** se cumplía una condición (no **"hasta"**).

Permite verificar la condición al inicio del bucle o al final, de forma que las instrucciones podrían no ejecutarse nunca o ejecutarse al menos una vez.

La sintaxis de ambas posibilidades es la siguiente:

Se comprueba al inicio	Se comprueba al final

Do Until condición
    Instrucciones…
Loop
	Do
	    Instrucciones…
	Loop Until condición

Para realizar este ejercicio, creamos un libro de macros con el nombre **Ejercicio31.xlsm** e insertamos un módulo como de costumbre.

Seguidamente, creamos un procedimiento llamado **PruebaInicio** donde, además de declarar la variable llamada **variable**, inicializarla con valor **0** y mostrar mediante **Debug.Print** el valor inicial, añadiremos el siguiente bucle:

```
Debug.Print "Inicio - Variable = " & variable
Do Until variable > 5 ' Hasta que variable sea mayor que 5...
    Debug.Print "  Variable = " & variable
    variable = variable + 1
Loop
```

Una vez escrito el procedimiento ❶, lo ejecutamos y comprobamos el resultado en la ventana **Inmediato** ❷. Efectivamente, podemos comprobar que se han ido imprimiendo líneas con valores inferiores a **6**, ya que, cuando **variable** ha alcanzado el valor **6**, el bucle ha finalizado por cumplirse la condición **variable > 5**.

Para probar la segunda sintaxis, copiamos el procedimiento **PruebaInicio**, lo pegamos a continuación de sí mismo y lo renombramos como **PruebaFinal**.

Modificamos el procedimiento para que el bucle quede de la siguiente manera:

```
Do
    Debug.Print "  Variable = " & variable
    variable = variable + 1
Loop Until variable > 5 ' Hasta que variable sea mayor que 5...
```

Ejecutamos el procedimiento **PruebaFinal** ❸ y comprobamos el resultado en la ventana **Inmediato** ❹.

En este tipo de bucle también podemos usar la sentencia **Exit Do** para provocar una salida cuando se cumpla una determinada condición. Para probarlo, modificaremos el procedimiento **PruebaInicio** para que contenga lo siguiente:

```
Do Until variable > 5 ' Hasta que variable sea mayor que 5...
    Debug.Print "  Variable = " & variable
    variable = variable + 1
    If variable > 2 Then Exit Do
Loop
```

Ahora, provocaremos que el bucle finalice cuando **variable** sea mayor que **2**.

Si ejecutamos el procedimiento **PruebaInicio** ❺, podemos comprobar el resultado en la ventana **Inmediato** ❻.

❶
```
(General)
Sub PruebaInicio()

    Dim variable As Integer
    variable = 0

    Debug.Print "Inicio - Variable = " & variable
    Do Until variable > 5 ' Hasta que variable sea mayor que 5...
        Debug.Print "  Variable = " & variable
        variable = variable + 1
    Loop

    Debug.Print "Fin     - Variable = " & variable

End Sub
```

❷
```
Inmediato
Inicio - Variable = 0
  Variable = 0
  Variable = 1
  Variable = 2
  Variable = 3
  Variable = 4
  Variable = 5
Fin     - Variable = 6
```

❸
```
Sub PruebaFinal()
    Dim variable As Integer

    variable = 0

    Debug.Print "Inicio - Variable = " & variable
    Do
        Debug.Print "  Variable = " & variable
        variable = variable + 1
    Loop Until variable > 5 ' Hasta que variable sea mayor que 5...

    Debug.Print "Fin     - Variable = " & variable

End Sub
```

❹
```
Inmediato
Inicio - Variable = 0
  Variable = 0
  Variable = 1
  Variable = 2
  Variable = 3
  Variable = 4
  Variable = 5
Fin     - Variable = 6
```

❺
```
(neral)
Sub PruebaInicio()

    Dim variable As Integer
    variable = 0

    Debug.Print "Inicio - Variable = " & variable
    Do Until variable > 5 ' Hasta que variable sea mayor que 5...
        Debug.Print "  Variable = " & variable
        variable = variable + 1
        If variable > 2 Then Exit Do
    Loop

    Debug.Print "Fin     - Variable = " & variable

End Sub
```

❻
```
Inmediato
Inicio - Variable = 0
  Variable = 0
  Variable = 1
  Variable = 2
Fin     - Variable = 3
```

Select Case

La instrucción **Select Case** se utiliza cuando queremos ejecutar un grupo de instrucciones que dependan del valor de una determinada expresión. En ejercicios anteriores, habíamos visto una de las sintaxis de la instrucción **If**, en la que podíamos encadenar varios **ElseIf** cuando una condición no se cumplía y queríamos probar con otra condición y así sucesivamente. Comparemos la estructura **If** con la estructura **Select Case**:

Estructura If y ElseIf	Estructura Select Case

`    If condicion1 Then`
`        Instrucciones1`
`    ElseIf condicion2 Then`
`        Instrucciones2`
`    Else`
`        InstruccionesSiNingunaAnterior`
`    End If`
	`    Select Case expresionEvaluar`
	`        Case ExpresionComparacion1`
	`            Instrucciones1`
	`        Case ExpresionComparacion2`
	`            Instrucciones2`
	`        Case Else`
	`            InstruccionesSiNingunaAnterior`
	`    End Select`

Con la instrucción **Select**, vemos que la solución es mucho más clara. **Case Else** ejecuta instrucciones cuando **ExpresionEvaluar** no cumple con ninguna de las **expresionesComparacion**.

ExpresionEvaluar ha de ser una expresión numérica o de cadena. **Case ExpresionComparacion1** será una expresión de alguno de los siguientes tipos:

Posibilidades de ExpresionComparacion1	Ejemplo
Lista de valores separados por coma (,)	Case 3, 5
Rango **min** To **max**	Case 1 To 2
Is > valor	Case Is > 10
Combinación de todas ellas	Case 3, 5 To 7, 9, Is = 11

Puede anidar tantos bloques de **Select Case** como sea necesario de forma similar a los bloques descritos anteriormente. Si una **ExpresionEvaluar** cumple con varias expresiones **Case** a la vez, solo se ejecutarán las instrucciones del primer case que cumpla, obviando el resto de Cases.

Para probar esta instrucción, crearemos el libro de macros **Ejercicio32.xlsm**, añadiremos un módulo y escribiremos el procedimiento **PruebaIf**. En él escribiremos un pequeño bucle para generar unos cuantos valores y mostrar un ejemplo de cómo resolveríamos una situación con una estructura de tipo **If** como explicábamos al inicio de este ejercicio ❶.

Ejecutamos el procedimiento y vemos el resultado en la ventana **Inmediato** ❷.

Vamos a resolver el mismo problema pero con la instrucción **Select Case** para mostrar cómo es posible escribirlo de una forma más elegante. Para ello, creamos el procedimiento **PruebaSelect** con una estructura **Select Case** similar a la explicada antes en este mismo ejercicio después del ejemplo de estructura **If** ❸.

Ejecutamos el procedimiento **PruebaSelect** y vemos el resultado en la ventana **Inmediato** ❹. Podemos comprobar que, efectivamente, es el mismo resultado.

Compare ambas estructuras:

```
If a = 1 Then                          Select Case a
  Debug.Print "(IF) a igual a 1"         Case 1
 ElseIf a = 2 Then                          Debug.Print "(SELECT) a igual a 1"
  Debug.Print "(IF) a igual a 2"         Case 2
 ElseIf a = 3 Then                          Debug.Print "(SELECT) a igual a 2"
  Debug.Print "(IF) a igual a 3"         Case 3
 Else                                       Debug.Print "(SELECT) a igual a 3"
  Debug.Print "(IF) a diferente a 1, 2 y 3"  Case Else
 End If                                      Debug.Print "(SELECT) a diferente a 1, 2 y 3"
                                       End Select
```

Por último, escribiremos un procedimiento llamado **PruebaCaseMezcla** donde en cada sentencia **Case** usaremos una de las posibles expresiones explicadas anteriormente ❺.

```
Select Case a
    Case 1 To 2
        Debug.Print "a = " & a & " -> grupo 1 To 2"
    Case 3, 5 To 7, 9, Is = 11
        Debug.Print "a = " & a & " -> 3, 5 To 7, 9"
    Case Is > 10
        Debug.Print "a = " & a & " -> Is > 10"
    Case Else
        Debug.Print "a = " & a & " -> ningún grupo"
End Select
```

> **IMPORTANTE**
>
> Utilice Select Case para estructurar mejor la ejecución de una serie de instrucciones en función de un grupo de valores de un a determinada variable.

Ejecutamos el procedimiento **PruebaCaseMezcla** y vemos el resultado en la ventana **Inmediato** ❻.

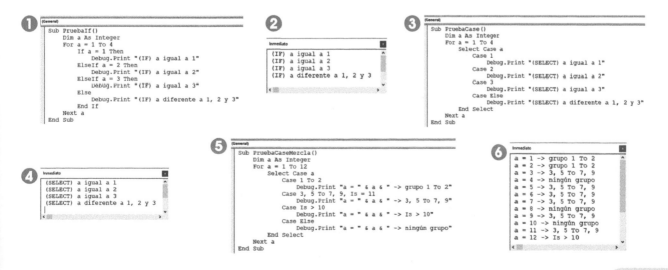

GoTo

Tal y como ya anticipamos en el ejercicio Etiquetas y comentarios, la instrucción **GoTo** sirve para cambiar el flujo de un programa realizando un salto a una etiqueta determinada.

La instrucción **GoTo** está especialmente indicada para utilizarse en el tratamiento de errores y, a pesar de que es posible utilizarla para salir de un bucle, no es recomendable emplearla para esta acción, ya que puede dificultar mucho el seguimiento de un programa cuando se está interpretando visualmente e incluso utilizando **Debug** (como veremos).

La sintaxis es muy sencilla:

```
GoTo etiqueta
```

Cuando hablamos de etiquetas, dijimos que estas podían definirse como cadenas de texto o como números, aunque nuestra preferencia es utilizar, siempre que sea posible, cadenas de texto para dar mayor claridad al programa.

Para hacer alguna prueba con esta instrucción, crearemos el libro de macros **Ejercicio33.xlsm**, en el que añadiremos un módulo y nuestro típico procedimiento **Prueba**.

Aunque aún no hemos llegado a hablar sobre las funciones de VBA, en nuestro ejemplo usaremos la función **Rnd** para poder generar números aleatorios. Esta función devuelve un valor entre **0** y **1** cada vez que la ejecutamos y, para conseguir, por ejemplo, un valor entre **0** y **100**, emplearemos la siguiente instrucción:

❶
```
(General)
Sub Prueba()
    Dim numero As Integer
    For contador = 1 To 10
        numero = Int(100 * Rnd)
        Debug.Print "Número: " & numero
    Next contador
End Sub
```

❷ Inmediato
```
Número: 92
Número: 53
Número: 40
Número: 84
Número: 82
Número: 67
Número: 72
Número: 99
Número: 33
Número: 49
```

❸
```
(General)
Sub Prueba()
    Dim numero As Integer
' Inicio
    For contador = 1 To 10
' Calculamos un número aleatorio entre 0 y 100
        numero = Int(100 * Rnd)
        Debug.Print "Número: " & numero
        If numero <= 50 Then GoTo Tratamiento1 Else GoTo Tratamiento2
Tratamiento1:
        Debug.Print "    Número: " & numero & " es menor/igual que 50"
        GoTo Salida
Tratamiento2:
        Debug.Print "    Número: " & numero & " es mayor que 50"
Salida:
    Next contador
'Fin
    Debug.Print "Fin"
End Sub
```

```
numero = Int(100 * Rnd)
```

Nuestra primera versión del procedimiento **Prueba** contendrá el siguiente bucle:

```
For contador = 1 To 10
    numero = Int(100 * Rnd)
    Debug.Print "Número: " & numero
Next contador
```

Si ejecutamos el procedimiento ❶ veremos, en la ventana **Inmediato**, 10 resultados aleatorios ❷.

A continuación, vamos a añadir una condición y tres etiquetas dentro del bucle **For** para indicarle al programa que si el valor aleatorio obtenido es **menor o igual** a **50** vaya a una etiqueta y, si es mayor, vaya a otra:

```
        If numero <= 50 Then GoTo Tratamiento1 Else GoTo Tratamiento2
Tratamiento1:
        Debug.Print "    Número: " & numero & " es menor/igual que 50"
        GoTo Salida
Tratamiento2:
        Debug.Print "    Número: " & numero & " es mayor que 50"
Salida:
```

Observe que usamos un **GoTo** después de ejecutar las instrucciones de **Tratamiento1** para que no siga ejecutando también las instrucciones de **Tratamiento2**. Una vez completado el programa ❸, lo ejecutamos y comprobamos el resultado en la ventana **Inmediato** ❹. Ejecute varias veces para comprobar que cada vez aparecen resultados diferentes gracias a la función **Rnd**.

❹
```
Inmediato                                    x
Número: 52
    Número: 52 es mayor que 50
Número: 76
    Número: 76 es mayor que 50
Número: 5
    Número: 5 es menor/igual que 50
Número: 59
    Número: 59 es mayor que 50
Número: 46
    Número: 46 es menor/igual que 50
Número: 29
    Número: 29 es menor/igual que 50
Número: 62
    Número: 62 es mayor que 50
Número: 64
    Número: 64 es mayor que 50
Número: 26
    Número: 26 es menor/igual que 50
Número: 27
    Número: 27 es menor/igual que 50
Fin
```

Llamada a un procedimiento

En una programación estructurada, es lógico que los bloques de código que se ejecutan en más de una ocasión se conviertan en procedimientos o en funciones dependiendo de si estos deben devolver un valor o no.

En ocasiones, se crean procedimientos simplemente por crear una estructura, aunque solo vayamos a ejecutarlos una vez. No obstante, es una práctica que tiene simpatizantes y detractores.

Por ejemplo, a veces decidimos crear un procedimiento de **Inicialización** y otro de **Finalización** para agrupar ciertas tareas e inicializaciones o para destruir objetos, respectivamente. Pero como hemos dicho, lo más habitual es crear procedimientos o funciones solo cuando un código puede repetirse varias veces en nuestro programa, por ejemplo, formateo de textos, cálculo de vencimientos, consultas, etc.

En este ejercicio nos centraremos en cómo podemos llamar un procedimiento y reservaremos las funciones para ejercicios posteriores.

Un procedimiento puede ser llamado con parámetros o sin parámetros y pueden utilizarse dos sintaxis dependiendo de si usamos la palabra clave **Call** o no:

Sin Call	Con Call
nomProcedimiento nomProcedimiento param1, param2, …	Call nomProcedimiento Call nomProcedimiento(param1, param2, …)

Si usamos la partícula **Call**, los parámetros irán entre paréntesis.

Para realizar este ejercicio, crearemos el libro de macros **Ejercicio34.xlsm**, añadiremos un módulo y empezaremos escribiendo en él un procedimiento llamado **Principal**, que será el encargado de ir llamando al resto de procedimientos que crearemos de pruebas:

```
Sub Principal()
    Debug.Print "Llamada a procedimiento1 sin call"
    Procedimiento1
End Sub
```

Observe que, para ejecutar el procedimiento, basta con indicar su nombre como si se tratara de una instrucción más. También crearemos en procedimiento llamado **Procedimiento1** que simplemente imprimirá un mensaje que indique que se está ejecutando. Para esta primera prueba, llamaremos al procedimiento sin parámetros y sin usar la instrucción **Call** y el procedimiento contendrá las siguientes instrucciones:

```
Sub Procedimiento1()
    Debug.Print "------------------------------------------"
    Debug.Print "   Ejecuta  procedimiento1"
    Debug.Print "------------------------------------------"
End Sub
```

Una vez escrito el módulo completo ❶, ejecutaremos el procedimiento **Principal** y veremos el resultado en la ventana **Inmediato** ❷.

Ahora, añadimos las siguientes instrucciones para llamar a **Procedimiento1** con **Call** y veremos que el resultado es idéntico:

```
Debug.Print "Llamada a procedimiento1 con call"
Call Procedimiento1
```

Ejecutamos ❸ y comprobamos que, efectivamente, se imprime el mismo resultado ❹.

A continuación, escribimos **Procedimiento2** para que admita un parámetro con las siguientes instrucciones:

```
Sub Procedimiento2(var As String)
    Debug.Print "-------------------------------------------"
    Debug.Print "   Ejecuta procedimiento2 con (" & var & ") "
    Debug.Print "-------------------------------------------"
End Sub
```

Observe que simplemente hemos añadido entre paréntesis la variable (**var**) que recibirá y el tipo (**String**) al que corresponde.

La llamada con y sin **Call** se realizará de la siguiente manera:

```
Debug.Print "Llamada a procedimiento2 sin call"
Procedimiento2 "Texto de pruebas"
Debug.Print "Llamada a procedimiento1 con call"
Dim str As String
str = "Otro texto"
Call Procedimiento2(str)
```

Fíjese de nuevo en que, al usar **Call** en **Procedimiento2**, el parámetro incluido en la llamada va entre paréntesis. Una vez tengamos el procedimiento **Principal** completo ❺, lo ejecutaremos y veremos el resultado de las llamadas a ambos procedimientos con y sin **Call** en la ventana **Inmediato** ❻.

IMPORTANTE

Estructure su programa en procedimientos cuando quiera organizar sus acciones (y correspondientes instrucciones asociadas a cada una de ellas: inicio, fin, etc.) y, especialmente, cuando descubra que hay código que puede repetirse y prefiera reutilizar código en lugar de que este sea redundante.

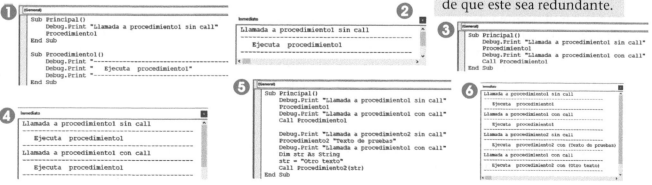

Creación de una función

Las funciones son muy similares a los procedimientos y también permiten estructurar código dentro de un programa agrupando instrucciones que pueden repetirse más de una vez a lo largo del mismo. Admiten parámetros en la llamada y pueden devolver un valor. Su sintaxis es la siguiente:

```
Function nombreFuncion(arg1 As tipo1, arg2 As tipo2 …) As
tipoResultado
    nombreFuncion = expresión
    …
    Exit Function
    …
End Function
```

Podemos anteponer a la palabra **Function** alguno de los modificadores **Public**, **Private**, **Friend** y **Static** para determinar su visibilidad. Es opcional y por defecto las funciones se consideran **Public**. Si no se especifica el tipo de un parámetro, este se considera de tipo **Variant**. El valor que retorna la función se deposita en una variable que posee el mismo nombre que la función (**nombreFuncion**). Para salir de una función, podemos usar la instrucción **Exit Function** situándola en cualquier parte de esta.

Creamos un libro de macros personal llamado **Ejercicio35.xlsm** e insertamos un módulo. En el módulo crearemos la función **sumaDosNumeros**, que nos devolverá el resultado de la suma de dos números pasados como parámetros en la llamada.

La función tendrá las siguientes instrucciones:

```
Function sumaDosNumeros(num1 As Double, num2 As Double) As Double
    Debug.Print "Entro en función y sumo (" & num1 & ") + (" & num2 & ")"
    sumaDosNumeros = num1 + num2
End Function
```

Al inicio del módulo, escribimos un procedimiento (**Test**) con las siguientes instrucciones:

```
Sub Test()
    Debug.Print "  Resultado: " & sumaDosNumeros(3, 5)
End Sub
```

Al escribir el nombre de la función aparece una ayuda contextual que muestra argumento y tipo junto a la estructura de la llamada ❶. Una vez escritos la función y el procedimiento ❷, ejecutamos el procedimiento **Test** y vemos la salida ❸. Podemos encadenar las funciones usando una función como llamada a otra función y así sucesivamente. Escribamos ahora al procedimiento **Test2** para probar esto. La llamada a **sumaDosNumeros** la realizaremos de esta forma:

```
sumaDosNumeros(sumaDosNumeros(3, 5), 8)
```

Primero se resolverá **sumaDosNumeros(3, 5)** y el valor resultante se utilizará como un parámetro más ❹. Ejecutamos y vemos el resultado ❺. Primero se resuelve la suma **3 + 5** y su resultado, **8**, se suma al segundo parámetro **8** en la siguiente llamada.

Por último, realizamos un ejemplo de forma que una función se llame a sí misma de manera recursiva. Usaremos el clásico ejemplo de cálculo factorial en el que a cada llamada mostraremos el factor empleado con una cierta indentación. A la función la llamaremos **calculo_factorial** y básicamente se apoyará en la siguiente lógica:

```
If numero <= 1 Then
    calculo_factorial = 1
Else
    calculo_factorial = numero * calculo_factorial(numero - 1)
End If
```

Al procedimiento de llamada lo llamaremos **Test3** y contendrá lo siguiente:

```
Sub Test3()
    Dim numero As Long
    numero = 4
    Debug.Print "  Cálculo factorial de [" & numero & "]: " & calculo_factorial("", numero)
End Sub
```

Una vez escrita la función ❻ la ejecutamos y observamos el resultado ❼.

❶
```
Sub Test()
    Debug.Print "  Resultado: " & sumaDosNumeros(
                sumaDosNumeros(num1 As Double, num2 As Double) As Double
```

❷
```
(General)                                                               ▼ T
Sub Test()
    Debug.Print "  Resultado: " & sumaDosNumeros(3, 5)
End Sub

' Suma 2 números
Function sumaDosNumeros(num1 As Double, num2 As Double) As Double
    Debug.Print "Entro en función y sumo (" & num1 & ") + (" & num2 & ")"
    sumaDosNumeros = num1 + num2
End Function
```

❸
```
Inmediato
Entro en función y sumo (3) + (5)
    Resultado: 8
```

❹
```
(General)                                                               ▼ s
Sub Test()
    Debug.Print "  Resultado: " & sumaDosNumeros(3, 5)
End Sub

Sub Test2()
    Debug.Print "  Resultado: " & sumaDosNumeros(sumaDosNumeros(3, 5), 8)
End Sub

' Suma 2 números
Function sumaDosNumeros(num1 As Double, num2 As Double) As Double
    Debug.Print "Entro en función y sumo (" & num1 & ") + (" & num2 & ")"
    sumaDosNumeros = num1 + num2
End Function
```

❺
```
Inmediato
Entro en función y sumo (3) + (5)
Entro en función y sumo (8) + (8)
    Resultado: 16
```

❻
```
Sub Test3()
    Dim numero As Long
    numero = 4
    Debug.Print "  Cálculo factorial de [" & numero & "]: " & calculo_factorial("", numero)
End Sub

Function calculo_factorial(txtIndent As String, numero As Long) As Long
    Dim txtIndentAcum As String
    txtIndentAcum = txtIndent & "  "
    If numero <= 1 Then
        Debug.Print txtIndentAcum & "x " & numero
        calculo_factorial = 1
    Else
    If txtIndent <> "" Then
        Debug.Print txtIndentAcum & "x " & numero
    Else
        Debug.Print txtIndentAcum & "  " & numero
    End If
        calculo_factorial = numero * calculo_factorial(txtIndentAcum, numero - 1)
    End If
End Function
```

❼
```
Inmediato
    4
    x 3
    x 2
    x 1
Cálculo factorial de [4]: 24
```

Paso de parámetros a procedimientos y funciones (fijos/opcionales)

En ocasiones, cuando pasamos parámetros a un procedimiento o función, podemos hacer que alguno de ellos tenga un valor por defecto y, por tanto, evitar tener que incluir dicho parámetro en la llamada.

Esto es especialmente útil cuando hay parámetros cuyo valor no suele variar y, por tanto, podemos ahorrarnos el tener que escribirlo. Así ocupamos menos espacio y, además, hay menos posibilidades de equivocarnos.

Para indicar que un parámetro es opcional, basta con incluir la palabra clave **Optional** delante de este en la definición de la función o procedimiento:

```
Sub MiProc(Optional parametro As Tipo = valorDefecto)

Function MiFuncion(Optional parametro As Tipo = valorDefecto) As TipoResultado
```

Así pues, cuando llamemos a la función o procedimiento sin pasar un parámetro opcional, se asumirá que dicho parámetro posee el valor por defecto indicado en **valorDefecto**.

Creamos el libro de macros **Ejercicio36.xlsm** y añadimos un módulo donde escribiremos la función **Incrementa1**, en la que simplemente sumaremos el valor recibido en el parámetro **incremento** al valor recibido en el parámetro **numero** e imprimiremos el resultado:

```
Function Incrementa1(numero As Integer, Optional incremento As Integer = 1) As Integer
    Debug.Print "Entra - numero   (" & numero & ") , incremento (" & incremento & ")"
    numero = numero + incremento
    Debug.Print "Resultado1: " & numero
    Debug.Print
End Function
```

Observe cómo hemos definido el parámetro incremento para que asuma el valor por defecto **1** si el parámetro en cuestión no es indicado en la llamada.

A continuación, escribimos el procedimiento **Test1**, en el que declararemos y definiremos la variable **numero** de tipo **Integer** y con un valor de **10**. Tras la declaración, incluiremos las siguientes llamadas:

```
    Call Incrementa1(numero)
    Call Incrementa1(numero, -2)
    Call Incrementa1(8, 5)
    Call Incrementa1(12)
```

Observamos que la **primera** y **última** llamada a **Incrementa1** solo tiene un parámetro y, por tanto, incremento valdrá **1** por defecto. Ahora ejecutamos **Test1** ❶ y vemos el resultado en la ventana **Inmediato** ❷.

Aprovechamos para comentar que el paso de parámetros puede ser también por nombre, con lo que el orden en el que los indiquemos no será importante. Escribimos otro procedimiento llamado

Incrementa2, prácticamente idéntico a la función **Incrementa1** pero sin el valor de retorno, y también un procedimiento llamado **Test2**, en el que usaremos la nueva forma de pasar los parámetros por nombre de la siguiente manera:

```
Incrementa2 numero
Incrementa2 incremento:=-2, numero:=11
Incrementa2 8, incremento:=5
Incrementa2 12
```

De esta forma, comprobamos que lo que estamos comentando sirve tanto para funciones como para procedimientos. Ahora, ejecutamos **Test2** ❸ y vemos el resultado en la pantalla **Inmediato** ❹.

❶

```
(General)                                                              Test2
Sub Test1()
    Dim numero As Integer
    numero = 10

    Call Incrementa1(numero)
    Call Incrementa1(numero, -2)
    Call Incrementa1(8, 5)
    Call Incrementa1(12)

End Sub

Function Incrementa1(numero As Integer, Optional incremento As Integer = 1) As Integer
    Debug.Print "Entra - numero   (" & numero & ") , incremento (" & incremento & ")"
    numero = numero + incremento
    Debug.Print "Resultado1: " & numero
    Debug.Print
End Function
```

❷

```
Inmediato
Entra - numero    (10) , incremento (1)
Resultado1: 11

Entra - numero    (11) , incremento (-2)
Resultado1: 9

Entra - numero    (8) , incremento (5)
Resultado1: 13

Entra - numero    (12) , incremento (1)
Resultado1: 13
```

❸

```
Sub Test2()
    Dim numero As Integer
    numero = 10

    Incrementa2 numero
    Incrementa2 incremento:=-2, numero:=11
    Incrementa2 8, incremento:=5
    Incrementa2 12

End Sub

Sub Incrementa2(ByRef numero As Integer, Optional ByRef incremento As Integer = 1)
    Debug.Print "Entra - numero   (" & numero & ") , incremento (" & incremento & ")"
    numero = numero + incremento
    Debug.Print "Resultado2: " & numero
    Debug.Print
End Sub
```

❹

```
Inmediato
Entra - numero    (10) , incremento (1)
Resultado1: 11

Entra - numero    (11) , incremento (-2)
Resultado1: 9

Entra - numero    (8) , incremento (5)
Resultado1: 13

Entra - numero    (12) , incremento (1)
Resultado1: 13
```

Paso de parámetros a procedimientos y funciones (por valor/por referencia)

Cuando pasamos parámetros a un procedimiento o función, podemos decidir si pasamos solo los valores de las variables implicadas en la llamada o si queremos que dichas variables puedan modificarse en el procedimiento o función llamados.

Si lo que queremos es pasar solo los valores, tendremos que indicarlo expresamente usando la palabra clave **ByVal** en la definición de la función. Se hace de la siguiente manera:

```
Function nombreFuncion(ByVal var as tipo)
```

Con esta modalidad, por mucho que cambiemos el valor de la variable **var** en el procedimiento o función que se llama, cuando este finalice y el flujo regrese al procedimiento que lo llamó, **var** conservará el valor que tenía antes de la llamada.

Sin embargo, si consentimos que el valor de una variable pueda modificarse en el procedimiento o función que se llama, la palabra clave será **ByRef**, que, por otra parte, es el valor por defecto que asumen las llamadas si no se indica nada al respecto.

```
Function nombreFuncion(ByRef var as tipo)
```

Vamos a realizar alguna prueba creando el libro de macros **Ejercicio37.xlsm** y añadiendo un módulo en él.

En primer lugar, escribimos una función llamada **MiFuncion1** de la siguiente manera:

```
Function MiFuncion1(ByRef var)
    Debug.Print "    Entra (" & var & ")"
    var = "Cambiado en Funcion1"
End Function
```

Vemos que entre paréntesis hemos indicado **ByRef var**, lo que significa que hemos pasado la referencia de la variable en lugar de su valor y, por tanto, cualquier cambio realizado sobre la variable **var** se reflejará también en el procedimiento que llame a esta función. Como dijimos antes, escribir **ByRef var** es equivalente a poner solo **var**.

A continuación, escribimos el procedimiento **Test1**, en el que declaramos y definimos la variable **var** con el texto **"Original"** y llamamos a la función **MiFuncion1** pasando dicha variable como parámetro:

```
Sub Test()
    Dim var As String
    var = "Original"
    Debug.Print "1 - var    (" & var & ")"
    Call MiFuncion1(var)
    Debug.Print "2 - var    (" & var & ")"
End Sub
```

Si ejecutamos **Test1** ❶ y vemos el resultado en la ventana **Inmediato** ❷, observaremos que el cambio realizado en la función sobre la variable **var** permanece en **Test1** cuando regresa de ejecutar la función.

Ahora, crearemos **Test2** y **MiFuncion2** copiando todo el código anterior y modificando en **Test2** el nombre del procedimiento, la llamada a la función para que llame a **MiFuncion2** y los números en las instrucciones de **Debug.Print** para que en lugar de **1** y **2** ponga **3** y **4**. En **MiFunción2** solo cambiaremos el nombre de la función, el texto asignado a **var** (para que ponga **Funcion2**) y **ByRef** por **ByVal** en la zona de parámetros de la función.

Ejecutamos **Test2** ❸ y vemos el resultado en **Inmediato** ❹. Vemos cómo, en esta ocasión, el procedimiento **Test2** todavía conserva el valor original de **var** al regresar de la llamada a **MiFuncion2**.

❶
```
(General)

Sub Test1()
    Dim var As String
    var = "Original"
    Debug.Print "1 - var    (" & var & ")"
    Call MiFuncion1(var)
    Debug.Print "2 - var    (" & var & ")"
End Sub


Function MiFuncion1(ByRef var)
    Debug.Print "    Entra (" & var & ")"
    var = "Cambiado en Funcion1"
End Function
```

❷
```
Inmediato                              x

1 - var    (Original)
    Entra (Original)
2 - var    (Cambiado en Funcion1)
```

❸
```
Sub Test2()
    Dim var As String
    var = "Original"
    Debug.Print "3 - var    (" & var & ")"
    Call MiFuncion2(var)
    Debug.Print "4 - var    (" & var & ")"
End Sub

Function MiFuncion2(ByVal var)
    Debug.Print "    Entra (" & var & ")"
    var = "Cambiado en Funcion2"
End Function
```

❹
```
Inmediato                              x

3 - var    (Original)
    Entra (Original)
4 - var    (Original)
```

Función de usuario y llamada desde una hoja

Las funciones de usuario (en inglés **UDF - User Defined Functions**) son funciones normales y corrientes cuya estructura es idéntica a la de cualquier función de las que hemos comentado hasta el momento.

Una vez definida una función, la tendremos disponible como una función mas dentro del libro en el que se haya creado, aunque si se trata de una función que podemos utilizar con frecuencia, podríamos crearla en el libro de macros personal para que estuviese disponible cada vez que abrimos un libro.

Para el desarrollo de este ejercicio, crearemos el libro de macros **Ejercicio38.xlsm** e insertaremos un módulo donde escribir la función **Saluda**.

Esta función es muy simple y contiene lo siguiente:

```
Function Saluda(texto As String)
    Saluda = "Hola " & texto
End Function
```

Como puede observar, recibe un texto como parámetro y le añade el texto **"Hola"** al principio para formar la cadena resultante que mostrará como saludo.
Si accedemos a cualquier hoja del libro, podremos utilizar esta función como cualquier otra. Por ejemplo, en la **Hoja1** de nuestro libro introduciremos un texto (p. ej. "Juan") en la celda **A1** ❶.

Ahora, nos situamos en la celda **A2** y pulsamos sobre el botón **fx** ❷ para invocar al cuadro de diálogo **Insertar Función**, donde seleccionaremos la categoría **Definida por el usuario** y localizaremos nuestra función **Saluda** ❸. Pulsamos en **Aceptar** y vemos un cuadro de diálogo en el que se solicitan los **Argumentos de función**. En él, introduciremos **A1** y podremos observar una previsualización del resultado. A continuación, pulsaremos en **Aceptar** ❹ y veremos el resultado en la celda **B1** ❺.

Hagamos otra prueba. En la celda **B2**, introduciremos la referencia a la función de forma manual y, por tanto, al teclear **"=S"** podremos ver cómo la ayuda contextual nos muestra una colección de funciones que comienzan con la letra **S**, entre las que se halla precisamente nuestra función **Saluda** ❻. Si pulsamos **TAB** sobre **Saluda**, se inserta todo el nombre de la función en la celda B2 y se queda en espera de que introduzcamos el parámetro que necesita y que, en este caso, será simplemente un literal entre comillas dobles (p. ej. "Paco"). Al pulsar **INTRO** veremos el resultado que esperábamos ❼.

En sucesivos ejercicios, cuando presentemos las funciones estándar y los tipos de objetos internos que componen MS Excel, veremos que el uso de funciones puede combinar todos estos conceptos y aportar una gran potencia al cálculo que la herramienta ya posee de por sí.

Asc, Chr, Val y String

En los siguientes ejercicios vamos a analizar una serie de funciones de cadena que nos permitirán trabajar sobre ellas manipulándolas, extrayendo partes, midiendo su longitud, separarlas, etc.

Este primer grupo, trata las siguientes funciones:

Función	Comentario			
Asc	Devuelve el código **ASCII** (American Standard Code for Information Interchange) asociado a un carácter. ❶			
	Sintaxis	`Asc(carácter)`	**Ejemplo**	`Asc("A") -> 65`
Chr	Devuelve el carácter correspondiente a un valor **ASCII** (de 0 a 255). ❷			
	Sintaxis	`Chr(numero)`	**Ejemplo**	`Chr(65) -> "A"`
Val	Analiza una cadena y devuelve los números que va encontrando desde el principio de la cadena hasta que se topa con un carácter no numérico, momento en el que detiene el análisis. No tiene en cuenta los espacios. ❸			
	Sintaxis	`Val(cadena)`	**Ejemplo**	`Val(12AB) -> 12`
String	Construye una cadena a base de repetir un carácter un determinado número de veces. ❹			
	Sintaxis	`String(numero,carácter)`	**Ejemplo**	`String(3,"=") -> "==="`
	Número (obligatorio): es el número de caracteres que queremos repetir. **Carácter** (obligatorio): es el carácter a repetir.			

Para realizar una prueba vamos a crear el libro de macros **Ejercicio39.xlsm**, en el que incluiremos un módulo donde poder escribir el procedimiento **Test1**.

❶
```
' Asc
    Debug.Print "Asc --------------"
    cadena = "ABC"
    Debug.Print "    Asc(" & cadena & ") -> (" & Asc(cadena) & ")"
    cadena = "1"
    Debug.Print "    Asc(" & cadena & ") -> (" & Asc(cadena) & ")"
```

❷
```
' Chr
    Debug.Print "Chr --------------"
    For codigo = 65 To 74
        Debug.Print "    Chr(" & codigo & ") -> (" & Chr(codigo) & ")"
    Next codigo
```

❸
```
' Val
    Debug.Print "Val --------------"
    cadena = "123ABC"
    Debug.Print "    Val(" & cadena & ") -> (" & Val(cadena) & ")"
    cadena = " 123 456ABC"
    Debug.Print "    Val(" & cadena & ") -> (" & Val(cadena) & ")"
    cadena = "ABC123"
    Debug.Print "    Val(" & cadena & ") -> (" & Val(cadena) & ")"
```

❹
```
' string
    Debug.Print "String -----------"
    cadena = "*"
    Debug.Print "    String(" & cadena & ") -> (" & String(3, cadena) & ")"
    cadena = ">"
    Debug.Print "    String(" & cadena & ") -> (" & String(10, cadena) & ")"
```

Dentro del procedimiento, para cada función probaremos lo siguiente (obviamos las impresiones por pantalla de los resultados):

Asc	Chr
cadena = "ABC" Asc(cadena) cadena = "1" Asc(cadena)	For codigo = 65 To 74 Chr(codigo) Next codigo

Val	String
cadena = "123ABC" Val(cadena) cadena = " 123 456ABC" Val(cadena) cadena = "ABC123" Val(cadena)	cadena = "*" String(3, cadena) cadena = ">" String(10, cadena)

> **IMPORTANTE**
>
> Use estas funciones cuando necesite conocer el valor de un carácter concreto (por ejemplo, para poder reemplazarlo), cuando quiera usar solo la parte numérica de un String que tenga los números al principio o cuando quiera confeccionar un texto basado en una repetición de caracteres.

Una vez escrito el procedimiento **Test()** ❺, lo ejecutaremos y veremos el resultado en la ventana **Inmediato** ❻.

Observe que **Asc** solo muestra el valor del primer carácter de la cadena pasada como argumento. Fíjese también en que **Val** ignora los espacios.

❺

```
(General)                                                          ▼
  Sub Test()
      Dim cadena As String
      Dim codigo As Integer
  ' Asc
      Debug.Print "Asc ---------------"
      cadena = "ABC"
      Debug.Print "   Asc(" & cadena & ") -> (" & Asc(cadena) & ")"
      cadena = "1"
      Debug.Print "   Asc(" & cadena & ") -> (" & Asc(cadena) & ")"

  ' Chr
      Debug.Print "Chr ---------------"
      For codigo = 65 To 74
          Debug.Print "   Chr(" & codigo & ") -> (" & Chr(codigo) & ")"
      Next codigo

  ' Val
      Debug.Print "Val ---------------"
      cadena = "123ABC"
      Debug.Print "   Val(" & cadena & ") -> (" & Val(cadena) & ")"
      cadena = " 123 456ABC"
      Debug.Print "   Val(" & cadena & ") -> (" & Val(cadena) & ")"
      cadena = "ABC123"
      Debug.Print "   Val(" & cadena & ") -> (" & Val(cadena) & ")"

  ' String
      Debug.Print "String ------------"
      cadena = "*"
      Debug.Print "   String(" & cadena & ") -> (" & String(3, cadena) & ")"
      cadena = ">"
      Debug.Print "   String(" & cadena & ") -> (" & String(10, cadena) & ")"

  End Sub
```

❻

```
Inmediato
Asc ---------------
    Asc(ABC) -> (65)
    Asc(1) -> (49)
Chr ---------------
    Chr(65) -> (A)
    Chr(66) -> (B)
    Chr(67) -> (C)
    Chr(68) -> (D)
    Chr(69) -> (E)
    Chr(70) -> (F)
    Chr(71) -> (G)
    Chr(72) -> (H)
    Chr(73) -> (I)
    Chr(74) -> (J)
Val ---------------
    Val(123ABC) -> (123)
    Val( 123 456ABC) -> (123456)
    Val(ABC123) -> (0)
String ------------
    String(*) -> (***)
    String(>) -> (>>>>>>>>>>)
```

InStr/InStrRev/StrComp

El siguiente grupo de funciones permite averiguar si una cadena se halla incluida en otra y comparar cadenas entre sí.

Función	Comentario
InStr	Devuelve un valor numérico que indica la posición en la que se halla **cadenaAbuscar** dentro de **cadena**.

Sintaxis	InStr(cadena, cadenaABuscar) InStr(inicio, cadena, cadenaABuscar) InStr(inicio, cadena, cadenaABuscar, opción)	**Ejemplo**	InStr ("ABCDEF-GHI","C") --> 3

- **inicio** (opcional): indica la posición a partir de la que queremos empezar a buscar.
- **cadena** (obligatorio): cadena en la que se buscará la cadena a buscar.
- **cadenaABuscar** (obligatorio): cadena que se busca.
- **opción** (opcional): indica el tipo de comparación que se desea realizar:

vbBinaryCompare	Compara de forma binaria (predeterminado)
vbTextCompare	Compara de forma textual
vbUseCompareOption	Usa el valor indicado en la opción **Option Compare** al inicio del módulo

InStrRev	Devuelve un valor numérico que indica la posición de la cadena buscada dentro de la cadena sobre la que se está buscando; empieza la búsqueda por el final de la cadena.

Sintaxis	InStrRev(cadena, cadenaABuscar) InStrRev(cadena, cadenaABuscar, inicio) InStrRev(cadena, cadenaABuscar, inicio, opción)	**Ejemplo**	InStr ("ABCF-GHIEFABCH","C") --> 12

Los parámetros inicio y opción son idénticos a los descritos para **InStr**.

StrComp	Compara una cadena con otra y su sintaxis es la siguiente:

Sintaxis	StrComp(cadena1, cadena2, opción)	**Ejemplo**	StrComp("A", "B") --> -1

- **cadena1**, **cadena2** (obligatorios): cadenas a comparar.
- **opción** (opcional): indica el tipo de comparación y es idéntico al descrito para **InStr**.

La comparación devuelve alguno de los siguientes valores:

0	cadena1 = cadena2
1	cadena1 > cadena2
-1	cadena1 < cadena2

Para realizar alguna prueba vamos a crear el libro de macros **Ejercicio40.xlsm** en el que incluiremos un módulo donde poder escribir un procedimiento para probar cada función.

Definimos las siguientes constantes al inicio del módulo:

```
Public Const textoInicial1 As String = "ABCDEFGHI"
Public Const textoInicial2 As String = "ABCFGHIEFABCH"
Public Const textoABuscar1 As String = "C"
Public Const textoABuscar2 As String = "EF"
Public Const textoABuscar3 As String = "ef"
```

> **IMPORTANTE**
>
> Ambas funciones son muy útiles para determinar si una cadena contiene otra o para realizar una comparación entre dos cadenas.

Crearemos tres procedimientos para probar las siguientes instrucciones:

Procedimiento	Instrucciones a probar
TestInstr()	InStr(textoInicial1, textoABuscar1) InStr(textoInicial1, textoABuscar2)
TestInstrRev()	InStrRev(textoInicial2, textoABuscar1) InStrRev(textoInicial2, textoABuscar2)
TestStrComp()	StrComp(textoABuscar1, textoABuscar2) StrComp(textoABuscar2, textoABuscar1) StrComp(textoABuscar2, textoABuscar3, vbTextCompare) StrComp(textoABuscar2, textoABuscar3, vbBinaryCompare)

Ejecutamos el procedimiento **TestInstr()** ❶ y vemos el resultado ❷. Luego, **TestInstrStr()** ❸ y vemos el resultado ❹. Al buscar la letra **C** devuelve **12** porque ha empezado a buscar por el final de la cadena.

Por último, ejecutamos **TestStrComp()** ❺ y vemos el resultado ❻. Al comparar **"EF"** con **"ef"**, la opción **vbTextCompare** indica que las cadenas **son iguales**, pero si usamos la opción **vbBinaryCompare** indica que no lo son.

❶
```
(General)                                                          TestStrComp
' Definimos las variables a nivel global para que estén disponibles
' en todos los procedimientos.

    Public Const textoInicial1 As String = "ABCDEFGHI"
    Public Const textoInicial2 As String = "ABCFGHIEFABCH"
    Public Const textoABuscar1 As String = "C"
    Public Const textoABuscar2 As String = "EF"
    Public Const textoABuscar3 As String = "ef"
Sub TestInstr()
' Instr
    Debug.Print "Instr -------------------------"
    Debug.Print "Busca (" & textoABuscar1 & ") en (" & textoInicial1 & ") -> (" _
        & InStr(textoInicial1, textoABuscar1) & ")"

    Debug.Print "Busca (" & textoABuscar2 & ") en (" & textoInicial1 & ") -> (" _
        & InStr(textoInicial1, textoABuscar2) & ")"

End Sub
```

❷
```
Inmediato
Instr -------------------------
Busca (C) en (ABCDEFGHI) -> (3)
Busca (EF) en (ABCDEFGHI) -> (5)
```

❸
```
Sub TestInstrRev()
' InstrRev
    Debug.Print "InstrRev -------------------------"
    Debug.Print "Busca (" & textoABuscar1 & ") en (" & textoInicial2 & ") -> (" _
        & InStrRev(textoInicial2, textoABuscar1) & ")"

    Debug.Print "Busca (" & textoABuscar2 & ") en (" & textoInicial2 & ") -> (" _
        & InStrRev(textoInicial2, textoABuscar2) & ")"

End Sub
```

❹
```
Immediate
InstrRev -------------------------
Busca (C) en (ABCFGHIEFABCH) -> (12)
Busca (EF) en (ABCFGHIEFABCH) -> (8)
```

❺
```
Sub TestStrComp()
' StrComp
    Debug.Print "StrComp -------------------------"
    Debug.Print "Compara (" & textoABuscar1 & ") con (" & textoABuscar2 & ") -> (" _
        & StrComp(textoABuscar1, textoABuscar2) & ")"
    Debug.Print "Compara (" & textoABuscar2 & ") con (" & textoABuscar1 & ") -> (" _
        & StrComp(textoABuscar2, textoABuscar1) & ")"
    Debug.Print "Compara (" & textoABuscar2 & ") con (" & textoABuscar3 & ") [" & vbTextCompare & "] -> (" _
        & StrComp(textoABuscar2, textoABuscar3, vbTextCompare) & ")"
    Debug.Print "Compara (" & textoABuscar2 & ") con (" & textoABuscar3 & ") [" & vbBinaryCompare & "] -> (" _
        & StrComp(textoABuscar2, textoABuscar3, vbBinaryCompare) & ")"

End Sub
```

❻
```
Inmediato
StrComp -------------------------
Compara (C) con (EF) -> (-1)
Compara (EF) con (C) -> (1)
Compara (EF) con (ef) [1] -> (0)
Compara (EF) con (ef) [0] -> (-1)
```

LCase/UCase/StrConv/StrReverse

El siguiente grupo de funciones permite convertir cadenas a minúsculas, mayúsculas o mezcla de ambas y también generar una cadena invirtiendo los caracteres de la cadena inicial, de forma que el primer carácter sea el último, el segundo el penúltimo y así sucesivamente.

Función	Comentario	
LCase	Convierte una cadena a minúsculas.	
	Sintaxis	`LCase(cadena)`
	Ejemplo	`InStr ("MiTexto") --> mitexto`
UCase	Convierte una cadena a mayúsculas.	
	Sintaxis	`UCase(cadena)`
	Ejemplo	`InStr ("MiTexto") --> MITEXTO`
StrConv	Compara una cadena con otra y su sintaxis es la siguiente:	
	Sintaxis	`StrConv(cadena, tipoConversion, localID)`
	Ejemplo	`StrComp("mi texto de prueba", 3) --> Mi Texto De prueba`

- **tipoConversion** (obligatorio): indica que la conversión se debe realizar de caracteres de un único byte a doble byte y viceversa, así como otras codificaciones como Katakana, Hiragana y Unicode, pero en este ejercicio solo vamos a comentar los siguientes:
  - **vbLowerCase:** Convierte a minúsculas.
  - **vbUpperCase:** Convierte a mayúsculas.
  - **vbProperCase:** Convierte a mayúscula la primera letra de cada palabra y a minúsculas el resto.
- **localID** (opcional): identificador de configuración regional. Por defecto es el del propio sistema.

StrReverse	Devuelve una cadena en la que se invierten todos los caracteres de la cadena original.	
	Sintaxis	`StrReverse (cadena)`
	Ejemplo	`StrReverse ("MiTexto") --> otxeTiM`

Para realizar alguna prueba vamos a crear el libro de macros **Ejercicio41.xlsm**, en el que incluiremos un módulo donde poder escribir un procedimiento para probar cada función. Definimos la siguiente constante al inicio del módulo:

```
Const cadena As String = "Es una CADENA de pruebas"
```

Crearemos cuatro procedimientos para probar las siguientes instrucciones:

Procedimiento	Instrucciones a probar
TestLCase()	LCase(cadena)
TestUCase()	UCase(cadena)
TestStrConv()	StrConv(cadena, vbLowerCase) StrConv(cadena, vbUpperCase) StrConv(cadena, vbProperCase)
TestStrReverse()	StrReverse(cadena)

IMPORTANTE

Convertir a minúsculas o mayúsculas nos ayuda muchas veces a normalizar cadenas antes de su tratamiento. Son funciones que se utilizan con bastante frecuencia.

Una vez escritos los procedimientos ❶, los ejecutaremos uno a uno para ir viendo los resultados.

Primero ejecutamos el procedimiento **TestLCase()** y vemos el resultado en la ventana **Inmediato** ❷. A continuación, ejecutamos **TestUCase()** y vemos el resultado ❸. Seguidamente ejecutamos **TestStrConv()** y vemos que el resultado ❹ es idéntico al de las funciones anteriores pero con la posibilidad añadida de crear una cadena con el primer carácter en mayúsculas y el resto en minúsculas. Por último, ejecutamos **TestStrReverse()** y comprobamos el resultado ❺.

❶
```
(General)                                              TestStrReverse
    Const cadena As String = "Es una CADENA de pruebas"

    ' LCase
    Sub TestLcase()
        Debug.Print "LCase (" & LCase(cadena) & ")"
    End Sub

    ' UCase
    Sub TestUcase()
        Debug.Print "UCase (" & UCase(cadena) & ")"
    End Sub

    ' StrConv
    Sub TestStrConv()
        Debug.Print "(vbLowerCase) (" & StrConv(cadena, vbLowerCase) & ")"
        Debug.Print "(vbUpperCase) (" & StrConv(cadena, vbUpperCase) & ")"
        Debug.Print "(vbProperCase) (" & StrConv(cadena, vbProperCase) & ")"
    End Sub

    ' StrReverse
    Sub TestStrReverse()
        Debug.Print "StrReverse (" & StrReverse(cadena) & ")"
    End Sub
```

❷ Inmediato
```
LCase (es una cadena de pruebas)
```

❸ Inmediato
```
UCase (ES UNA CADENA DE PRUEBAS)
```

❹ Inmediato
```
(vbLowerCase) (es una cadena de pruebas)
(vbUpperCase) (ES UNA CADENA DE PRUEBAS)
(vbProperCase) (Es Una Cadena De Pruebas)
```

❺ Inmediato
```
StrReverse (sabeurp ed ANEDAC anu sE)
```

Left/Right/Mid

Este grupo de funciones permite extraer caracteres de una cadena. Se pueden extraer caracteres empezando por la parte izquierda, por la derecha o del interior empezando en una determinada posición.

Función	Comentario
Left	Permite extraer de una cadena el número de caracteres indicado empezando por la izquierda. | **Sintaxis**	`Left(cadena, longitud)`
Ejemplo	`Left ("MiTexto", 3) --> MiT` | **Cadena** (obligatorio): cadena a tratar. **longitud** (obligatorio): número de caracteres a extraer.
Right	Permite extraer de una cadena el número de caracteres indicado empezando por la derecha. | **Sintaxis**	`Right(cadena, longitud)`
Ejemplo	`Right ("MiTexto", 5) --> Texto` | **Cadena** (obligatorio): cadena a tratar. **longitud** (obligatorio): número de caracteres a extraer.
Mid	Extrae parte de una cadena y su sintaxis es la siguiente: | **Sintaxis**	`Mid(cadena, inicio, longitud)`
Ejemplo	`Mid ("mi texto de prueba", 4, 5) --> texto` | **Cadena** (obligatorio): cadena a tratar. **inicio** (obligatorio): posición a partir de la cual se extraerán caracteres. **longitud** (opcional): número de caracteres a extraer. Si no se indica nada, se extraen todos los caracteres de la cadena a partir de esa posición inclusive.

Para probar estas funciones creamos el libro de macros **Ejercicio42.xlsm**, en el que incluiremos un módulo donde poder escribir un procedimiento para probar cada función.

Definimos las siguientes constantes al inicio del módulo:

```
Const cadena1 As String = "ABCDEFGH"
Const cadena2 As String = "12345678"
```

Crearemos tres procedimientos para probar las siguientes instrucciones:

Procedimiento	Instrucciones a probar
TestLeft()	Left(cadena1, 3) Left(cadena2, 5)
TestRight()	Right(cadena1, 3) Right(cadena2, 5)
TestMid()	Mid(cadena1, 3) Mid(cadena1, 3, 2) Mid(cadena2, 5) Mid(cadena2, 5, 3)

IMPORTANTE

Extraer caracteres de cadenas es una tarea muy frecuente dentro de la programación y, gracias a estas funciones, podemos realizarla muy fácilmente.

Una vez escritos los procedimientos, los ejecutaremos uno a uno para ir viendo los resultados. Primero ejecutamos el procedimiento **TestLeft()** ❶ y vemos el resultado en la ventana **Inmediato** ❷.

A continuación, ejecutaremos **TestRight()** ❸ y veremos también el resultado ❹.

Por último, ejecutaremos **TestMid()** ❺ y también comprobaremos el resultado ❻.

❶
```
(General)
    Const cadena1 As String = "ABCDEFGH"
    Const cadena2 As String = "12345678"

    ' Left
    Sub TestLeft()
        Debug.Print "Left(" & cadena1 & ", 3) -> (" & Left(cadena1, 3) & ")"
        Debug.Print "Left(" & cadena2 & ", 5) -> (" & Left(cadena2, 5) & ")"
    End Sub
```

❷
```
Inmediato
    Left(ABCDEFGH, 3) -> (ABC)
    Left(12345678, 5) -> (12345)
```

❸
```
    ' Right
    Sub TestRight()
        Debug.Print "Right(" & cadena1 & ", 3) -> (" & Right(cadena1, 3) & ")"
        Debug.Print "Right(" & cadena2 & ", 5) -> (" & Right(cadena2, 5) & ")"
    End Sub
```

❹
```
Inmediato
    Right(ABCDEFGH, 3) -> (FGH)
    Right(12345678, 5) -> (45678)
```

❺
```
    ' Mid
    Sub TestMid()
        Debug.Print "Mid(" & cadena1 & ", 3) -> (" & Mid(cadena1, 3) & ")"
        Debug.Print "Mid(" & cadena1 & ", 3, 2) -> (" & Mid(cadena1, 3, 2) & ")"
        Debug.Print "Mid(" & cadena2 & ", 5) -> (" & Mid(cadena2, 5) & ")"
        Debug.Print "Mid(" & cadena2 & ", 5, 3) -> (" & Mid(cadena2, 5, 3) & ")"
    End Sub
```

❻
```
Inmediato
    Mid(ABCDEFGH, 3) -> (CDEFGH)
    Mid(ABCDEFGH, 3, 2) -> (CD)
    Mid(12345678, 5) -> (5678)
    Mid(12345678, 5, 3) -> (567)
```

LTrim/RTrim/Trim

Con el siguiente grupo de funciones vamos a poder eliminar los espacios que no nos interesen eligiendo si queremos quitar los espacios de la izquierda, de la derecha o ambos.

Función	Comentario	
Left	Elimina los espacios que se hallen al principio de una cadena.	
	Sintaxis	`LTrim(cadena)`
	Ejemplo	`LTrim("    MiTexto    ") --> "MiTexto    "`
Right	Elimina los espacios que se hallen al final de una cadena.	
	Sintaxis	`RTrim(cadena)`
	Ejemplo	`RTrim("    MiTexto    ") --> "    MiTexto"`
Mid	Elimina los espacios que se hallen al principio y al final de una cadena.	
	Sintaxis	`Trim(cadena)`
	Ejemplo	`Trim("    MiTexto    ") --> "MiTexto"`

Para probar estas funciones creamos el libro de macros **Ejercicio43.xlsm**, en el que incluiremos un módulo donde poder escribir un procedimiento para probar cada función.

Definimos las siguientes constantes al inicio del módulo:

```
Const cadena1 As String = "      Cadena1"
Const cadena2 As String = "Cadena2      "
Const cadena3 As String = "      Cadena3      "
```

Crearemos tres procedimientos para probar las siguientes instrucciones:

Procedimiento	Instrucciones a probar

`TestLTrim()`	`LTrim(cadena1)`
	`LTrim(cadena2)`
	`LTrim(cadena3)`

`TestRTrim()`	`RTrim(cadena1)`
	`RTrim(cadena2)`
	`RTrim(cadena3)`

`TestTrim()`	`Trim(cadena1)`
	`Trim(cadena2)`
	`Trim(cadena3)`

Una vez escritos los procedimientos, los ejecutaremos uno a uno para ir viendo los resultados.

Primero ejecutamos el procedimiento **TestLTrim()** ❶ y vemos el resultado en la ventana **Inmediato** ❷.

A continuación, ejecutaremos **TestRTrim()** ❸ y veremos también el resultado ❹.

Por último, ejecutaremos **TestTrim()** ❺ y también comprobaremos el resultado ❻.

❶

```
(General)
Const cadena1 As String = "      Cadena1"
Const cadena2 As String = "Cadena2      "
Const cadena3 As String = "      Cadena3      "

' LTrim
Sub TestLTrim()
    Debug.Print "LTrim -------------------------"
    Debug.Print "          LTrim (" & cadena1 & ") "
    Debug.Print "Resultado -> (" & LTrim(cadena1) & ")"
    Debug.Print "          LTrim (" & cadena2 & ") "
    Debug.Print "Resultado -> (" & LTrim(cadena2) & ")"
    Debug.Print "          LTrim (" & cadena3 & ") "
    Debug.Print "Resultado -> (" & LTrim(cadena3) & ")"
End Sub
```

❷

```
Inmediato
LTrim -------------------------
          LTrim (      Cadena1)
Resultado -> (Cadena1)
          LTrim (Cadena2      )
Resultado -> (Cadena2      )
          LTrim (      Cadena3      )
Resultado -> (Cadena3      )
```

❸

```
'RTrim
Sub TestRTrim()
    Debug.Print "RTrim -------------------------"
    Debug.Print "          RTrim (" & cadena1 & ") "
    Debug.Print "Resultado -> (" & RTrim(cadena1) & ")"
    Debug.Print "          RTrim (" & cadena2 & ") "
    Debug.Print "Resultado -> (" & RTrim(cadena2) & ")"
    Debug.Print "          RTrim (" & cadena3 & ") "
    Debug.Print "Resultado -> (" & RTrim(cadena3) & ")"
End Sub
```

❹

```
Inmediato
RTrim -------------------------
          RTrim (      Cadena1)
Resultado -> (      Cadena1)
          RTrim (Cadena2      )
Resultado -> (Cadena2)
          RTrim (      Cadena3      )
Resultado -> (      Cadena3)
```

❺

```
' Trim
Sub TestTrim()
    Debug.Print "Trim -------------------------"
    Debug.Print "          Trim (" & cadena1 & ") "
    Debug.Print "Resultado -> (" & Trim(cadena1) & ")"
    Debug.Print "          Trim (" & cadena2 & ") "
    Debug.Print "Resultado -> (" & Trim(cadena2) & ")"
    Debug.Print "          Trim (" & cadena3 & ") "
    Debug.Print "Resultado -> (" & Trim(cadena3) & ")"
End Sub
```

❻

```
Inmediato
Trim -------------------------
          Trim (      Cadena1)
Resultado -> (Cadena1)
          Trim (Cadena2      )
Resultado -> (Cadena2)
          Trim (      Cadena3      )
Resultado -> (Cadena3)
```

Len/Replace

Mediante la función **Len** podremos averiguar cuántos caracteres contiene una cadena o cuántos bytes se necesitan para guardar una variable. Con la función **Replace**, podremos cambiar una cadena dentro de otra un determinado número de ocurrencias o todas las que existan, a partir de una determinada posición.

Función	Comentario
Len	Cuando el argumento es una **cadena**, devuelve el número de caracteres existentes en esta. Si el argumento es una **variable**, devuelve el número de **bytes** que hacen falta para almacenar el valor contenido en la misma.

	Sintaxis	`Len(cadena)` `Len(variable)`

	Ejemplo	`Len("MiTexto") --> 7`
		`Dim i as Integer`
		`Len(i) -> 2`

Observe que al usar la variable **i** como argumento, la función **Len** devuelve el valor **2**, que es el número de bytes que ocupa una variable de tipo **Integer**.

Función	Comentario
Replace	Reemplaza una cadena en otra un número de veces a partir de una posición determinada.

	Sintaxis	`Replace(cadenaIni, aBuscar, aReempla-` `zar, inicio, ocurrencias, opCompare)`
	Ejemplo	`Replace("ABCDEB", "B", "*") -> "A*CDE*"`

cadenaIni (obligatorio): cadena sobre la que se va a reemplazar.

aBuscar (obligatorio): cadena que se pretende reemplazar.

aReemplazar (obligatorio): cadena que reemplazará la cadena **aBuscar**.

inicio (opcional): posición inicial a tratar de la **cadenaIni**.

ocurrencias (opcional): número de veces que se desea sustituir **aBuscar** por **aReempla-zar**. Si no se indica nada, asume el valor **-1**, que significa reemplazar todas las ocurrencias.

opCompare (opcional): tipo de comparación a realizar, que puede tener alguno de los siguientes valores:

    vbBinaryCompare: Compara de forma binaria (predeterminado).

    vbTextCompare: Compara de forma textual.

    vbUseCompareOption: Usa el valor indicado en la opción **Option Compare** al inicio del módulo.

Para probar estas funciones creamos el libro de macros **Ejercicio44.xlsm**, en el que incluiremos un módulo donde poder escribir dos procedimientos para probar cada una de estas funciones.

Procedimiento	Instrucciones a probar

`TestLen()`	`Dim cadena As String`
	`Dim entero As Integer`
	`Dim largo As Long`
	`Dim doble As Double`
	`cadena = "Cadena de pruebas"`
	`…`
	`Len(cadena)`
	`Len(entero)`
	`Len(largo)`
	`Len(doble)`

`TestReplace()`	`Dim cadena As String`
	`Dim caracter As String`
	`cadena = "ABCD123ABC45C"`
	`carIni = "C"`
	`carFin = "*"`
	`Replace(cadena, carIni, carFin)`
	`Replace(cadena, carIni, carFin, 1, 1)`
	`Replace(cadena, carIni, carFin, 5)`
	`Replace(cadena, carIni, carFin, 5, 1)`

> **IMPORTANTE**
>
> Utilice **Len** para depurar y establecer filtros a la hora de solicitar entradas por pantalla. Utilice **Replace** cuando quiera normalizar cadenas sustituyendo algunos caracteres por otros.

Una vez escritos los procedimientos, los ejecutaremos uno a uno para ir viendo los resultados.

Primero ejecutamos el procedimiento **TestLen()** ❶ y vemos el resultado en la ventana **Inmediato** ❷.

A continuación, ejecutaremos el procedimiento **TestReplace()** ❸ para ver diferentes posibilidades según la sintaxis comentada ❹.

❶
```
' Len
Sub TestLen()
    Dim cadena As String
    Dim entero As Integer
    Dim largo As Long
    Dim doble As Double

    cadena = "Cadena de pruebas"
    Debug.Print "Len --------------------------------"
    Debug.Print "Cadena (" & cadena & ") -> Len (" & Len(cadena) & ")"

    Debug.Print "Variable entero (" & entero & ") -> Len (" & Len(entero) & ")"
    Debug.Print "Variable largo  (" & largo & ") -> Len (" & Len(largo) & ")"
    Debug.Print "Variable doble  (" & doble & ") -> Len (" & Len(doble) & ")"
End Sub
```

❷
```
Immediate
Len --------------------------------
Cadena (Cadena de pruebas) -> Len (17)
Variable entero (0) -> Len (2)
Variable largo  (0) -> Len (4)
Variable doble  (0) -> Len (8)
```

❸
```
' Replace
Sub TestReplace()
    Dim cadena As String
    Dim caracter As String

    cadena = "ABCD123ABC45C"
    carIni = "C"
    carFin = "*"

    Debug.Print "Replace -------------------------------------"
    Debug.Print "Cadena (" & cadena & ") carIni (" _
            & carIni & ") carFin (" & carFin & ")"
    Debug.Print "Replace(cadena, carIni, carFin) (" _
            & Replace(cadena, carIni, carFin) & ")"
    Debug.Print "Replace(cadena, carIni, carFin, 1, 1) (" _
            & Replace(cadena, carIni, carFin, 1, 1) & ")"
    Debug.Print "Replace(cadena, carIni, carFin, 5) (" _
            & Replace(cadena, carIni, carFin, 5) & ")"
    Debug.Print "Replace(cadena, carIni, carFin, 5, 1) (" _
            & Replace(cadena, carIni, carFin, 5, 1) & ")"
End Sub
```

❹
```
Immediate
Replace -------------------------------------
Cadena (ABCD123ABC45C) carIni (C) carFin (*)
Replace(cadena, carIni, carFin) (AB*D123AB*45*)
Replace(cadena, carIni, carFin, 1, 1) (AB*D123ABC45C)
Replace(cadena, carIni, carFin, 5) (123AB*45*)
Replace(cadena, carIni, carFin, 5, 1) (123AB*45C)
```

Formateo de números

Para conseguir una cadena que contenga un número con un determinado formato, disponemos de varias alternativas. En este ejercicio veremos la función **FormatNumber** y la función **Format** más genérica que, además de para números, también puede usarse para cadenas y fechas. En este ejercicio veremos **Format** solo aplicada a números.

Función	Comentario
Format-Number	Fabrica una cadena de texto a partir de una expresión. **Sintaxis:** `FormatNumber(expresión, dígitos, incCero, usaPar, grupo)` **Ejemplo:** `FormatNumber("10,1234", 2) -> 10,12` • **expresión** (obligatorio): expresión a formatear. • **dígitos** (opcional): dígitos a mostrar después del separador decimal. • **incCero** (opcional): indica si se muestra un cero a la izquierda del separador decimal para valores inferiores a 0. • **usaPar** (opcional): indica si los negativos se muestran entre paréntesis. • **grupo** (opcional): los números se agrupan usando el delimitador de grupo (ver constante Tristate). Los tres últimos parámetros pueden tener los valores **vbTrue**, **vbFalse** o **vbUseDefault** (según configuración regional).

Format	Fabrica una cadena de texto a partir de una expresión.
	
	Sintaxis: `Format(expresión, formato, pDiaSem, pSemAny)`
	Ejemplo: `Format("123", "#,##0.00") -> 123,00`
	
	• **expresión** (obligatorio): expresión a formatear.
	• **formato** (opcional): cadena que contiene el formato a utilizar.
	• **pDiaSem** (opcional): primer día de la semana. 0 para idioma nacional y de 1 a 7 para domingo, lunes, etc.
	• **pDiaAny** (opcional): primera semana del año. 0 para idioma nacional y para semana que contenga el 1 de enero; 2 para semana que tenga 4 días en el año y 3 para la primera semana completa del año.
	• **Formato:** puede contener cuatro expresiones separadas por punto y coma (;) para formatear valores positivos, negativos, cero y null. Veremos el caso de una sola expresión que contendrá alguno de los siguientes caracteres:
	  • **0**: muestra dígito en la posición o 0 si la posición está vacía.
	  • **#**: muestra dígito en la posición o nada si la posición está vacía.
	  • **@**: muestra dígito en la posición o espacio si la posición está vacía (rellena de derecha a izquierda).
	  • **.**: indica la posición del separador decimal.
	  • **,**: separador de miles.

Vamos a realizar algunas pruebas y, para ello, crearemos el libro de macros **Ejercicio45.xlsm**, en el que incluiremos un módulo donde poder escribir dos procedimientos para probar cada una de estas funciones.

Procedimiento	Instrucciones a probar

TestFormatNumber()	`Dim numero1 As String`
	`Dim numero2 As String`
	`Dim numero3 As String`
	…
	`FormatNumber(numero1, expresión, dígitos)`
	`FormatNumber(numero1, expresión, dígitos, incCero, usaPar, grupo)`

TestFormat()	`Dim numero1 As Integer`
	`Dim numero2 As Long`
	`Dim numero3 As Double`
	…
	`Format(numero1, formato)`
	`Format(Format(numero1, formato1), formato2)`

Una vez escritos los procedimientos, los ejecutaremos uno a uno para ir viendo los resultados.

Primero ejecutamos el procedimiento **TestFormatNumber()** ❶ y vemos el resultado en la ventana **Inmediato** ❷. A continuación, ejecutaremos el procedimiento **TestFormat()** ❸ para ver algunos de los posibles formatos a utilizar (también en la ventana **Inmediato**) ❹.

IMPORTANTE

Dependiendo de lo que necesite, es posible que la función **Format** le ayude más, ya que es más versátil, como veremos en posteriores ejercicios.

❶
```
Sub TestFormatNumber()
    Dim numero1 As String
    Dim numero2 As String
    Dim numero3 As String

    numero1 = "10,1234"
    numero2 = "-123,45"
    numero3 = ",1234"

    Debug.Print "FormatNumber(exp, dec)"
    Debug.Print " (" & FormatNumber(numero1, 2) & ")"
    Debug.Print " (" & FormatNumber(numero2, 2) & ")"
    Debug.Print " (" & FormatNumber(numero3, 2) & ")"

    Debug.Print "FormatNumber(exp, dec, vbTrue, vbFalse, vbFalse)"
    Debug.Print " (" & FormatNumber(numero1, 3, vbTrue, vbFalse, vbFalse) & ")"
    Debug.Print " (" & FormatNumber(numero2, 3, vbTrue, vbFalse, vbFalse) & ")"
    Debug.Print " (" & FormatNumber(numero3, 3, vbTrue, vbFalse, vbFalse) & ")"

    Debug.Print "FormatNumber(exp, dec, vbFalse, vbTrue, vbFalse)"
    Debug.Print " (" & FormatNumber(numero1, 3, vbFalse, vbTrue, vbFalse) & ")"
    Debug.Print " (" & FormatNumber(numero2, 3, vbFalse, vbTrue, vbFalse) & ")"
    Debug.Print " (" & FormatNumber(numero3, 3, vbFalse, vbTrue, vbFalse) & ")"

    Debug.Print "FormatNumber(exp, dec, vbFalse, vbFalse, vbTrue)"
    Debug.Print " (" & FormatNumber(numero1, 3, vbFalse, vbFalse, vbTrue) & ")"
    Debug.Print " (" & FormatNumber(numero2, 3, vbFalse, vbFalse, vbTrue) & ")"
    Debug.Print " (" & FormatNumber(numero3, 3, vbFalse, vbFalse, vbTrue) & ")"
End Sub
```

❸
```
Sub TestFormat()
    Dim numero1 As Integer, numero2 As Long, numero3 As Double
    Dim msk1 As String, msk2 As String
    numero1 = 123
    numero2 = 1234567890
    numero3 = 1234587.1234
    msk1 = "#,##0.00"
    msk2 = "@@@@@@@@@@@@@@@@@"

    Debug.Print "Format(exp)"
    Debug.Print "(" & Format(numero1) & ")"
    Debug.Print "(" & Format(numero2) & ")"
    Debug.Print "(" & Format(numero3) & ")"
    Debug.Print "Format(exp, fmt)"
    Debug.Print "(" & Format(numero1, "#,##0.00") & ")"
    Debug.Print "(" & Format(numero2, "#,##0.00") & ")"
    Debug.Print "(" & Format(numero3, "#,##0.00000") & ")"
    Debug.Print "Format(exp, fmt1, fmt2)"
    Debug.Print Format(Format(numero1, msk1), msk2) ' 123,00
    Debug.Print Format(Format(numero2, msk1), msk2) ' 1.234.567.890,00
    Debug.Print Format(Format(numero3, msk1), msk2) ' 1.234.587,12
    Debug.Print "Format(exp, fmt)"
    Debug.Print Format(1234, "000000") ' 001234
    Debug.Print Format(12, "000000") ' 000012
    Debug.Print Format(123, "000000") ' 000123
    Debug.Print "Format(expresion, formato) ' con ceros y decimales"
    Debug.Print Format(1234.1, "000000.00") ' 001234,10
    Debug.Print Format(12.34, "000000.00") ' 000012,34
    Debug.Print Format(123.456, "000000.00") ' 000123,46
End Sub
```

❷
```
FormatNumber(exp, dec)
 (10,12)
 (-123,45)
 (0,12)
FormatNumber(exp, dec, vbTrue, vbFalse, vbFalse)
 (10,123)
 (-123,450)
 (0,123)
FormatNumber(exp, dec, vbFalse, vbTrue, vbFalse)
 (10,123)
 ((123,450))
 (,123)
FormatNumber(exp, dec, vbFalse, vbFalse, vbTrue)
 (10,123)
 (-123,450)
 (,123)
```

❹
```
Format(exp)
(123)
(1234567890)
(1234587,1234)
Format(exp, fmt)
(123,00)
(1.234.567.890,00)
(1.234.587,12340)
Format(Format(exp, fmt1), fmt2)
            123,00
   1.234.567.890,00
       1.234.587,12
Format(exp, fmt)
001234
000012
000123
Format(expresion, formato) ' con ceros y decimales
001234,10
000012,34
000123,46
```

Formateo de cadena

Usaremos la función **Format** y también las instrucciones **LSet** y **RSet**, que nos ayudarán a fabricar cadenas alineando unas cadenas dentro de otras a la derecha o a la izquierda.

Función	Comentario
Format	Fabrica una cadena de texto a partir de una expresión.

Sintaxis	`Format(expresión, formato, pDiaSem, pSemAny)`
Ejemplo	`Format("Hola", "<") -> "HOLA"`

Los parámetros se comentaron en el ejercicio anterior, pero para el parámetro **formato**, destacaremos, para las cadenas, los siguientes caracteres:

- **>**: Convierte la cadena en mayúsculas.
- **<**: Convierte la cadena en minúsculas.
- **#**: muestra carácter en la posición o nada si la posición está vacía.
- **@**: muestra carácter en la posición o espacio si la posición está vacía (rellena de derecha a izquierda).

Instrucción	Comentario
LSet	Alinea a la izquierda una cadena dentro de otra. Si la cadena a ajustar es menor que la cadena final, esta última se completa con espacios por la derecha. Si es mayor truncará la inicial.

Sintaxis	`LSet cadenaFinal = cadenaInicial`	Ejemplo	`cadenaFinal = String(10, " ")`
			`cadenaInicial = "Hola"`
			`LSet cadenaFinal = cadenaInicial`
			`cadenaFinal -> "Hola      "`

Instrucción	Comentario
RSet	Alinea a la derecha una cadena dentro de otra. Si la cadena a ajustar es menor que la cadena final, esta última se completa con espacios por la izquierda. Si es mayor se truncará la inicial.

Sintaxis	`RSet cadenaFinal = cadenaInicial`	Ejemplo	`cadenaFinal = String(10, " ")`
			`cadenaInicial = "Hola"`
			`RSet cadenaFinal = cadenaInicial`
			`cadenaFinal -> "      Hola"`

❶
```
Sub TestFormat()
    Dim cadena1 As String, cadena2 As String
    cadena1 = "AbCdE"
    cadena2 = ""
    Debug.Print Format(cadena1, ">")
    Debug.Print Format(cadena1, "<")
    Debug.Print Format(Null, ">;Es un valor null")
    Debug.Print Format(cadena2, ">;'Cadena vacía'")
    Debug.Print "(" & Format(cadena1, "#########") & ")"
    Debug.Print "(" & Format(cadena1, "@@@@@@@@@@") & ")"
End Sub
```

❷
```
Inmediato                    [x]
ABCDE
abcde
Es un valor null
'Cadena vacía'
(AbCdE)
(     AbCdE)
```

Creamos el libro de macros **Ejercicio46.xlsm** e incluimos un módulo con los siguientes procedimientos:

Procedimiento	Instrucciones a probar
TestFormat()	Dim cadena1 As String Dim cadena2 As String cadena1 = "AbCdE" cadena2 = "" Format(cadena1, ">") Format(cadena1, "<") Format(Null, ">;texto") Format("", ">;texto") Format(cadena1, "##########") Format(cadena1, "@@@@@@@@@@")
TestLSet() TestRSet()	Dim cadena1 As String Dim res1 As String cadena1 = "AbCdE" res1 = String(8, " ") LSet res1 = cadena1 Debug.Print "(" & res1 & ")" RSet res1 = cadena1 Debug.Print "(" & res1 & ")"

Ejecutamos el procedimiento **TestFormat ()** ❶ y vemos el resultado ❷. Observe cómo en el caso de expresiones de tipo **Null** o **vacías** hemos empleado dos secciones separadas por punto y coma (;). A continuación, ejecutaremos **TestLSet()** ❸ para ver cómo se ajusta una cadena a la izquierda de otra y cómo se trunca la cadena que no cabe dentro de la cadena final ❹. Por último, ejecutaremos **TestRSet**() ❺ y veremos cómo la cadena se ajusta a la derecha y también se produce un truncamiento de la cadena inicial en el resultado final ❻.

❸
```
Sub TestLSet()
    Dim cadena1 As String, cadena2 As String
    Dim res1 As String, res2 As String
    cadena1 = "AbCdE"
    cadena2 = "1234567890"
    res1 = String(8, " ")
    res2 = String(8, " ")
    LSet res1 = cadena1
    LSet res2 = cadena2
    Debug.Print "(" & res1 & ")"
    Debug.Print "(" & res2 & ")"
End Sub
```

❺
```
Sub TestRSet()
    Dim cadena1 As String, cadena2 As String
    Dim res1 As String, res2 As String
    cadena1 = "AbCdE"
    cadena2 = "1234567890"
    res1 = String(8, " ")
    res2 = String(8, " ")
    RSet res1 = cadena1
    RSet res2 = cadena2
    Debug.Print "(" & res1 & ")"
    Debug.Print "(" & res2 & ")"
End Sub
```

❹
```
Inmediato                    x
(AbCdE    )
(12345678)
```

❻
```
Inmediato                    x
(   AbCdE)
(12345678)
```

Formateo de fecha y hora

Formateamos fechas y horas usando las funciones **FormatDateTime** y **Format** (vista en ejercicios anteriores). Sus sintaxis serían la siguientes:

Función	Comentario
Format	Fabrica una cadena de texto a partir de una expresión.
	<table><tr><td>**Sintaxis**</td><td>`Format(expresión, formato, pDiaSem, pSemAny)`</td></tr><tr><td>**Ejemplo**</td><td>`Format(Now, "dd/mm/YYYY") -> "14/02/2022"`</td></tr></table>
	expresión (obligatorio): expresión a formatear.
	• **formato** (opcional): cadena que contiene el formato a utilizar.
	• **pDiaSem** (opcional): primer día de la semana. 0 para idioma nacional y de 1 a 7 para domingo, lunes, etc.
	• **pDiaAny** (opcional): primera semana del año. 0 para idioma nacional y para semana que contenga el 1 de enero; 2 para semana que tenga 4 días en el año y 3 para la primera semana completa del año.
	• **Formato:** destacamos el uso de los siguientes caracteres:
	• **d**, **dd**: expresa el día del mes sin cero y con cero inicial, respectivamente.
	• **w**, **ww**: expresa la semana del año sin cero y con cero inicial, respectivamente
	• **m**, **mm**, **mmm**, **mmmm**: expresa el mes del año sin cero y con cero inicial, respectivamente, y también los nombres de los meses abreviados o completos.
	• **y**: expresa el número de día dentro del año (entre 1 y 366).
	• **yy**, **yyyy**: expresa el año con dos y cuatro dígitos.
FormatDate-Time	Fabrica una cadena de texto con la fecha u hora a partir de una expresión de tipo fecha.
	<table><tr><td>**Sintaxis**</td><td>`FormatDateTime(fecha, formatoFecha)`</td></tr><tr><td>**Ejemplo**</td><td>`FormatDateTime(Now, vbGeneralDate) -> "14/02/2022 8:35:14"`</td></tr></table>
	• **fecha** (obligatorio): expresión con la fecha u hora a formatear.
	• **formatoFecha** (opcional): valor que indica el formato a utilizar y puede ser alguno de los siguientes:
	• **vbGeneralDate**: muestra fecha, hora o ambas si la fecha contiene fecha y hora (valor por defecto).
	• **vbLongDate**, **vbShortDate**: muestra fecha en formato largo y corto, respectivamente.
	• **vbLongTime**, **vbShortTime**: muestra hora en formato largo y corto, respectivamente.

Para probar estas funciones, crearemos el libro de macros **Ejercicio47.xlsm**, en el que incluiremos un módulo donde poder escribir dos procedimientos para probar cada una de estas funciones.

TestFormatDateTime()	TestFormat()
FormatDateTime(Now, vbGeneralDate)	Format(Now,formato)
FormatDateTime(Now, vbLongDate)	Format(Now, "dd/mm/YYYY")
FormatDateTime(Now, vbShortDate)	Format(Now, "w", vbMonday)
FormatDateTime(Now, vbLongTime)	Format(Now, "w", vbSunday)
FormatDateTime(Now, vbShortTime)	Format(Now, "ww", , vbFirstJan1)
	Format(Now, "ww", , vbFirstFullWeek)
	Format(Now, "y")
	Format(Now, "dd/mmm/YYYY")
	Format(Now, "dd/mmmm/YYYY")
	Format(Now, "hh")
	Format(Now, "nn")
	Format(Now, "ss")
	Format(Now, "hh:mm:ss")
	Format(Now, "dd/mm/YYYY hh:mm:ss")

Primero ejecutamos el procedimiento **TestFormatDateTime()** ❶ y vemos los resultados ❷. A continuación, ejecutaremos el procedimiento **TestFormat()** ❸ para ver algunos de los posibles formatos a utilizar (también en la ventana **Inmediato**) ❹.

IMPORTANTE

Dependiendo del formato que necesite use una u otra función, aunque **Format** es más versátil y ofrece más posibilidades.

❶

```
(General)
Sub TestFormatDateTime()
    Debug.Print "FormatDateTime ---------------------------------"
    Debug.Print "Fecha/hora Now (" & Now & ")"
    Debug.Print "GeneralDate        (" & FormatDateTime(Now, vbGeneralDate) & ")"
    Debug.Print "LongDate           (" & FormatDateTime(Now, vbLongDate) & ")"
    Debug.Print "ShortDate          (" & FormatDateTime(Now, vbShortDate) & ")"
    Debug.Print "LongTime           (" & FormatDateTime(Now, vbLongTime) & ")"
    Debug.Print "ShortTime          (" & FormatDateTime(Now, vbShortTime) & ")"
End Sub
```

❷

```
Inmediato
FormatDateTime -----------------------
Fecha/hora Now (14/02/2022 8:53:14)
GeneralDate        (14/02/2022 8:53:14)
LongDate           (lunes, 14 de febrero de 2022)
ShortDate          (14/02/2022)
LongTime           (8:53:14)
ShortTime          (08:53)
```

❸

```
Sub TestFormat()
    Debug.Print "Format ---------------------------------"
    Debug.Print "Fecha/hora Now          (" & Now & ")"
    Debug.Print "dd/mm/YYYY              (" & Format(Now, "dd/mm/YYYY") & ")"
    Debug.Print "w,vbMonday              (" & Format(Now, "w", vbMonday) & ")"
    Debug.Print "w,vbSunday              (" & Format(Now, "w", vbSunday) & ")"
    Debug.Print "ww,vbFirstJan1          (" & Format(Now, "ww", , vbFirstJan1) & ")"
    Debug.Print "ww,vbFirstFullWeek      (" & Format(Now, "ww", , vbFirstFullWeek) & ")"
    Debug.Print "y                       (" & Format(Now, "y") & ")"
    Debug.Print "dd/mmm/YYYY             (" & Format(Now, "dd/mmm/YYYY") & ")"
    Debug.Print "dd/mmmm/YYYY            (" & Format(Now, "dd/mmmm/YYYY") & ")"
    Debug.Print "hh                      (" & Format(Now, "hh") & ")"
    Debug.Print "nn                      (" & Format(Now, "nn") & ")"
    Debug.Print "ss                      (" & Format(Now, "ss") & ")"
    Debug.Print "hh:mm:ss                (" & Format(Now, "hh:mm:ss") & ")"
    Debug.Print "dd/mm/YYYY hh:mm:ss(" & Format(Now, "dd/mm/YYYY hh:mm:ss") & ")"
End Sub
```

❹

```
Inmediato
Format ---------------------------------
Fecha/hora Now          (14/02/2022 8:54:31)
dd/mm/YYYY              (14/02/2022)
w,vbMonday              (1)
w,vbSunday              (2)
ww,vbFirstJan1          (8)
ww,vbFirstFullWeek      (7)
y                       (45)
dd/mmm/YYYY             (14/feb/2022)
dd/mmmm/YYYY            (14/febrero/2022)
hh                      (08)
nn                      (54)
ss                      (31)
hh:mm:ss                (08:54:31)
dd/mm/YYYY hh:mm:ss(14/02/2022 08:54:31)
```

Array/Filter/Join

En este ejercicio veremos la función **Array**, que nos permite fabricar un array; la función **Filter**, mediante la cual podemos obtener una matriz que contiene elementos de otra que cumplen con un determinado criterio de comparación, y la función **Join**, que sirve para fabricar una cadena a partir de los elementos de una matriz.

Función	Comentario
Array	Devuelve una matriz a partir de una lista de argumentos.
	<table><tr><td>**Sintaxis**</td><td>`Array(listaArgumentos)`</td></tr><tr><td>**Ejemplo**</td><td>`Array1 = Array("uno", "dos", "tres")`</td></tr></table>
	listaArgumentos (obligatorio): elementos que constituyen la matriz.
Filter	Devuelve una matriz a partir de otra matriz cuyos elementos contienen una cadena determinada.
	<table><tr><td>**Sintaxis**</td><td>`Filter(array, cadenaABuscar, incluida, tipoComparacion)`</td></tr><tr><td>**Ejemplo**</td><td>`Filter(Array("A1", "B2", "C3"), "2") -> "B2"`</td></tr></table>
	array (obligatorio): matriz que contiene los elementos a tratar.
	cadenaABuscar (obligatorio): cadena a usar en la comparación.
	incluida (opcional): Use True para incluir elementos que contengan la cadena a buscar y False para incluir los que no la contengan.
	tipoComparacion (opcional): indica el tipo de comparación que se desea realizar. Puede ser alguna de las siguientes:
	<table><tr><td>**vbBinaryCompare**</td><td>Compara de forma binaria (predeterminado)</td></tr><tr><td>**vbTextCompare**</td><td>Compara de forma textual</td></tr><tr><td>**vbUseCompareOption**</td><td>Usa el valor indicado en la opción **Option Compare** al inicio del módulo</td></tr></table>
Join	Devuelve una cadena combinando los elementos de una matriz y separándolos por un delimitador.
	<table><tr><td>**Sintaxis**</td><td>`Join(array, delimitador)`</td></tr><tr><td>**Ejemplo**</td><td>`Join(Array("Es", "una", "Prueba") -> "Es una prueba"`</td></tr></table>
	array (obligatorio): matriz que contiene los elementos a tratar.
	delimitador (opcional): separador entre elementos dentro de la cadena resultante. Si no se indica ningún delimitador se usa el espacio como tal.

A continuación, creamos el libro de macros **Ejercicio48.xlsm**, donde incluiremos un módulo para escribir los procedimientos **TestArrayFilter()** y **TestJoin()** y probar las funciones **Array**, **Filter** y **Join**.

En los procedimientos probaremos lo siguiente:

Procedimiento	Instrucciones a probar
TestArrayFilter()	array1 = Array("UNO", "DOS", "TRES", "uno", "dos", "tres") Filter(array1, "s", True, vbTextCompare) Filter(array1, "s", False, vbTextCompare) Filter(array1, "s", True, vbBinaryCompare) Filter(array1, "s", False, vbBinaryCompare)
TestJoin()	Join(Array("Es", "una", "Prueba"))

IMPORTANTE

El uso de arrays es un mecanismo muy útil para almacenar información y moverla entre procedimientos. Con **Filter** podemos crear subconjuntos de elementos de forma sencilla. Use **Join**, por ejemplo, para crear registros que requieren un delimitador entre campos.

Una vez escritos los procedimientos, ejecutaremos en primer lugar el procedimiento **TestArrayFilter()** ❶ y veremos el resultado en la ventana **Inmediato** ❷.

A continuación, ejecutaremos **TestJoin()** ❸ y veremos el resultado ❹.

❶
```
Sub TestArrayFilter()
    Dim array1 As Variant
    Dim array2 As Variant
    Dim elemento As Variant
    array1 = Array("UNO", "DOS", "TRES", "uno", "dos", "tres")

    Debug.Print "Contiene 's' o 'S'"
    array2 = Filter(array1, "s", True, vbTextCompare)
    For Each elemento In array2
        Debug.Print "   " & elemento
    Next
    Debug.Print "NO Contiene 's' o 'S'"
    array2 = Filter(array1, "s", False, vbTextCompare)
    For Each elemento In array2
        Debug.Print "   " & elemento
    Next
    Debug.Print "Contiene 's' minúscula"
    array2 = Filter(array1, "s", True, vbBinaryCompare)
    For Each elemento In array2
        Debug.Print "   " & elemento
    Next
    Debug.Print "NO Contiene 's' minúscula"
    array2 = Filter(array1, "s", False, vbBinaryCompare)
    For Each elemento In array2
        Debug.Print "   " & elemento
    Next
End Sub
```

❷
```
Contiene 's' o 'S'
   DOS
   TRES
   dos
   tres
NO Contiene 's' o 'S'
   UNO
   uno
Contiene 's' minúscula
   dos
   tres
NO Contiene 's' minúscula
   UNO
   DOS
   TRES
   uno
```

❸
```
Sub TestJoin()
    Dim array1 As Variant
    array1 = Array("Campo1", "Campo2", "Campo3", "Campo4")

    Debug.Print "(" & Join(Array("Es", "una", "Prueba")) & ")"
    Debug.Print "(" & Join(array1) & ")"
    Debug.Print "(" & Join(array1, ",") & ")"
End Sub
```

❹
```
(Es una Prueba)
(Campo1 Campo2 Campo3 Campo4)
(Campo1,Campo2,Campo3,Campo4)
```

Split

La función **Split** permite dividir una cadena en varias subcadenas atendiendo a un determinado separador. El resultado es una matriz con tantos elementos como partículas resultan de dicha separación.

Función	Comentario
Split	Devuelve una matriz a partir de una cadena de texto basándose en un determinado separador.

Sintaxis	Split(cadena, separador, límite, tipoComparacion)
Ejemplo	matriz = Split("A*B*C", "*") Debug.Print matriz(0) & " " & matriz(1) & " " & matriz(2) -> "A B C"

cadena (obligatorio): cadena que contiene las partículas a separar.

separador (opcional): cadena a utilizar para dividir la cadena principal. Si se omite se utiliza el espacio como delimitador.

límite (opcional): indica cuántas partes como máximo se han de devolver tras la separación. Si no se especifica nada o -1 se devuelven todas. Si se indica un número menor de posibles subcadenas, la última parte recoge toda la parte restante de la cadena principal que no se haya devuelto previamente en forma de elementos.

tipoComparacion (opcional): indica el tipo de comparación que se desea realizar. Puede ser alguna de las siguientes:

vbBinaryCompare	Compara de forma binaria (predeterminado)
vbTextCompare	Compara de forma textual
vbUseCompareOption	Usa el valor indicado en la opción **Option Compare** al inicio del módulo

Para poder realizar algunas pruebas, crearemos un libro de macros llamado **Ejercicio49.xlsm**, en el que incluiremos un módulo donde escribiremos un par de procedimientos en los que probaremos lo siguiente:

Procedimiento	Instrucciones a probar
TestSplit1()	cadena1 = "123,456*ABC,DEF*$%&,/()" matriz1 = Split(cadena1, ",") matriz1 = Split(cadena1, "*")
TestSplit2()	cadena2 = "A-B-C-a-b-c-G/a-b-c-4-5-6" matriz2 = Split(cadena2, "-", 4) matriz2 = Split(cadena2, "b", , vbTextCompare) matriz2 = Split(cadena2, "b", , vbBinaryCompare)

Una vez escritos los procedimientos, ejecutaremos en primer lugar el procedimiento **TestSplit1()** ❶ y veremos el resultado en la ventana **Inmediato** ❷.

Seguidamente, ejecutamos **TestSplit2()** ❸, donde probamos un límite de subcadenas a devolver y realizamos una comparación binaria y textual. Comprobamos también el resultado ❹.

❶

```
(General)
Sub TestSplit1()
    Dim cadena1 As String
    Dim matriz1 As Variant
    cadena1 = "123,456*ABC,DEF*$%&,/()"

    matriz1 = Split(cadena1, ",")
    Debug.Print "Separador (,) cadena (" & cadena1 & ")"
    For contador = 0 To 3
        Debug.Print contador & "(" & matriz1(contador) & ")"
    Next contador
    Debug.Print

    Debug.Print "Separador (*) cadena (" & cadena1 & ")"
    matriz1 = Split(cadena1, "*")
    For contador = 0 To 2
        Debug.Print contador & "(" & matriz1(contador) & ")"
    Next contador
End Sub
```

❷

```
Inmediato
Separador (,) cadena (123,456*ABC,DEF*$%&,/())
0(123)
1(456*ABC)
2(DEF*$%&)
3(/())

Separador (*) cadena (123,456*ABC,DEF*$%&,/())
0(123,456)
1(ABC,DEF)
2($%&,/())
```

❸

```
Sub TestSplit2()
    Dim cadena2 As String
    Dim matriz2 As Variant
    cadena2 = "A-B-C-a-b-c-G/a-b-c-4-5-6"

    matriz2 = Split(cadena2, "-", 4)
    Debug.Print "Separador (-) cadena (" & cadena2 & ") limite 4"
    For contador = 0 To 3
        Debug.Print contador & "(" & matriz2(contador) & ")"
    Next contador
    Debug.Print

    Debug.Print "Separador (b) cadena (" & cadena2 & ") vbTextCompare"
    matriz2 = Split(cadena2, "b", , vbTextCompare)
    For contador = 0 To 3
        Debug.Print contador & "(" & matriz2(contador) & ")"
    Next contador
    Debug.Print

    Debug.Print "Separador (b) cadena (" & cadena2 & ") vbBinaryCompare"
    matriz2 = Split(cadena2, "b", , vbBinaryCompare)
    For contador = 0 To 2
        Debug.Print contador & "(" & matriz2(contador) & ")"
    Next contador
End Sub
```

❹

```
Inmediato
Separador (-) cadena (A-B-C-a-b-c-G/a-b-c-4-5-6) limit
0(A)
1(B)
2(C)
3(a-b-c-G/a-b-c-4-5-6)

Separador (b) cadena (A-B-C-a-b-c-G/a-b-c-4-5-6) vbTex
0(A-)
1(-C-a-)
2(-c-G/a-)
3(-c-4-5-6)

Separador (b) cadena (A-B-C-a-b-c-G/a-b-c-4-5-6) vbBin
0(A-B-C-a-)
1(-c-G/a-)
2(-c-4-5-6)
```

Lbound/UBound

Mediante estas funciones podemos averiguar cuál es el subíndice más bajo y más alto de un array.

En general, se usan matrices de una o dos dimensiones donde el primer subíndice es el **0**, a no ser que se indique lo contrario mediante la instrucción **Option Base** a nivel de módulo para definir que el primer elemento de una matriz será el **1** en lugar del **0**.

Función	Comentario
LBound	Devuelve el subíndice más bajo de una matriz (o de una de las dimensiones de la misma, en caso de tener varias).

Sintaxis	LBound(array,dimension)

Ejemplo	`Dim array1(10)`
	`Dim array2(2 To 6)`
	`Debug.Print LBound(array1)->0`
	`Debug.Print LBound(array2)->2`

array (obligatorio): matriz a analizar.

dimension (opcional): dimensión de la matriz a analizar, que por defecto es 1.

Función	Comentario
UBound	Devuelve el subíndice más alto de una matriz (o de una de las dimensiones de la misma, en caso de tener varias).

Sintaxis	UBound(array,dimension)

Ejemplo	`Dim array1(10)`
	`Dim array2(2 To 6)`
	`Debug.Print LBound(array1)->10`
	`Debug.Print LBound(array2)->6`

array (obligatorio): matriz a analizar.

dimension (ppcional): dimensión de la matriz a analizar, que por defecto es 1.

A continuación, creamos el libro de macros **Ejercicio50.xlsm**, donde incluiremos un módulo para escribir los procedimientos **TestLBound()** y **TestUBound()** y probar las funciones **LBound** y **UBound** respectivamente. Añadiremos un tercer procedimiento llamado **TestSplit()** para ver

❶
```
(General)
    ' Definimos a nivel de módulo para
    ' compartir entre procedimientos

    Dim array1(10)
    Dim array2(2 To 6)
    Dim array3(3 To 5, 10 To 20, 30 To 50)

Sub TestLBound()
    Debug.Print "LBound(array1)    ->(" & LBound(array1) & ")"
    Debug.Print "LBound(array2)    ->(" & LBound(array2) & ")"
    Debug.Print "LBound(array3, 1) ->(" & LBound(array3, 1) & ")"
    Debug.Print "LBound(array3, 2) ->(" & LBound(array3, 2) & ")"
    Debug.Print "LBound(array3, 3) ->(" & LBound(array3, 3) & ")"
End Sub
```

una posible utilidad práctica de la función **UBound** y ver cómo podemos almacenar en una matriz las palabras de una frase y posteriormente contarlas.

En los procedimientos probaremos lo siguiente:

Procedimiento	Instrucciones a probar

TestLBound()	` A nivel de módulo definimos los siguientes arrays`
	`    Dim array1(10)`
	`    Dim array2(2 To 6)`
	`    Dim array3(3 To 5, 10 To 20, 30 To 50)`
	`    …`
	`    LBound(array1)`
	`    LBound(array2)`
	`    LBound(array3, 1)`
	`    LBound(array3, 2)`
	`    LBound(array3, 3)`

TestUBound()	`    LBound(array1)`
	`    LBound(array2)`
	`    LBound(array3, 1)`
	`    LBound(array3, 2)`
	`    LBound(array3, 3)`

TestSplit()	`    cadena = "Esta es una frase con diversas palabras"`
	`    matriz = Split(cadena, " ")`
	`    For i = 0 To UBound(matriz) - 1…`

Una vez escritos los procedimientos, ejecutaremos en primer lugar el procedimiento **TestLBound()** ❶ y veremos el resultado en la ventana **Inmediato** ❷.

Seguidamente, ejecutaremos el procedimiento **TestUBound()** ❸ usando los mismos arrays que en el caso anterior y veremos su resultado ❹.

Por último, ejecutaremos **TestSplit()** ❺ para ver cómo podemos imprimir cada una de las palabras existentes en una cadena ❻.

❷
```
Inmediato
LBound(array1)     ->(0)
LBound(array2)     ->(2)
LBound(array3, 1) ->(3)
LBound(array3, 2) ->(10)
LBound(array3, 3) ->(30)
```

❸
```
Sub TestUBound()
    Debug.Print "UBound(array1)     ->(" & UBound(array1) & ")"
    Debug.Print "UBound(array2)     ->(" & UBound(array2) & ")"
    Debug.Print "UBound(array3, 1) ->(" & UBound(array3, 1) & ")"
    Debug.Print "UBound(array3, 2) ->(" & UBound(array3, 2) & ")"
    Debug.Print "UBound(array3, 3) ->(" & UBound(array3, 3) & ")"
End Sub
```

❹
```
Inmediato
UBound(array1)     ->(10)
UBound(array2)     ->(6)
UBound(array3, 1) ->(5)
UBound(array3, 2) ->(20)
UBound(array3, 3) ->(50)
```

❺
```
Sub TestSplit()
    Dim cadena As String
    Dim matrizPalabras
    cadena = "Esta es una frase con diversas palabras"
    matriz = Split(cadena, " ")
    For i = 0 To UBound(matriz) - 1
        Debug.Print "(" & i & ") (" & matriz(i) & ")"
    Next i
End Sub
```

❻
```
Inmediato
(0) (Esta)
(1) (es)
(2) (una)
(3) (frase)
(4) (con)
(5) (diversas)
```

Redim

La instrucción **Redim** permite redimensionar una matriz dinámica pero con la posibilidad de mantener los valores que tenga almacenados.

Función	Comentario
Redim	Redimensiona una matriz dinámica de una o n dimensiones.

Sintaxis	`Redim Preserve nombre(elem1, elem2, …) As tipo,`	

Ejemplo	`Dim array1()`
	`ReDim array1(2)`
	`Debug.Print LBound(array1)->2`	

Preserve: palabra clave opcional que se usa para mantener los valores de los elementos existentes en la matriz.

nombre (obligatorio): matriz a redimensionar.

elem1, elem2, … (obligatorio): número de elementos por cada dimensión posible.

tipo (opcional): tipo de variable que contendrán los elementos de la matriz.

Para poder hacer algunas pruebas, vamos a crear el libro de macros **Ejercicio51.xlsm**, donde incluiremos un módulo y, dentro del mismo, los procedimientos **TestRedim()**, **TestPrint(matriz)** (para imprimir el contenido de una matriz) y **TestRedimN()**.

En los procedimientos probaremos lo siguiente:

Procedimiento	Instrucciones a probar

TestRedim()	`Dim array1()`
	`ReDim array1(2)`
	`ReDim array1(4)`
	`ReDim Preserve array1(6)`
	`ReDim Preserve array1(2)`

TestRedimN()	`Dim array1()` `ReDim array1(2, 3)`

El procedimiento **TestPrint(matriz)** ❶ realizará un bucle para imprimir los elementos de la matriz.

Una vez escritos los procedimientos, ejecutaremos en primer lugar el procedimiento **TestRedim()** ❷ y veremos el resultado en la ventana **Inmediato** ❸.

Seguidamente, ejecutaremos el procedimiento **TestRedimN()** ❹ para redimensionar una matriz de dos dimensiones y veremos el resultado ❺.

❶
```
Sub TestPrint(wArray)
    Debug.Print "LBound " & LBound(wArray) & " UBound " & UBound(wArray)
    For n = 0 To UBound(wArray)
        Debug.Print "(" & n & ") (" & wArray(n) & ")"
    Next n
End Sub
```

❷
```
Sub TestRedim()
    Dim array1()
    ReDim array1(2)

    For n = 0 To UBound(array1)
        array1(n) = n
    Next n
    TestPrint (array1)

    ReDim array1(4)
    TestPrint (array1)

    For n = 0 To UBound(array1)
        array1(n) = n
    Next n
    TestPrint (array1)

    ReDim Preserve array1(6)
    TestPrint (array1)

    ReDim Preserve array1(2)
    TestPrint (array1)
End Sub
```

❸
```
Inmediato                        x
LBound 0 UBound 2
(0)  (0)
(1)  (1)
(2)  (2)
LBound 0 UBound 4
(0)  ()
(1)  ()
(2)  ()
(3)  ()
(4)  ()
LBound 0 UBound 4
(0)  (0)
(1)  (1)
(2)  (2)
(3)  (3)
(4)  (4)
LBound 0 UBound 6
(0)  (0)
(1)  (1)
(2)  (2)
(3)  (3)
(4)  (4)
(5)  ()
(6)  ()
LBound 0 UBound 2
(0)  (0)
(1)  (1)
(2)  (2)
```

❹
```
Sub TestRedimN()
    Dim array1()
    ReDim array1(2, 3)
    For n = 0 To UBound(array1, 1)
        For m = 0 To UBound(array1, 1)
            array1(n, m) = n & "-" & m
            Debug.Print array1(n, m)
        Next m
    Next n
End Sub
```

❺
```
Inmediato           x
0-0
0-1
0-2
1-0
1-1
1-2
2-0
2-1
2-2
```

Date/DateAdd/DateDiff

En este ejercicio trataremos la función **Date** para obtener la fecha del sistema, la funcion **DateAdd** para poder sumar o restar periodos de tiempo a una fecha y **DateDiff** para obtener el periodo de tiempo existente entre dos fechas.

Función	Comentario	
Date	Devuelve la fecha actual del sistema.	
	Sintaxis	`Date`
	Ejemplo	`Debug.Print Date -> 05/03/2022`
DateAdd	Añade un intervalo de tiempo.	
	Sintaxis	`DateAdd(tipo, valor, fecha)`
	Ejemplo	`Debug.Print DateAdd("m", 2, "01/02/2022")->01/04/2022`
	tipo (obligatorio): parámetro que indica la unidad de medida del valor a añadir. Puede ser alguno de los siguientes:	
	yyyy, m, d	Año, mes y día, respectivamente.
	q, y, w, ww	Trimestre, día del año, día de la semana y semana, respectivamente.
	h, n, s	Hora, minuto y segundo, respectivamente.
	valor (obligatorio): valor a añadir. Por ejemplo, si el tipo es "m" y el valor es 2, estaremos sumando dos meses a la fecha indicada.	
	fecha (obligatorio): fecha a la que añadir el valor indicado.	
DateDiff	Obtiene el intervalo de tiempo existente entre dos fechas.	
	Sintaxis	`DateDiff(tipo, fecha1, fecha2, pDiaSemana, pSemanaAño)`
	Ejemplo	`Debug.Print DateDiff("d", "05/01/2022", "27/01/2022")->22`
	tipo (obligatorio): parámetro que indica la unidad de medida del valor a añadir. Idéntico a lo indicado en DateAdd.	
	fecha1, **fecha2** (obligatorios): fechas entre las que calcular la diferencia.	
	pDiaSemana (opcional): primer día de la semana a considerar. Por defecto es el domingo.	
	pSemanaAño (opcional): primera semana del año. Por defecto es la que contiene el 1 de enero.	

Para probar estas funciones, creamos el libro de macros **Ejercicio52.xlsm** y añadimos un módulo en el que poder escribir nuestros procedimientos de pruebas. Probaremos lo siguiente:

Procedimiento	Instrucciones a probar
TestDate()	`Date`

TestDateAdd()	`DateAdd("yyyy", 1, fecha)`
	`DateAdd("m", 1, fecha)`
	`DateAdd("d", 10, fecha)`
	`DateAdd("h", 2, fecha)`
	`DateAdd("n", 20, fecha)`
	`DateAdd("s", 15, fecha)`

TestDateDiff(),
PrintDiff(fecha1,fecha2)
	`DateDiff("yyyy", fecha1, fecha2)`
	`DateDiff("m", fecha1, fecha2)`
	`DateDiff("d", fecha1, fecha2)`
	`DateDiff("h", fecha1, fecha2)`
	`DateDiff("n", fecha1, fecha2)`
	`DateDiff("s", fecha1, fecha2)`

IMPORTANTE

Este tipo de funciones, además de poder obtener la fecha del sistema, son muy útiles para el cálculo de vencimientos y para calcular distancias entre fechas.

Una vez escritos los procedimientos, ejecutaremos primero el procedimiento **TestDate()** ❶ para mostrar la fecha del sistema y veremos el resultado en la ventana **Inmediato** ❷.

Seguidamente, ejecutaremos el procedimiento **TestDateAdd()** ❸ para sumar algunos intervalos de tiempo a la fecha en curso y veremos su resultado ❹.

Por último, ejecutaremos el procedimiento **TestDateDiff()** ❺, el cual usa **PrintDiff()** ❻ para imprimir los resultados de dos cálculos ❼.

❶
```
(General)
    Sub TestDate()
        Debug.Print "Fecha: " & Date
    End Sub
```

❷
```
Inmediato
Fecha: 05/03/2022
```

❸
```
Sub TestDateAdd()
    Dim fechaIni As Date
    Dim fechaW As Date
    fechaIni = Now

    Debug.Print "Fecha actual          : " & fechaIni
    Debug.Print "----------------------- "
    fechaW = DateAdd("yyyy", 1, fechaIni)
    Debug.Print "Fecha (yyyy - años)   : " & fechaW
    fechaW = DateAdd("m", 1, fechaIni)
    Debug.Print "Fecha (  m - meses)   : " & fechaW
    fechaW = DateAdd("d", 10, fechaIni)
    Debug.Print "Fecha (  d - dias)    : " & fechaW
    fechaW = DateAdd("h", 2, fechaIni)
    Debug.Print "Fecha (  h - horas)   : " & fechaW
    fechaW = DateAdd("n", 20, fechaIni)
    Debug.Print "Fecha (  n - minutos) : " & fechaW
    fechaW = DateAdd("s", 15, fechaIni)
    Debug.Print "Fecha (  s - segundos): " & fechaW
End Sub
```

❹
```
Inmediato
Fecha actual           : 05/03/2022 11:05:03
-----------------------
Fecha (yyyy - años)    : 05/03/2023 11:05:03
Fecha (  m - meses)    : 05/04/2022 11:05:03
Fecha (  d - dias)     : 15/03/2022 11:05:03
Fecha (  h - horas)    : 05/03/2022 13:05:03
Fecha (  n - minutos)  : 05/03/2022 11:25:03
Fecha (  s - segundos): 05/03/2022 11:05:18
```

❺
```
Sub TestDateDiff()
    Dim fechaIni As Date
    Dim fechaFin1 As Date

    fechaIni = "01/01/2022"
    fechaFin1 = "31/01/2022"
    fechaFin2 = "15/01/2023"

    Call PrintDiff(fechaIni, fechaFin1)
    Call PrintDiff(fechaIni, fechaFin2)
End Sub
```

❻
```
Sub PrintDiff(ByVal fecha1, ByVal fecha2)
    Debug.Print "Fecha inicial   : " & fecha1
    Debug.Print "Fecha final     : " & fecha2
    Debug.Print "----------------------- "
    Debug.Print "    d - dias     : " & DateDiff("d", fecha1, fecha2)
    Debug.Print "yyyy - años     : " & DateDiff("yyyy", fecha1, fecha2)
    Debug.Print "    m - meses    : " & DateDiff("m", fecha1, fecha2)
    Debug.Print "    h - horas    : " & DateDiff("h", fecha1, fecha2)
    Debug.Print "    n - minutos  : " & DateDiff("n", fecha1, fecha2)
    Debug.Print "    s - segundos : " & DateDiff("s", fecha1, fecha2)
    Debug.Print
End Sub
```

❼
```
Inmediato
Fecha inicial    : 01/01/2022
Fecha final      : 31/01/2022
-----------------------
    d - dias     : 30
yyyy - años      : 0
    m - meses    : 0
    h - horas    : 720
    n - minutos  : 43200
    s - segundos : 2592000

Fecha inicial    : 01/01/2022
Fecha final      : 15/01/2023
-----------------------
    d - dias     : 379
yyyy - años      : 1
    m - meses    : 12
    h - horas    : 9096
    n - minutos  : 545760
    s - segundos : 32745600
```

Hour/Minute/Second/TimeSerial/TimeValue

En este ejercicio veremos una serie de funciones relacionadas con el tiempo y con algunas conversiones entre tipos. Dichas funciones son las siguientes:

Función	Comentario	
Hour	Devuelve un **Integer** con la hora actual del sistema en valores comprendidos entre 0 y 23.	
	Sintaxis	`Hour(tiempo)`
	Ejemplo	`' Para las 15:07:37` `Debug.Print Hour(Now)->15`
Minute	Devuelve un **Integer** con el minuto actual del sistema en valores comprendidos entre 0 y 59.	
	Sintaxis	`Minute(tiempo)`
	Ejemplo	`' Para las 15:07:37` `Debug.Print Second(Now)->7`
Second	Devuelve un **Integer** con el segundo actual del sistema en valores comprendidos entre 0 y 59.	
	Sintaxis	`Second(tiempo)`
	Ejemplo	`' Para las 15:07:37` `Debug.Print Second(Now)->37`
TimeSerial	Devuelve un valor de tipo **Date** con la hora, minuto y segundo proporcionados.	
	Sintaxis	`TimeSerial(hora, minuto, segundo)`
	Ejemplo	`' Para las 15:07:37` `Debug.Print TimeSerial(15,7,37)-> 15:07:37`
	hora (obligatorio): hora a considerar para la conversión. **minuto** (obligatorio): minuto a considerar para la conversión. **segundo** (obligatorio): segundo a considerar para la conversión.	
TimeValue	Devuelve un valor de tipo **Date** con la hora, minuto y segundo proporcionados en una cadena.	
	Sintaxis	`TimeValue(cadena)`
	Ejemplo	`' Para las 15:07:37` `Debug.Print Second(Now)->37`
	cadena (obligatorio): cadena de texto que contiene la hora a convertir en un Date.	

Creamos el libro de macros **Ejercicio53.xlsm** e incluimos un módulo. Luego escribimos en él un procedimiento llamado **TestHSM()** donde probaremos lo siguiente:

Instrucciones a probar

```
fecha = Now
hora = Hour(fecha)
minuto = Minute(fecha)
segundo = Second(fecha)
…
TimeSerial(hora, minuto, segundo)
TimeSerial(19, 12, 37)
TimeValue("7:12:37 PM")
```

Una vez creado el procedimiento **TestHSM()** ❶, lo ejecutamos y vemos los diferentes resultados ❷.

IMPORTANTE

Utilice estas funciones cuando necesite fabricar valores de tipo Date para tratar horas a partir de una cadena de texto o de valores enteros, o bien cuando necesite obtener alguna de las partes que componen una expresión horaria.

❶

```
(General)                                                              ⌄   TestHMS
Sub TestHMS()
    Dim fecha As Date
    Dim hora As Integer, minuto As Integer, segundo As Integer
    Dim horaInt As Date

    fecha = Now
    hora = Hour(fecha)
    minuto = Minute(fecha)
    segundo = Second(fecha)

    Debug.Print "Hora actual              : (" & Format(fecha, "hh:mm:ss") & ")"
    Debug.Print "-----------------------------------"

    Debug.Print "Hora                     : (" & hora & ")"
    Debug.Print "Minuto                   : (" & minuto & ")"
    Debug.Print "Segundo                  : (" & segundo & ")"

    horaInt = TimeSerial(hora, minuto, segundo)
    Debug.Print "TimeSerial(" & hora & "," & minuto & "," & segundo & _
                        ")    : (" & horaInt & ")"

    horaInt = TimeSerial(19, 12, 37)
    Debug.Print "TimeSerial(19,12,37)     : (" & horaInt & ")"

    horaInt = TimeValue("7:12:37 PM")
    Debug.Print "TimeValue(" & Chr(34) & "7:12:37 PM" & Chr(34) & _
                        ") : (" & horaInt & ")"
End Sub
```

❷
```
Inmediato                                                              x
Hora actual              : (15:07:37)
-----------------------------------
Hora                     : (15)
Minuto                   : (7)
Segundo                  : (37)
TimeSerial(15,7,37)      : (15:07:37)
TimeSerial(19,12,37)     : (19:12:37)
TimeValue("7:12:37 PM")  : (19:12:37)
```

Day/Month/Year/DateSerial/DateValue

En este ejercicio veremos una serie de funciones relacionadas con fechas y con algunas conversiones entre tipos. Dichas funciones son las siguientes:

Función	Comentario
Day	Devuelve un **Integer** con el número de día del mes de la fecha indicada. Sus valores están comprendidos entre el 1 y el 31.
	<table><tr><td>**Sintaxis**</td><td>Day(fecha)</td></tr><tr><td>**Ejemplo**</td><td>'Para el 05/03/2022 Debug.Print Dia(Now)->5</td></tr></table>
Month	Devuelve un **Integer** con el número del mes de la fecha indicada. Sus valores están comprendidos entre el 1 y el 12.
	<table><tr><td>**Sintaxis**</td><td>Month(fecha)</td></tr><tr><td>**Ejemplo**</td><td>'Para el 05/03/2022 Debug.Print Month(Now)->3</td></tr></table>
Year	Devuelve un **Integer** con el número del año de la fecha indicada.
	<table><tr><td>**Sintaxis**</td><td>Year(fecha)</td></tr><tr><td>**Ejemplo**</td><td>'Para el 05/03/2022 Debug.Print Year(Now)->2022</td></tr></table>
DateSerial	Devuelve un valor de tipo **Date** con el día, el mes y el año proporcionados.
	<table><tr><td>**Sintaxis**</td><td>DateSerial(anyo, mes, dia)</td></tr><tr><td>**Ejemplo**</td><td>'Para las 15:07:37 Debug.Print TimeSerial(15,7,37)-> 15:07:37</td></tr></table> **anyo** (obligatorio): año a considerar para la conversión. **mes** (obligatorio): mes a considerar para la conversión. **dia** (obligatorio): día a considerar para la conversión.
DateValue	Devuelve un valor de tipo **Date** con el día, el mes y el año proporcionados en una cadena.
	<table><tr><td>**Sintaxis**</td><td>DateValue(cadena)</td></tr><tr><td>**Ejemplo**</td><td>' Para el "17 Abril 2021" Debug.Print Second(Now)-> 17/04/2021</td></tr></table> **cadena** (obligatorio): cadena de texto que contiene la fecha a convertir en un Date.

Creamos el libro de macros **Ejercicio54.xlsm** e incluimos un módulo. Luego escribimos en él un procedimiento llamado **TestDMY()** donde probaremos lo siguiente:

Instrucciones a probar

```
fecha = Now
dia = Day(fecha)
mes = Month(fecha)
anyo = Year(fecha)
…

DateSerial(anyo, mes, dia)
DateSerial(2021, 4, 17)
DateValue("17 Abril 2021")
```

Una vez creado el procedimiento **TestDMY() ❶**, lo ejecutamos y vemos los diferentes resultados ❷.

❶
```
(General)                                                          ∨   TestDMY

Sub TestDMY()
    Dim fecha As Date
    Dim dia As Integer, mes As Integer, anyo As Integer
    Dim fechaInt As Date

    fecha = Now
    dia = Day(fecha)
    mes = Month(fecha)
    anyo = Year(fecha)

    Debug.Print "Fecha actual              : (" & Format(fecha, "dd/mm/yyyy") & ")"
    Debug.Print "----------------------------------------"

    Debug.Print "Dia                       : (" & dia & ")"
    Debug.Print "Mes                       : (" & mes & ")"
    Debug.Print "Año                       : (" & anyo & ")"

    fechaInt = DateSerial(anyo, mes, dia)
    Debug.Print "DateSerial(" & anyo & "," & mes & "," & dia & _
                        ")          : (" & fechaInt & ")"

    fechaInt = DateSerial(2021, 4, 17)
    Debug.Print "DateSerial(2021,4,17)      : (" & fechaInt & ")"

    fechaInt = DateValue("17 Abril 2021")
    Debug.Print "DateValue(" & Chr(34) & "17 Abril 2021" & Chr(34) & _
                        ") : (" & fechaInt & ")"
End Sub
```

❷
```
Inmediato                                                    x

Fecha actual              : (05/03/2022)
----------------------------------------
Dia                       : (5)
Mes                       : (3)
Año                       : (2022)
DateSerial(2022,3,5)      : (05/03/2022)
DateSerial(2021,4,17)     : (17/04/2021)
DateValue("17 Abril 2021") : (17/04/2021)
```

Otras funciones de fecha

En este ejercicio probaremos funciones que obtienen información a partir de una fecha y calculan el tiempo transcurrido entre dos instantes.

Función	Comentario
DatePart	Devuelve un **Integer** con el valor indicado en tipo a partir de una fecha indicada.
	<table><tr><td>**Sintaxis**</td><td>`DatePart(tipo, fecha, pDiaSemana, pSemanaAño))`</td></tr><tr><td>**Ejemplo**</td><td>`Debug.Print DatePart("m", "01/02/2022")`</td></tr></table>
	tipo (obligatorio): parámetro que indica el tipo de valor a obtener. Puede ser:
	<table><tr><td>yyyy, m, d</td><td>Año, mes y día, respectivamente.</td></tr><tr><td>q, y, w, ww</td><td>Trimestre, día del año, día de la semana y semana, respectivamente.</td></tr><tr><td>h, n, s</td><td>Hora, minuto y segundo, respectivamente.</td></tr></table>
	fecha (obligatorio): fecha a tratar.
	pDiaSemana (opcional): primer día de la semana a considerar. Por defecto es el domingo.
	pSemanaAño (opcional): primera semana del año. Por defecto es la que contiene el 1 de enero.
Weekday	Devuelve un **Integer** con el día de la semana según fecha indicada.
	<table><tr><td>**Sintaxis**</td><td>`Weekday(fecha, pDiaSemana)`</td></tr><tr><td>**Ejemplo**</td><td>`Debug.Print Weekday("05/03/2022", vbMonday)->6`</td></tr></table>
	fecha (obligatorio): fecha a tratar.
	pDiaSemana (opcional): primer día de la semana a considerar. Por defecto es el domingo.
WeekdayName	Devuelve una cadena con el nombre del día de la semana indicado.
	<table><tr><td>**Sintaxis**</td><td>`WeekdayName(numDia, abrev, pDiaSemana)`</td></tr><tr><td>**Ejemplo**</td><td>`WeekdayName(1)->lunes`</td></tr></table>
	numDia (obligatorio): número de día de la semana (del 1 al 7).
	abrev (opcional): indica si queremos obtener el nombre de forma abreviada. Por defecto es False.
	pDiaSemana (opcional): primer día de la semana a considerar. Por defecto es el domingo.
MonthName	Devuelve una cadena con el nombre del mes indicado.
	<table><tr><td>**Sintaxis**</td><td>`MonthName(numMes, abrev)`</td><td>**Ejemplo**</td><td>`MonthName(1)-> enero`</td></tr></table>
	numMes (obligatorio): número de mes (del 1 al 12).
	abrev (opcional): indica si queremos obtener el nombre de forma abreviada. Por defecto es False.

Timer	Devuelve un **Single** con el número de segundos transcurridos desde las 0 horas.		
	Sintaxis	Timer	**Ejemplo**

Para la última celda:
```
' Para 20:38:45
Debug.Print Timer-> 74066,41
```

Creamos el libro de macros **Ejercicio55.xlsm**, incluimos un módulo y escribimos los procedimientos **TestDatePart()**, **TestWeekMonth()** y **TestTimer()** para probar lo siguiente:

Procedimiento	Instrucciones a probar
TestDatePart()	`DatePart("yyyy", fecha)` `'   Y también las opciones "m", "d", "h", "n" y "s"`

TestWeekMonth()	`WeekdayName(1)`
	`WeekdayName(1, True)`
	`MonthName(1)`
	`MonthName(1, True)`

TestTimer()	`inicio = Timer`
	`fin = Timer`
	`duracion = fin - inicio`

IMPORTANTE

Dependiendo de la necesidad, estas funciones pueden facilitar la obtención de valores de forma muy sencilla. Puede usar **Timer** para calcular los tiempos que se emplean en determinados cálculos o incluso para generar pausas.

Ejecutaremos en primer lugar el procedimiento **TestDatePart()** ❶ para mostrar algunas informaciones sobre la fecha del sistema y veremos el resultado en la ventana **Inmediato** ❷. Seguidamente, ejecutaremos **TestWeekMonth()** ❸ para obtener algunas informaciones sobre la semana y mes de la fecha del sistema ❹. Por último, ejecutaremos **TestTimer()** ❺ para calcular el tiempo que tarda en realizarse una operación que, en este caso, simplemente consiste en realizar un bucle grande (**100.000.000 iteraciones**) para acumular una unidad en una variable con el objetivo de generar un cierto retardo ❻.

❶
```
Sub TestDatePart()
    Dim fecha As Date
    fecha = Now

    Debug.Print "Fecha actual  (" & fecha & ")"
    Debug.Print "DatePart (opción-fecha)"
    Debug.Print "(yyyy-año)   (" & DatePart("yyyy", fecha) & ")"
    Debug.Print "(   m-mes)   (" & DatePart("m", fecha) & ")"
    Debug.Print "(   d-dia)   (" & DatePart("d", fecha) & ")"
    Debug.Print "(   h-hora)  (" & DatePart("h", fecha) & ")"
    Debug.Print "(   n-minuto) (" & DatePart("n", fecha) & ")"
    Debug.Print "(   s-segundo)(" & DatePart("s", fecha) & ")"
End Sub
```

❸
```
Sub TestWeekMonth()
    Dim fecha As Date
    fecha = Now
    Debug.Print "Weekday y WeekdayName"
    Debug.Print "(" & fecha & ")(" & Weekday(fecha) & ")"
    Debug.Print "(" & WeekdayName(1) & ")"
    Debug.Print "(" & WeekdayName(1, True) & ")"
    Debug.Print "MonthName"
    Debug.Print "(" & MonthName(1) & ")"
    Debug.Print "(" & MonthName(1, True) & ")"
End Sub
```

❷
```
Inmediato
Fecha actual  (29/06/2022 20:49:43)
DatePart (opción-fecha)
(yyyy-año)    (2022)
(   m-mes)    (6)
(   d-dia)    (29)
(   h-hora)   (20)
(   n-minuto) (49)
(   s-segundo) (43)
```

❹
```
Inmediato
Weekday y WeekdayName
(29/06/2022 20:51:14)(4)
(lunes)
(lu.)
MonthName
(enero)
(ene)
```

❺
```
Sub TestTimer()
    Dim inicio, fin, acum As Single
    inicio = Timer
    Debug.Print "Inicio   ( " & inicio & ")"
    For a = 1 To 100000000
        acum = acum + 1
    Next a
    fin = Timer
    duracion = fin - inicio
    Debug.Print "Fin      ( " & fin & ")"
    Debug.Print "Duración ( " & duracion & ") seg"
End Sub
```

❻
```
Inmediato
Inicio   ( 75140,45)
Fin      ( 75142,37)
Duración ( 1,914063) seg
```

Abs/Rnd/Randomize

La función **Abs** permite obtener el valor absoluto de un número. Las funciones **Rnd** y **Randomize** permiten obtener números aleatorios.

Función	Comentario
Abs	Devuelve el valor absoluto del número indicado
	Sintaxis: `Abs(número)` **Ejemplo**: `Debug.Print Abs(-1)->5`
	numero (Obligatorio): número a tratar.
Rnd	Devuelve un valor mayor o igual a 0 y menor que 1.
	Sintaxis: `Rnd` / `Rnd(número)` **Ejemplo**: `Rnd-> 0,3216996`
	número (opcional): indica qué valor devolverá dependiendo de los siguientes valores: `< 0` Devuelve el mismo valor usando **número** como **seed** (valor que se usa inicialmente para calcular números aleatorios) `= 0` Devuelve el último valor generado `> 0` Devuelve el siguiente valor aleatorio usando **número** como **seed**. Si no se usa **número** se devuelve el siguiente valor en la secuencia de números aleatorios que el sistema maneja.
Randomize	Devuelve una cadena con el nombre del día de la semana indicado.
	Sintaxis: `Randomize numero` **Ejemplo**: `Randomize`
	numero (opcional): indica el **seed** a utilizar para inicializar la generación de números aleatorios. Si no se indica nada, se usa un valor proporcionado por el propio sistema.

Para realizar algunas pruebas crearemos el libro de macros **Ejercicio54.xlsm** incluyendo un módulo sobre el cual crearemos los procedimientos **TestAbs()**, **TestRnd()** y **TestRandomize()**. En ellos probaremos lo siguiente:

Procedimiento	Instrucciones a probar
TestAbs()	`Abs(numero)`

TestRnd ()	`Rnd(-1)`
	 `Rnd(0)`
	 `Rnd(1)`

TestRandomize ()	`Randomize`

Una vez creados los procedimientos, ejecutaremos **TestAbs()** ❶ para comprobar cómo se hallan los valores absolutos ❷.

Seguidamente, ejecutaremos **TestRnd()** ❸ para probar las diferentes opciones que posee **Rnd**. Repetimos varias instrucciones idénticas para comprobar cómo un argumento negativo siempre devuelve el mismo valor y cómo un positivo va proporcionando valores diferentes en base a su **seed** ❹. Si repetimos la ejecución del test, obtendremos los mismos resultados.

Por último, ejecutaremos **TestRandomize()** ❺ y usaremos la instrucción **Randomize** para indicar que debe inicializarse la

generación de números aleatorios cada vez que se repita una ejecución. De esta forma evitamos obtener resultados idénticos, como observábamos en el procedimiento anterior. Además, podemos ver cómo obtener un número aleatorio entre un rango (p. ej. **0** y **99**). En esta ocasión, cada vez que ejecutemos el test obtendremos resultados diferentes, tal y como esperábamos con **Randomize** ❻.

❶
```
(General)

Sub TestAbs()
    Dim numero As Double

    numero = 10
    Debug.Print "Valor (" & numero & ") : " & numero
    Debug.Print "    Abs(" & numero & ") : " & Abs(numero)

    numero = -5
    Debug.Print "Valor (" & numero & ") : " & numero
    Debug.Print "    Abs(" & numero & ") : " & Abs(numero)

    numero = -0.124
    Debug.Print "Valor (" & numero & ") : " & numero
    Debug.Print "    Abs(" & numero & ") : " & Abs(numero)
End Sub
```

❸
```
Sub TestRnd()
    Dim numero As Double

    Debug.Print "Rnd (-1) : " & Rnd(-1)
    Debug.Print "Rnd (-1) : " & Rnd(-1)
    Debug.Print "Rnd (-1) : " & Rnd(-1)
    Debug.Print "Rnd (-5) : " & Rnd(-5)
    Debug.Print "Rnd (0)  : " & Rnd(0)
    Debug.Print
    Debug.Print "Rnd (1)  : " & Rnd(1)
    Debug.Print "Rnd (1)  : " & Rnd(1)
    Debug.Print "Rnd (1)  : " & Rnd(1)
    Debug.Print "Rnd (0)  : " & Rnd(0)
    Debug.Print
    Debug.Print "Rnd      : " & Rnd
End Sub
```

❷
```
Inmediato
Valor (10) : 10
    Abs(10) : 10
Valor (-5) : -5
    Abs(-5) : 5
Valor (-0,124) : -0,124
    Abs(-0,124) : 0,124
```

❹
```
Inmediato
Rnd (-1) : 0,224007
Rnd (-1) : 0,224007
Rnd (-1) : 0,224007
Rnd (-5) : 0,8383257
Rnd (0) : 0,8383257

Rnd (1) : 0,2874333
Rnd (1) : 0,8604596
Rnd (1) : 0,8178332
Rnd (0) : 0,8178332

Rnd      : 0,6038546
```

❺
```
Sub TestRandomize()

    Randomize

    For n = 1 To 5
        Debug.Print "Rnd      : " & Rnd
    Next n
    Debug.Print

    ' Obtener 5 numeros aleatorios entre el 0 y el 99
    Debug.Print "5 numeros aleatorios entre el 0 y el 99"
    For n = 1 To 5
        numero = (100 * Rnd)
        Debug.Print "Valor : " & numero & " Int : " & Int(numero)
    Next n
End Sub
```

❻
```
Inmediato
Rnd      : 0,1634387
Rnd      : 6,276566E-02
Rnd      : 0,9699483
Rnd      : 0,1204097
Rnd      : 0,9904977

5 numeros aleatorios entre el 0 y el 99
Valor : 60,33171 Int : 60
Valor : 53,31085 Int : 53
Valor : 12,64858 Int : 12
Valor : 13,55995 Int : 13
Valor : 92,80215 Int : 92
```

Sin/Cos/Tan

En este ejercicio calcularemos los valores para seno, coseno y tangente de un ángulo. Hay que decir que los argumentos que se pasan a cada una de estas funciones se expresan en **radianes** y, por tanto, veremos también la forma de convertir grados en radianes.

Las funciones para analizar son las siguientes, teniendo en cuenta que:

$\pi/2$ radianes→90 grados y que equivale a 1,570796326794895 radianes.

Función	Comentario
Sin	Devuelve el seno de un ángulo.
	<table><tr><td>**Sintaxis**</td><td>`Sin(número)`</td></tr><tr><td>**Ejemplo**</td><td>`A90 = 1,570796326794895 rad` `Debug.Print Sin(A90)->1.`</td></tr></table>
	numero (obligatorio) ángulo a tratar expresado en radianes.
Cos	Devuelve el coseno de un ángulo.
	<table><tr><td>**Sintaxis**</td><td>`Cos(número)`</td></tr><tr><td>**Ejemplo**</td><td>`Debug.Print Cos(A90)-> 1,61554255216634E-15` `Es un número muy pequeño que equivale a 0`</td></tr></table>
	numero (obligatorio): ángulo a tratar expresado en radianes.
Tan	Devuelve la tangente de un ángulo.
	<table><tr><td>**Sintaxis**</td><td>`Tan(número)`</td></tr><tr><td>**Ejemplo**</td><td>`Debug.Print Tan(A90)-> 618987100438218` `Es un número muy grande que equivale a Infinito`</td></tr></table>
	numero (obligatorio): ángulo a tratar expresado en radianes.

Como de costumbre, creamos un libro de macros que, en esta ocasión, llamaremos **Ejercicio57.xlsm** e incluiremos un módulo donde escribir nuestros procedimientos de pruebas.

En primer lugar, crearemos dos funciones para calcular el número π **(PI)** ❶ y para convertir grados a radianes ❷, teniendo en cuenta que:

PI	Grados a radianes
`PI = 4 * Atn(1)`	`radianes = grados * (PI() / 180)`

Seguidamente crearemos los procedimientos **TestSin()**, **TestCos()** y **TestTan()**.

Procedimiento	Instrucciones a probar
TestSin()	`Debug.Print Sin(1,570796326794895)`
TestCos()	`Debug.Print Cos(1,570796326794895)`
TestTan()	`Debug.Print Tan(1,570796326794895)`

IMPORTANTE

No olvide convertir a radianes los grados del ángulo a tratar e interprete los resultados que tengan un número muy grande de decimales o de enteros, puesto que indican que se trata de **0** o de infinito, respectivamente, dependiendo del tamaño.

Para cada procedimiento, convertiremos a radianes previamente el ángulo a probar y posteriormente calcularemos según la función que probemos.

En primer lugar ejecutaremos el procedimiento **TestSin()** ❸ y comprobaremos su resultado ❹.

Después ejecutaremos **TestCos()** ❺ y veremos su resultado ❻, que en el caso de **90** grados, en lugar de **0** veremos un número muy pequeño que podremos interpretar como 0.

Por último, ejecutaremos **TestTan()** ❼. En su resultado ❽ veremos también que para **90** grados el resultado es un número muy grande que podemos interpretar como **infinito**.

❶
```
(General)
Dim anguloRad As Double
Dim grados As Double
Dim resultado As Double

Function PI() As Double
    PI = 4 * Atn(1)
End Function
```

❷
```
Function graRad(grados As Double) As Double
    graRad = grados * (PI() / 180) ' convierte grados a radianes
End Function
```

❸
```
Sub TestSin()
    anguloRad = graRad(30) ' convierte grados a radianes
    resultado = Sin(anguloRad) 'Seno de 30
    Debug.Print "Seno (30) : " & resultado

    anguloRad = graRad(60) ' convierte grados a radianes
    resultado = Sin(anguloRad) 'Seno de 60
    Debug.Print "Seno (60) : " & resultado

    anguloRad = graRad(90) ' convierte grados a radianes
    resultado = Sin(anguloRad) 'Seno de 90
    Debug.Print "Seno (90) : " & resultado
End Sub
```

❹
```
Inmediato
Seno (30) : 0,5
Seno (60) : 0,866025403784439
Seno (90) : 1
```

❺
```
Sub TestCos()
    anguloRad = graRad(30) ' convierte grados a radianes
    resultado = Cos(anguloRad) 'Coseno de 30
    Debug.Print "Coseno (30) : " & resultado

    anguloRad = graRad(60) ' convierte grados a radianes
    resultado = Cos(anguloRad) 'Coseno de 60
    Debug.Print "Coseno (60) : " & resultado

    anguloRad = graRad(90) ' convierte grados a radianes
    resultado = Cos(anguloRad) 'Coseno de 90
    Debug.Print "Coseno (90) : " & resultado
    ' 6,12303176911189E-17 en realidad es 0
End Sub
```

❼
```
Sub TestTan()
    angulo = 30
    anguloRad = graRad(30) ' convierte grados a radianes
    resultado = Tan(anguloRad) 'Tangente de 30
    Debug.Print "Tangente (30) : " & resultado

    anguloRad = graRad(60) ' convierte grados a radianes
    resultado = Tan(anguloRad) 'Tangente de 60
    Debug.Print "Tangente (60) : " & resultado

    anguloRad = graRad(90) ' convierte grados a radianes
    resultado = Tan(anguloRad) 'Tangente de 90
    Debug.Print "Tangente (90) : " & resultado
    ' Equivale a 1/0 y por tanto es una operación indefinida
End Sub
```

❻
```
Inmediato
Coseno (30) : 0,866025403784439
Coseno (60) : 0,5
Coseno (90) : 6,12303176911189E-17
```

❽
```
Inmediato
Tangente (30) : 0,577350269189626
Tangente (60) : 1,73205080756888
Tangente (90) : 1,63317787283838E+16
```

Round/Redondeos

La función que nos permite redondear es la función **Round**. No obstante, como veremos en ejercicios posteriores, existe la propiedad de aplicación **WorksheetFunction**, mediante la cual podemos ejecutar funciones de Excel como si las estuviésemos ejecutando directamente desde una hoja de cálculo y no desde el propio lenguaje VBA. Por tanto, podemos usar las funciones **REDONDEAR.MENOS** y **REDONDEAR.MAS** con su nombre de métodos **RoundDown** y **RoundUp**, respectivamente, para mostrar otras posibilidades de redondeo.

La sintaxis de **Round** es la siguiente:

Función	Comentario
Round	Devuelve número redondeado a los decimales indicados. | **Sintaxis**	`Round(número, numDecimales)`
Ejemplo	`Debug.Print Round(123.456, 2)->` `123,46` | **numero** (obligatorio): número a redondear. **numDecimales** (opcional): posiciones a la derecha del separador decimal que hay que tener en cuenta en el redondeo. Por defecto es 0.
WorksheetFunction. RoundDown	Devuelve número redondeado hacia abajo. | **Sintaxis**	`WorksheetFunction.RoundDown(número, numDecimales)`
Ejemplo	`WorksheetFunction.RoundDown(-345.6789, 2)->` `-345,67` | **numero**: (obligatorio): número a redondear. **numDecimales** (obligatorio): posiciones a la derecha del separador decimal que hay que tener en cuenta en el redondeo. Un valor negativo redondea hacia la izquierda del separador decimal.
WorksheetFunction. RoundUp	Devuelve número redondeado hacia arriba. | **Sintaxis**	`WorksheetFunction.RoundUp(número, numDecimales)`
Ejemplo	`WorksheetFunction.RoundUp(-345.6789, 2)->` `-345,68` | **numero** (obligatorio): número a redondear. **numDecimales** (obligatorio): posiciones a la derecha del separador decimal que hay que tener en cuenta en el redondeo. Un valor negativo redondea hacia la izquierda del separador decimal.

Para probar estas funciones creamos el libro de macros **Ejercicio58.xlsm** y añadimos un módulo. En primer lugar, definimos dos constantes numéricas con decimales de tipo **Double** (123456.123456, -345.6789) que usaremos en el resto de procedimientos ❶.

Seguidamente, escribiremos un procedimiento para cada uno de los redondeos que probaremos. Se llamarán **TestRound()** ❷, **TestRoundDown()** ❸ y **TestRoundUp()** ❹. Como argumento recibirán un valor de tipo **Double**. Para llamar cada procedimiento un par de veces (una para cada constante) crearemos también los procedimientos **Test1()**, **Test2()** y **Test3()** respectivamente. Probaremos lo siguiente:

TestRound()	TestRoundDown()	TestRoundUp()
Round(numero)	WorksheetFunction.RoundDown(numero, -2)	WorksheetFunction.RoundUp(numero, -2)
Round(numero, 1)	WorksheetFunction.RoundDown(numero, 0)	WorksheetFunction.RoundUp(numero, 0)
Round(numero, 2)	WorksheetFunction.RoundDown(numero, 1)	WorksheetFunction.RoundUp(numero, 1)
	WorksheetFunction.RoundDown(numero, 2)	WorksheetFunction.RoundUp(numero, 2)
	WorksheetFunction.RoundDown(numero, 3)	WorksheetFunction.RoundUp(numero, 3)

Una vez escritos los procedimientos, procederemos a ejecutar primero **Test1()** ❺ para probar la función **Round** de VBA y comprobaremos el resultado en la ventana **Inmediato** ❻.

Luego ejecutaremos **Test2()** ❼ para probar el redondeo hacia abajo ❽ y, por último, ejecutaremos **Test3()** ❾ para probar el redondeo hacia arriba ❿.

> **IMPORTANTE**
>
> El redondeo es una acción de uso frecuente, generalmente en cálculos de importes y otros valores que necesiten ser expresados con un número concreto de decimales.

❶
```
(General)
    Public Const numero1 As Double = 123456.123456
    Public Const numero2 As Double = -345.6789
```

❷
```
Sub TestRound(numero As Double)
    Debug.Print "Round ================="
    Debug.Print " Número     (" & numero & ")"
    Debug.Print "   Round(0) (" & Round(numero) & ")"
    Debug.Print "   Round(1) (" & Round(numero, 1) & ")"
    Debug.Print "   Round(2) (" & Round(numero, 2) & ")"
    Debug.Print "   Round(3) (" & Round(numero, 3) & ")"
End Sub
```

❸
```
Sub TestRoundDown(numero As Double)
    'REDONDEAR. MENOS
    Debug.Print "RoundDown ================="
    Debug.Print " Número        (" & numero & ")"
    Debug.Print "   RoundDown(-2) (" & WorksheetFunction.RoundDown(numero, -2) & ")"
    Debug.Print "   RoundDown(0) (" & WorksheetFunction.RoundDown(numero, 0) & ")"
    Debug.Print "   RoundDown(1) (" & WorksheetFunction.RoundDown(numero, 1) & ")"
    Debug.Print "   RoundDown(2) (" & WorksheetFunction.RoundDown(numero, 2) & ")"
    Debug.Print "   RoundDown(3) (" & WorksheetFunction.RoundDown(numero, 3) & ")"
End Sub
```

❹
```
Sub TestRoundUp(numero As Double)
    'REDONDEAR.MAS
    Debug.Print "RoundUp ================="
    Debug.Print " Número        (" & numero & ")"
    Debug.Print "   RoundUp(-2) (" & WorksheetFunction.RoundUp(numero, -2) & ")"
    Debug.Print "   RoundUp(0) (" & WorksheetFunction.RoundUp(numero, 0) & ")"
    Debug.Print "   RoundUp(1) (" & WorksheetFunction.RoundUp(numero, 1) & ")"
    Debug.Print "   RoundUp(2) (" & WorksheetFunction.RoundUp(numero, 2) & ")"
    Debug.Print "   RoundUp(3) (" & WorksheetFunction.RoundUp(numero, 3) & ")"
End Sub
```

❺
```
Sub Test1()
    TestRound (numero1)
    TestRound (numero2)
End Sub
```

❻
```
Inmediato
Round =================
 Número   (123456,123456)
   Round(0) (123456)
   Round(1) (123456,1)
   Round(2) (123456,12)
   Round(3) (123456,123)
Round =================
 Número   (-345,6789)
   Round(0) (-346)
   Round(1) (-345,7)
   Round(2) (-345,68)
   Round(3) (-345,679)
```

❼
```
Sub Test2()
    TestRoundDown (numero1)
    TestRoundDown (numero2)
End Sub
```

❾
```
Sub Test3()
    TestRoundUp (numero1)
    TestRoundUp (numero2)
End Sub
```

❽
```
Inmediato
RoundDown =================
 Número        (123456,123456)
   RoundDown(-2) (123400)
   RoundDown(0) (123456)
   RoundDown(1) (123456,1)
   RoundDown(2) (123456,12)
   RoundDown(3) (123456,123)
RoundDown =================
 Número        (-345,6789)
   RoundDown(-2) (-300)
   RoundDown(0) (-345)
   RoundDown(1) (-345,6)
   RoundDown(2) (-345,67)
   RoundDown(3) (-345,678)
```

❿
```
Inmediato
RoundUp =================
 Número        (123456,123456)
   RoundUp(-2) (123500)
   RoundUp(0) (123457)
   RoundUp(1) (123456,2)
   RoundUp(2) (123456,13)
   RoundUp(3) (123456,124)
RoundUp =================
 Número        (-345,6789)
   RoundUp(-2) (-400)
   RoundUp(0) (-346)
   RoundUp(1) (-345,7)
   RoundUp(2) (-345,68)
   RoundUp(3) (-345,679)
```

Otras funciones matemáticas

Al margen de las funciones matemáticas ya comentadas, a continuación enumeramos otras que también se pueden llegar a usar frecuentemente.

Función	Comentario
Sqr	Obtiene la raíz cuadrada del número indicado.
	<table><tr><td>**Sintaxis**</td><td>`Sqr(número)`</td></tr><tr><td>**Ejemplo**</td><td>`Debug.Print Sqr(9) -> 3`</td></tr></table>
	numero (obligatorio): número a tratar.
Exp	Devuelve el número 'e' elevado a una potencia.
	<table><tr><td>**Sintaxis**</td><td>`Exp(número)`</td></tr><tr><td>**Ejemplo**</td><td>`Debug.Print Exp(0) -> 1`</td></tr></table>
	numero (obligatorio): número a tratar.
Int	Devuelve la parte entera del número indicado. Si el número proporcionado es negativo, devolverá el primer entero negativo menor o igual que él mismo.
	<table><tr><td>**Sintaxis**</td><td>`Int(número)`</td></tr><tr><td>**Ejemplo**</td><td>`Debug.Print Int(0.5) -> 0`</td></tr></table>
	numero (obligatorio): número a tratar.
Log	Devuelve el logaritmo natural del número indicado.
	<table><tr><td>**Sintaxis**</td><td>`Log(número)`</td></tr><tr><td>**Ejemplo**</td><td>`Debug.Print Log(0.5) -> -0,693147180559945`</td></tr></table>
	numero (obligatorio): número a tratar.
Sgn	Devuelve un valor que indica el signo del número tratado.
	<table><tr><td>**Sintaxis**</td><td>`Sqr(número)`</td></tr><tr><td>**Ejemplo**</td><td>`Debug.Print Sgn(123 / 2) -> 1`</td></tr></table>
	numero (obligatorio): número a tratar.

Crearemos el libro de macros **Ejercicio59.xlsm** e incluiremos un módulo. En él escribiremos el procedimiento **Test()**, en el que probaremos lo siguiente:

Función	Instrucciones a probar
Sqr	Sqr(9) Sqr(8100) Sqr(124.233)
Exp	Exp(0) Exp(0.5) Exp(1)
Int	Int(-12.12) Int(0.5) Int(123 / 56)
Log	Log(2.7182818) Log(0.5) Log(200)
Sgn	Sgn(123 / 2) Sgn((3 * 2) - 6) Sgn(-3 ^ -3)

> ## IMPORTANTE
>
> Posiblemente necesite utilizar con cierta frecuencia la función **Int** para obtener la parte entera de un número y la función **Sqr** para hallar raíces cuadradas.

Una vez escrito el procedimiento **Test()** ❶, lo ejecutaremos y analizaremos el resultado en la ventana **Inmediato** ❷.

❶
```
(General)
Sub Test()
    Debug.Print "Sqr(9)       : " & Sqr(9)
    Debug.Print "Sqr(8100)    : " & Sqr(8100)
    Debug.Print "Sqr(124.233) : " & Sqr(124.233)
    Debug.Print
    Debug.Print "Exp(0)       : " & Exp(0)
    Debug.Print "Exp(0.5)     : " & Exp(0.5)
    Debug.Print "Exp(1)       : " & Exp(1)
    Debug.Print
    Debug.Print "Int(-12.12)  : " & Int(-12.12)
    Debug.Print "Int(0.5)     : " & Int(0.5)
    Debug.Print "Int(123 / 56) : " & Int(123 / 56)
    Debug.Print
    Debug.Print "Log(2.7182818): " & Log(2.7182818)
    Debug.Print "Log(0.5)     : " & Log(0.5)
    Debug.Print "Log(200)     : " & Log(200)
    Debug.Print
    Debug.Print "Sgn(123 / 2) : " & Sgn(123 / 2)
    Debug.Print "Sgn((3 * 2)-6): " & Sgn((3 * 2) - 6)
    Debug.Print "Sgn(-3 ^ -3) : " & Sgn(-3 ^ -3)
End Sub
```

❷
```
Inmediato
Sqr(9)       : 3
Sqr(8100)    : 90
Sqr(124.233) : 11,145985824502

Exp(0)       : 1
Exp(0.5)     : 1,64872127070013
Exp(1)       : 2,71828182845905

Int(-12.12)  : -13
Int(0.5)     : 0
Int(123 / 56) : 2

Log(2.7182818): 0,999999989530502
Log(0.5)     : -0,693147180559945
Log(200)     : 5,29831736654804

Sgn(123 / 2) : 1
Sgn((3 * 2)-6): 0
Sgn(-3 ^ -3) : -1
```

Pmt/Nper/FV

Disponemos de diversas funciones financieras y, en este capítulo, vamos a presentar tres de las más utilizadas: **Pmt**, **NPer** y **FV**. Su sintaxis es la siguiente:

Función	Comentario
Pmt	Calcula el importe a pagar mensualmente al solicitar un préstamo a devolver en un determinado número de meses a un interés concreto.
	Sintaxis: `Pmt(interes , numPagos, valorPrestamo, valorFuturo, pagaFinMes)`
	Ejemplo: `Debug.Print Pmt(0.05 / 12, 180, -160000, 0, 0)-> 1265,26980278647`
	interes (obligatorio): interés del préstamo.
	numPagos (obligatorio): número de meses que se desean pagar.
	valorPrestamo (obligatorio): importe del préstamo.
	valorFuturo (opcional): valor futuro del préstamo o de la inversión.
	pagaFinMes (opcional): 0 indica que se paga a fin de mes y 1 al principio. Por defecto es 0.
NPer	Calcula el número de meses que se tardará en devolver un préstamo a un interés concreto pagando una determinada cantidad mensualmente.
	Sintaxis: `NPer(interes , pagoMensual, valorPrestamo, valorFuturo, pagaFinMes)`
	Ejemplo: `Debug.Print NPer(0.05 / 12, -1300, 160000, 0, 0)-> 172,948752228111`
	interes (obligatorio): interés del préstamo.
	pagoMensual (obligatorio): importe que se desea pagar mensualmente.
	valorPrestamo (obligatorio): importe del préstamo.
	valorFuturo (opcional): importe que sobrará tras el pago.
	pagaFinMes (opcional): 0 indica que se paga a fin de mes y 1 al principio. Por defecto es 0.
FV	Calcula el ahorro realizado durante un período de tiempo a un determinado interés ahorrando un importe mensualmente.
	Sintaxis: `FV(interes, numPagos, canAhorro, ahorroInicial, pagaFinMes)`
	Ejemplo: `Debug.Print FV(0.07 / 12, 60, -200, 0, 0)->` `14318,5803296225`
	interes (obligatorio): interés del préstamo.
	numPagos (obligatorio): número de meses que se desean pagar.
	canAhorro (obligatorio): importe que se desea ahorrar mensualmente.
	ahorroInicial (opcional): ahorro que tenemos al principio.
	pagaFinMes (opcional): 0 indica que se paga a fin de mes y 1 al principio. Por defecto es 0.

Para hacer una prueba de estas funciones, crearemos el libro de macros **Ejercicio60.xlsm** y, como de costumbre, añadiremos un módulo donde escribir nuestros procedimientos.

Seguidamente, crearemos los procedimientos **TestPmtS()**, **TestNPer()** y **TestFV()**, donde probaremos lo siguiente:

Procedimiento	Instrucciones a probar	
TestPmtS()	valorFuturo = 10000	' Valor futuro del préstamo o de la inversión
	valorPrestamo = 160000	' Importe a pedir prestado
	interes = 0.05	' Tasa porcentaje anual
	numPagos = anyos * 12	' Numero de pagos mensuales a realizar
	pagaFinMes = 0	' 0:Pagos a final de mes, 1: a principio de mes
TestNPer()	valorFuturo = 0	' Ahorro que quedará tras el pago
	valorPrestamo = 160000	' Importe a pedir prestado
	interes = 0.05	' Tasa porcentaje anual
	pagoMensual = 1300	' A pagar cada mes
	pagaFinMes = 0	' 0:Pagos a final de mes, 1: a principio de mes
TestFV()	canAhorro = 200	' Ahorro que planea realizar periodicamente
	ahorroInicial = 0	' Importe actual ahorrado en este momento
	interes = 0.07	' Tasa porcentaje anual
	meses = 5 * 12	' 5 años x 12 meses
	numPagos = meses	' Numero de meses que se propone ahorrar
	pagaFinMes = 0	' 0:Pagos a final de mes, 1: a principio de mes

Una vez creados los procedimientos, ejecutaremos en primer lugar **TestPmtS()** ❶ y comprobaremos lo que nos costaría devolver un préstamo según unas determinadas condiciones ❷. Luego, ejecutaremos **TestNPer()** ❸ y veremos los meses que tardaríamos en devolver un préstamo ❹. Por último, ejecutamos **TestFV()** ❺ para comprobar el valor que conseguiríamos ahorrar en unas determinadas condiciones ❻.

❶
```
Sub TestPmt()
    Dim vFuturo As Variant, aPagarMes As Variant, pagaFinMes As Variant
    Dim vPrestamo As Double, interes As Double, nPagos As Double
    Dim anyos As Integer
    anyos = 15
    vFuturo = 10000     ' Valor futuro del préstamo o de la inversión
    vPrestamo = 160000  ' Importe a pedir prestado
    interes = 0.05      ' Tasa porcentaje anual
    nPagos = anyos * 12 ' Numero de pagos mensuales a realizar
    pagaFinMes = 0      ' 0:Pagos a final de mes, 1: a principio  de mes
    aPagarMes = Pmt(interes / 12, nPagos, -vPrestamo, vFuturo, pagaFinMes)
    Debug.Print "A pagar mensualmente: " & Round(aPagarMes, 2)
End Sub
```

❷
```
Inmediato
A pagar mensualmente: 1227,86
```

❸
```
Sub TestNPer()
    Dim vFuturo As Variant, pagoM As Variant, pagaFinM As Variant
    Dim vPrestamo As Double, interes As Double, mesesTarda As Double
    vFuturo = 0         ' Ahorro que quedará tras el pago
    vPrestamo = 160000  ' Importe a pedir prestado
    interes = 0.05      ' Tasa porcentaje anual
    pagoM = 1300        ' A pagar cada mes
    pagaFinM = 0        ' 0:Pagos a final de mes, 1: a principio  de mes
    mesesTarda = NPer(interes / 12, -pagoM, vPrestamo, vFuturo, pagaFinM)
    Debug.Print "Resultado: " & mesesTarda
    ' Redondeo hacia arriba para obtener meses completos
    mesesTarda = Int(mesesTarda + 0.5)
    Debug.Print "Tardará  : " & mesesTarda & " meses en pagar."
End Sub
```

❹
```
Inmediato
Resultado: 172,948752228111
Tardará  : 173 meses en pagar.
```

❺
```
Sub TestFV()
    Dim ahorros As Double, canAhorro As Variant, _
        ahorroIni As Variant, pagaFM As Variant
    Dim interes As Double, nPagos As Integer, meses As Integer
    canAhorro = 200 ' Ahorro que planea realizar periodicamente
    ahorroIni = 0   ' Importe actual ahorrado en este momento
    interes = 0.07  ' Tasa porcentaje anual
    meses = 5 * 12  ' 5 años x 12 meses
    nPagos = meses  ' Numero de meses que se propone ahorrar
    pagaFM = 0      ' 0:Pagos a final de mes, 1: a principio  de mes
    ahorros = FV(interes / 12, nPagos, -canAhorro, -ahorroIni, pagaFM)
    Debug.Print "Ahorros conseguidos: " & Round(ahorros, 2)
End Sub
```

❻
```
Inmediato
Ahorros conseguidos: 14318,58
```

IsArray/IsDate/IsNumeric, etc.

Las funciones de tipo **Is...** nos permiten realizar comprobaciones sobre si una expresión o variable cumple una determinada condición respecto a su tipo o estado. Reciben como argumento una variable y devuelven **True** si cumplen y **False** si no cumplen con la característica analizada.

La sintaxis general de cualquiera de las funciones analizadas es:

Sintaxis	Función(var)
Ejemplo	Debug.Print IsNumeric(123) -> Verdadero

var (obligatorio): variable a tratar.

Función	Comentario
IsArray(var)	Indica si es una matriz.
IsDate(var)	Indica si es una fecha.
IsNumeric(var)	Indica si es numérico.
IsEmpty(var)	Indica si está vacía (**Empty**).
IsNull(var)	Indica si es **Null**.
IsError(var)	Indica si contiene un error.
IsObject(var)	Indica si contiene un objeto.
IsMissing(var)	Indica si el procedimiento o función ha recibido el argumento definido como **Optional**.

Para la realización de este ejercicio, crearemos un libro de macros llamado **Ejercicio61.xlsm** e incluiremos un módulo en él. Seguidamente definiremos una serie de variables de diferentes tipos y las inicializaremos ❶. Para probar las funciones de **IsObject** y de **IsError**, avanzaremos el concepto de rango, el cual explicaremos más adelante y representa un rango de una hoja de cálculo.

❶
```
(General)
        Dim matriz(3) As Variant, fecha As Date, numero As Integer
        Dim cadena As String, rango As Range

        Sub Initialize()
            matriz(0) = "A"
            matriz(1) = Empty
            matriz(2) = Null
            Set rango = ActiveSheet.Range("A1")
            fecha = Now
            numero = 123
        End Sub
```

A continuación, escribiremos el procedimiento **Test()** ❷, en el que incluiremos un ejemplo de cada una de las funciones a probar. Como decíamos, definiremos la variable **range** del tipo **Range**, el cual es uno de los tipos de objeto que veremos al tratar la estructura interna de un libro de Excel. Dicho rango hará referencia a una celda en la que incluiremos la operación **'=2/0'** para provocar un error (**#¡DIV/0!**) ❸ y conseguir una muestra con la que poder probar la función **IsError**.

También crearemos el procedimiento **TestIsMissing(Opcional arg)** ❹, en el que analizaremos si el argumento **arg** es proporcionado o no en la llamada al mismo.

Una vez creados los procedimientos, ejecutaremos **Test()** y veremos un par de ejemplos de cada una de las funciones ❺.

❷
```
Sub Test()
    Call Initialize
    Debug.Print "IsArray(matriz)      (" & IsArray(matriz) & ")"
    Debug.Print "IsArray(fecha)       (" & IsArray(fecha) & ")"
    Debug.Print
    Debug.Print "IsDate(matriz)       (" & IsDate(matriz) & ")"
    Debug.Print "IsDate(fecha)        (" & IsDate(fecha) & ")"
    Debug.Print
    Debug.Print "IsNumeric(matriz)    (" & IsNumeric(matriz) & ")"
    Debug.Print "IsNumeric(numero)    (" & IsNumeric(numero) & ")"
    Debug.Print
    Debug.Print "IsEmpty(matriz(1))   (" & IsEmpty(matriz(1)) & ")"
    Debug.Print "IsEmpty(cadena)      (" & IsEmpty(cadena) & ")"
    Debug.Print
    Debug.Print "IsNull(matriz(2))    (" & IsNull(matriz(2)) & ")"
    Debug.Print "IsNull(cadena)       (" & IsNull(cadena) & ")"
    Debug.Print
    rango.Value = "=2/0" ' Provocamos error en celda A1
    Debug.Print "IsError(rango)       (" & IsError(rango) & ")"
    Debug.Print "IsError(matriz)      (" & IsError(matriz) & ")"
    Debug.Print
    Debug.Print "IsObject(rango)      (" & IsObject(rango) & ")"
    Debug.Print "IsObject(matriz)     (" & IsObject(matriz) & ")"
    Debug.Print
    Call TestIsMissing
    Call TestIsMissing("MiArg")
End Sub
```

❹
```
Sub TestIsMissing(Optional arg)
    If IsMissing(arg) Then
        Debug.Print "Sin argumentos"
    Else
        Debug.Print "Llega argumento      (" & arg & ")"
    End If
End Sub
```

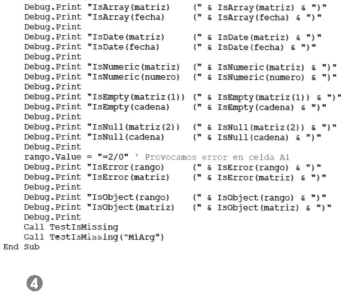

❸

Error de división entre cero

A
#¡DIV/0!

❺

Inmediato

```
IsArray(matriz)       (Verdadero)
IsArray(fecha)        (Falso)

IsDate(matriz)        (Falso)
IsDate(fecha)         (Verdadero)

IsNumeric(matriz)     (Falso)
IsNumeric(numero)     (Verdadero)

IsEmpty(matriz(1))    (Verdadero)
IsEmpty(cadena)       (Falso)

IsNull(matriz(2))     (Verdadero)
IsNull(cadena)        (Falso)

IsError(rango)        (Verdadero)
IsError(matriz)       (Falso)

IsObject(rango)       (Verdadero)
IsObject(matriz)      (Falso)

Sin argumentos
Llega argumento       (MiArg)
```

Funciones_Conversion (Cbool, CByte, etc.)

Este tipo de funciones permiten convertir un valor o expresión al tipo de datos indicado siempre y cuando el argumento suministrado esté soportado por la función. De lo contrario devuelve un error.

Boolean	CBool	Convierte una expresión a Booleano
Fecha	CDate	Convierte una expresión a Date
Cadenas	CStr	Convierte una expresión a cadena
Variant	CVar	Convierte una expresión a Variant
Numéricos	CByte	Convierte una expresión a Byte
	CCur	Convierte una expresión a moneda
	CDbl	Convierte una expresión a Double
	CDec	Convierte un número a Decimal
	CInt	Convierte un número a Integer
	CLng	Convierte un número a Long
	CSng	Convierte un número a Single

Para realizar algunas pruebas crearemos el libro de macros **Ejercicio62.xlsm** e incluiremos un módulo. Seguidamente escribiremos los siguientes procedimientos: **TestCBool()**, **TestDate()**, **TestStr()**, **TestStrVar()** y **TestNum()** para probar cada función. En **TestNum()** agruparemos todas las conversiones relacionadas con valores numéricos.

Probaremos lo siguiente:

Función	Instrucciones a probar	Función	Instrucciones a probar
CBool	CBool(1 = 1) CBool(1 = 0) CBool(1) CBool("Falso")	**CDbl**	CDbl(32.567890) CDbl(-4/9)
CDate	CDate("1 enero 2022") CDate("Enero 27, 2022") CDate("16:30")	**CDec**	CDec(132.9875642) CDec(-2/56)
CStr	CStr(123 & ".12") CStr(0.05)	**CInt**	CInt(1314.56) CInt("123,12")
CVar	CVar(456 & ".78")*100 CVar(0.05)	**CLng**	CLng(-32.567890) CLng(1.000156)
CByte	CByte(32.56)	**CSng**	CSng(-32.567890) CSng(1.0001576)
CCur	CCur(32.567890) CCur(-0.000156)		

Una vez escritos los procedimientos, ejecutaremos **TestCBool()** ❶ y veremos su resultado en la ventana **Inmediato** ❷. Luego ejecutaremos **TestCDate()** ❸ y comprobaremos su resultado ❹. Probaremos **TestStr()** ❺ y veremos su resultado ❻. Ejecutamos **TestVar()** ❼ y vemos su resultado ❽. Por último, ejecutamos **TestNum()** ❾ y vemos los resultados de diversas funciones numéricas ❿.

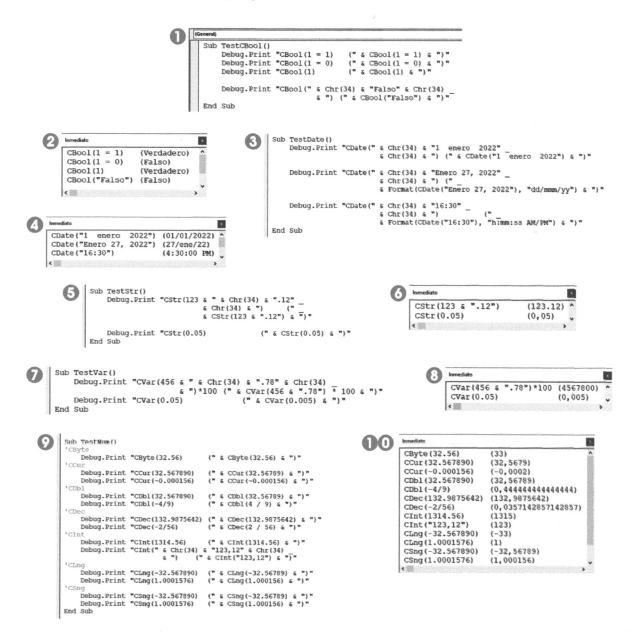

Choose/IIf/Switch

En el siguiente grupo de funciones, podemos obtener un valor dependiendo de si se cumple o no una condición o a partir de un valor que nos sirva como índice de un grupo de posibles resultados a escoger.

Función	Comentario		
Dir	Devuelve un valor de una lista de valores en base al índice suministrado.		
	Sintaxis	`Choose(indice, valor1, valor2, …,valorN)`	
	Ejemplo	`Debug.Print Choose(2, "Uno", "Dos", "Tres")->Dos`	
	indice (obligatorio): opción a seleccionar.		
	Valor1, valor2, valorN (obligatorio): valor asociado a la opción.		
CurDir	Evalua una expresión y devuelve un valor si es cierta y otro valor si no lo es.		
	Sintaxis	`IIf(expresion, valorSiCierto, valorSiFalso)`	
	Ejemplo	`Debug.Print IIf(4 Mod 2 = 0, "Es par", "Es impar")-> Es par`	
	expresion (obligatorio): expresión a evaluar.		
	valorSiCierto (obligatorio): valor devuelto si la expresión devuelve True.		
	valorSiFalso (obligatorio): valor devuelto si la expresión devuelve False.		
Environ	Evalua cada expresión y devuelve el primer valor asociado a la primera expresión que sea cierta.		
	Sintaxis	`Switch (expre1, valor1, expre2, valor2, …, expreN, valorN)`	
	Ejemplo	`i = 2` `Debug.Print Switch(i = 1, "uno", i = 2, "dos", i = 3, "tres")`	
	expre1, expre2, expreN (obligatorio): expresiones a evaluar.		
	valor1, valor2, valorN (obligatorio): valor a devolver si se cumple la expresión que le precede.		

Creamos el libro de macros **Ejercicio63.xlsm** e insertamos un módulo. A continuación escribimos las siguientes funciones: **diaSemana(indice As Integer)** ❶, **tipoDia(indice As Integer)** ❷ y **medida(indice As Integer)** ❸, donde probaremos lo siguiente:

Funciones	Instrucciones a probar
diaSemana()	`Choose(indice, "Lunes", "Martes", _` `                "Miercoles", "Jueves", "Viernes", "Sábado", "Domingo")`
tipoDia()	`tipoDia = IIf(indice < 6, "Laborable", "Festivo")`
medida()	`Switch(i = 1, "uno", i = 2, "dos", i = 3, "tres")`

Seguidamente, escribiremos los procedimientos **TestChoose()** ❹, **TestIIf()** ❺ y **TestSwitch()** ❻, desde los que llamaremos, respectivamente, a las funciones **diaSemana, tipoDia** y **medida**.

Una vez escritos los procedimientos, ejecutaremos primero **Test-Choose()** y veremos el resultado en la ventana **Inmediato** ❼.

A continuación, ejecutaremos **TestIIf()** y veremos su resultado ❽.

Por último, ejecutaremos **TestSwitch()** y también veremos su resultado ❾.

Estas funciones permiten simplificar, en según qué casos, bloques **if** anidados, ya que en una sola instrucción puede resolverse un bloque **if-then-else** usado solo para asignar valores o incluso bloques más complejos.

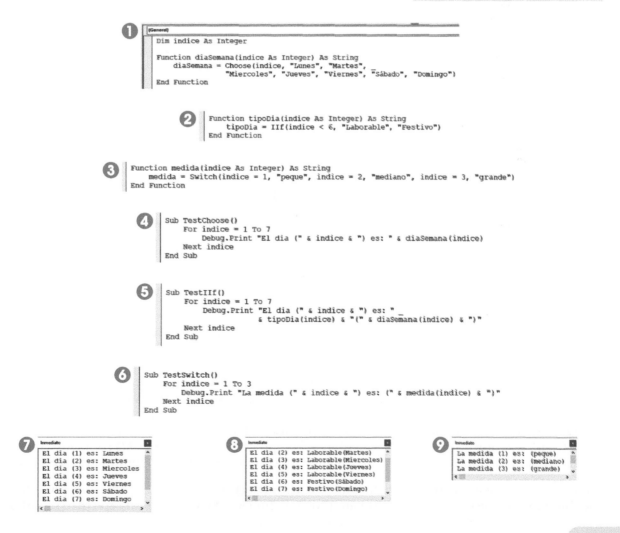

❶
```
[General]
    Dim indice As Integer

    Function diaSemana(indice As Integer) As String
        diaSemana = Choose(indice, "Lunes", "Martes", _
                    "Miercoles", "Jueves", "Viernes", "Sábado", "Domingo")
    End Function
```

❷
```
Function tipoDia(indice As Integer) As String
    tipoDia = IIf(indice < 6, "Laborable", "Festivo")
End Function
```

❸
```
Function medida(indice As Integer) As String
    medida = Switch(indice = 1, "peque", indice = 2, "mediano", indice = 3, "grande")
End Function
```

❹
```
Sub TestChoose()
    For indice = 1 To 7
        Debug.Print "El dia (" & indice & ") es: " & diaSemana(indice)
    Next indice
End Sub
```

❺
```
Sub TestIIf()
    For indice = 1 To 7
        Debug.Print "El dia (" & indice & ") es: " _
                    & tipoDia(indice) & "(" & diaSemana(indice) & ")"
    Next indice
End Sub
```

❻
```
Sub TestSwitch()
    For indice = 1 To 3
        Debug.Print "La medida (" & indice & ") es: (" & medida(indice) & ")"
    Next indice
End Sub
```

❼
```
Inmediato
El dia (1) es: Lunes
El dia (2) es: Martes
El dia (3) es: Miercoles
El dia (4) es: Jueves
El dia (5) es: Viernes
El dia (6) es: Sábado
El dia (7) es: Domingo
```

❽
```
Inmediato
El dia (2) es: Laborable(Martes)
El dia (3) es: Laborable(Miercoles)
El dia (4) es: Laborable(Jueves)
El dia (5) es: Laborable(Viernes)
El dia (6) es: Festivo(Sábado)
El dia (7) es: Festivo(Domingo)
```

❾
```
Inmediato
La medida (1) es: (peque)
La medida (2) es: (mediano)
La medida (3) es: (grande)
```

Dir/CurDir/Environ

En el siguiente ejercicio averiguaremos si existe un fichero o no, qué ficheros existen en un directorio y cuáles son las variables de entorno que tiene nuestro sistema.

Función	Comentario
Dir	Devuelve un nombre de archivo o directorio que coincide con el nombre, modelo o tipos de atributo indicados.

Sintaxis	`Dir(path, tipoAtributos)`
Ejemplo	`Dir("C:\Temp\EjempDir\ File1.txt")-> File1.txt` `Si realmente existe File1.txt`

path (opcional): nombre de archivo o directorio a tratar.

tipoAtributos: (opcional): características que han de cumplir los archivos tratados. Los valores más frecuentemente utilizados son:

vbNormal	archivos sin atributos (valor por defecto)
vbReadOnly	archivos de solo lectura
vbHidden	archivos ocultos
VbSystem	archivos de sistema
vbDirectory	Directorios

Función	Comentario
CurDir	Devuelve la ruta de acceso en curso.

Sintaxis	`CurDir unidad_disco`	**Ejemplo**	`CurDir("C:")-> "C:\Temp"`

unidad_disco (opcional): unidad a tratar. Por defecto es la unidad en curso.

Función	Comentario
Environ	Devuelve el valor de la variable de entorno indicada.

Sintaxis	`Environ(variable)` `Environ(número)`	**Ejemplo**	`Environ("WINDIR")-> C:\WINDOWS`

variable (opcional): variable de la que se desea obtener el valor.

número (opcional): orden de la variable en la tabla de cadenas de entorno. Ha de indicarse un argumento.

Crearemos el libro de macros llamado **Ejercicio64.xlsm** e insertaremos un módulo. En él añadimos una función llamada **existeFile(nomFile As String)** ❶ en la que verificaremos si el nombre del fichero pasado como argumento existe o no. A continuación, escribiremos el procedimiento **TestExiste()** para llamar un par de veces a la función anterior con un fichero que exista y un vez con otro fichero que no exista. Luego escribiremos el procedimiento **TestList()** para mostrar todos los archivos de un directorio y también los archivos con una extensión determinada (**.xlsx**).

Para probar la función **CurDir** escribiremos **TestCurDir()** con un par de ejemplos y, por último, escribiremos dos procedimientos más para probar la función **Environ**. **TestEnviron()** mostrará

el valor de unas variables en concreto y **TestEnvironAll()** mostrará una lista de variables basándose en la tabla de cadenas de entorno y utilizando una secuencia ordenada. En cada procedimiento probaremos lo siguiente:

Funciones	Instrucciones a probar
TestExiste()	`Dir(pathFile)`
TestList()	`Dir(path, vbDirectory)`
TestCurDir()	`CurDir(unidad)`
TestEnviron()	`Environ(variable_entorno)`

TestEnvironAll()	`For v = 1 To 250`
	`    variable = Environ(v)`
	`Next v`

Ejecutaremos **TestExiste()** ❷ y veremos su resultado ❸. A continuación, ejecutaremos **TestList()** ❹ para ver los ficheros que contiene el **path** indicado y cuáles son de tipo **xlsx** ❺. Luego ejecutaremos **TestCurDir()**, **TestEnviron()** y **TestEnvironAll()** ❻ para ver diferentes resultados de la función Environ.

❶
```
Const path As String = "C:\Temp\EjempDir\"

Function existeFile(nomFile As String)
    existe = IIf(Dir(path & nomFile) <> "", True, False)
    Debug.Print "Fichero (" & nomFile & ") existe => " & existe
End Function
```

❷
```
Sub TestExiste()
    Call existeFile("File1.txt")
    Call existeFile("File0.txt")
End Sub
```

❸
```
Inmediato
Fichero (File1.txt) existe => Verdadero
Fichero (File0.txt) existe => Falso
```

❹
```
Sub TestList()
    Debug.Print "Ficheros del directorio (" & path & ")"
    file = Dir(path, vbDirectory)
    Do While file <> ""
        Debug.Print "(" & file & ")"
        file = Dir
    Loop
    Debug.Print "Ficheros de tipo (*.xlsx)"
    file = Dir(path & "\*.xlsx", vbDirectory)
    Do While file > ""
        file = Dir
        Debug.Print file
    Loop
End Sub
```

❺
```
Inmediato
Ficheros del directorio (C:\Temp\EjempDir\)
(.)
(..)
(File1.txt)
(File2.txt)
(File3.txt)
(Pru1.xlsx)
(Pru2.xlsx)
Ficheros de tipo (*.xlsx)
Pru2.xlsx
```

❻
```
Sub TestCurDir()
    Debug.Print CurDir("C:")
    Debug.Print CurDir("D:")
End Sub

Sub TestEnviron()
    Debug.Print "WINDIR        ( " & Environ("WINDIR") & ")"
    Debug.Print "PROGRAMFILES ( " & Environ("PROGRAMFILES") & ")"
    Debug.Print "USERNAME      ( " & Environ("USERNAME") & ")"
    Debug.Print "OS            ( " & Environ("OS") & ")"
End Sub

Sub TestEnvironAll()
    For v = 1 To 300
        If Len(Environ(v)) = 0 Then Exit For
        Debug.Print Environ(v)
    Next v
End Sub
```

Shell/CreateObject

La función **Shell** permite ejecutar una aplicación o cualquier archivo ejecutable. Mediante **CreateObject** creamos objetos en aplicaciones que puedan utilizarse mediante la automatización (p. ej. **Word** o **Excel**).

Función	Comentario
Shell	Lanza un archivo ejecutable. Si el lanzamiento es correcto, devuelve el identificador de la tarea y, si no, devuelve 0.
	<table><tr><td>**Sintaxis**</td><td>Shell(pathAplicacion, tipoVentana)</td></tr><tr><td>**Ejemplo**</td><td>var = Shell("calc.exe", vbNormalFocus)</td></tr></table>
	pathAplicacion (obligatorio): nombre de archivo o directorio a tratar.
	tipoVentana (opcional): tipo de ventana a utilizar cuando se abra el programa:
	<table><tr><td>**vbHide**</td><td>Ventana oculta y tiene el foco</td></tr><tr><td>**vbNormalFocus**</td><td>Ventana con tamaño y posición normales y con foco</td></tr><tr><td>**vbMinimizedFocus**</td><td>Ventana minimizada y con foco (opción por defecto)</td></tr><tr><td>**vbMaximizedFocus**</td><td>Ventana maximizada y con foco</td></tr><tr><td>**vbNormalNoFocus**</td><td>Ventana con tamaño y posición normales</td></tr><tr><td>**vbMinimizedNoFocus**</td><td>Ventana minimizada (muestra icono en barra de tareas)</td></tr></table>
CreateObject	Permite crear un objeto **ActiveX**. Devuelve una referencia al mismo o un error si no puede crearlo.
	<table><tr><td>**Sintaxis**</td><td>CreateObject(nomAplicacion, servidor)</td></tr><tr><td>**Ejemplo**</td><td>CurDir("C:")-> "C:\Temp"</td></tr></table>
	nomAplicacion (obligatorio): nombre de aplicación y tipo de objeto que se ha de crear.
	servidor (opcional): nombre del servidor donde crear el objeto. Por defecto es el equipo local.

Creamos el libro de macros **Ejercicio65.xlsm** y añadimos un módulo con dos procedimientos. El primero se llamará **TestShellCalculadora()** y ejecutará la calculadora. El segundo se llamará **TestShellPaint()** y ejecutará el programa **Windows Paint**.

```
Sub TestCreateObjectWord()
    Dim nomDoc As String
    Dim objW As Object
    Dim wdDoc As Word.Document

    nomDoc = "C:\Temp\Juanto.doc"

    Set objW = CreateObject("Word.Application")
    objW.Visible = True

    Set wdDoc = objW.Documents.Add
    wdDoc.Content.InsertAfter "Aprender VBA con 100 ejercicios a " & Now

    wdDoc.SaveAs Filename:=nomDoc

    objW.Quit
    Set objW = Nothing

    MsgBox "Creado documento " & nomDoc
End Sub
```

```
Sub TestShellCalculadora()
    Dim var
    var = Shell("calc.exe", vbNormalFocus)
End Sub
```

```
Sub TestShellPaint()
    Dim var
    var = Shell("mspaint.exe", vbNormalFocus)
End Sub
```

Mediante **CreateObject** crearemos un objeto para poder crear a su vez un documento **Word**, escribir un texto y guardarlo en nuestro equipo. Debemos incluir una referencia a la librería **Microsoft Word 16.0 Object Library** accediendo al menú **Herramientas -> Referencias** y marcando la librería mencionada ❶.

Nuestros procedimientos contendrán, en esencia, lo siguiente:

Funciones	Instrucciones a probar
TestShellCalculadora()	`var = Shell("calc.exe", vbNormalFocus)`
TestShellPaint()	`var = Shell("mspaint.exe", vbNormalFocus)`
TestCreateObjectWord()	`Dim objW As Object` `Set objW = CreateObject("Word.Application")`

En primer lugar ejecutaremos **TestShellCalculadora()** ❷ y comprobaremos cómo se abre la calculadora. Seguidamente ejecutaremos **TestShellPaint()** ❸ y se abrirá **Paint**. Finalmente, ejecutaremos **TestCreateObjectWord()** ❹ y, tras un mensaje de finalización ❺, comprobaremos cómo se ha creado un documento llamado **Juanto.doc** ❻.

Ahora vamos a añadir un par de botones en la hoja de cálculo **Hoja1** para poder lanzar la llamada a la calculadora y a la generación del documento Word. Para ello, accedemos a la pestaña de **Programador** y, en **Insertar -> Controles de formulario**, haremos clic sobre el botón **Control de formulario**, donde después dibujaremos la forma del botón sobre la hoja mientras mantenemos pulsado el botón izquierdo del ratón tras haber hecho clic en la esquina superior izquierda y arrastrado el puntero hasta donde queramos situar la esquina inferior derecha. En el cuadro de diálogo **Asignar macro** seleccionaremos **TestShellCalculadora** ❼. Por último, haremos clic con el botón derecho del ratón sobre el botón y seleccionaremos **Editar texto** ❽ para escribir el nombre **"Lanza Calc"**. De forma análoga, haremos lo mismo con un segundo botón para lanzar el procedimiento **TestCreateObjectWord** donde pondremos como texto **"Lanza Word"** ❾.

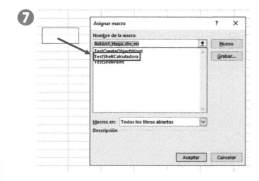

IMPORTANTE

Ejecute aplicaciones desde una hoja de cálculo mediante la función **Shell** y automatice la creación de documentos mediante **CreateObject** para acceder a métodos y propiedades de controles **ActiveX**.

On Error Resume/Goto

En general, siempre que se produzca un error en tiempo de ejecución, vamos a querer controlarlo para evitar mensajes desagradables que obliguen al usuario a realizar alguna acción indeseable.

Mediante la instrucción **On Error** podemos gestionar el flujo a seguir cuando en nuestro programa se produzca un error. Tendremos la opción de continuar en el mismo punto donde se produce el error o hacer que el flujo siga en otro punto del programa.

Las opciones que tenemos son las siguientes:

On Error Resume Next	Permite continuar en la siguiente línea en la que se ha producido el error.
On Error GoTo etiqueta/ línea	Cuando se produce un error, el programa continúa en la etiqueta o línea indicadas. En dicha etiqueta podemos escribir un bloque de instrucciones y, si queremos devolver el flujo a la siguiente línea en la que se produjo el error, podemos utilizar la instrucción Resume Next.
On Error GoTo 0	Vuelve a activar el tratamiento de errores normal y desactiva cualquier otro control activado previamente mediante On Error GoTo.

Para probar esta instrucción vamos a crear una serie de procedimientos en los que provocaremos el típico error de dividir un número por 0 y veremos las diferentes opciones que podemos aplicar.

En primer lugar, crearemos el libro de macros **Ejercicio66.xlsm** y añadiremos un módulo. Seguidamente, crearemos la función dividir, en la que pasaremos como argumentos un dividiendo y un divisor y realizaremos una simple división entre los mismos (**dividendo / divisor**) ❶.

A continuación, escribiremos los varios procedimientos, en los que probaremos lo siguiente:

Procedimiento	A probar	Comentario
TestError()	`resultado = dividir(10, 0)` `resultado = dividir(10, 5)`	Provoca el error.

TestResume-Next()	`On Error Resume Next`
	`resultado = dividir(10, 0)`
	`resultado = dividir(10, 5)`
		Se activa el control de errores.
		Provoca el error pero se ignora para continuar con la siguiente instrucción.

TestGoTo()	`On Error GoTo <etiqueta>`
	`resultado = dividir(10, 0)`
	`resultado = dividir(10, 5)`
	`On Error GoTo 0`
	`resultado = dividir(10, 0)`
		Se activa el control de errores.
		Provoca el error, el flujo se bifurca a una etiqueta para dar un mensaje y se continua en la siguiente instrucción a la que provocó el error.
		Se desactiva el control de errores y se provoca un error de nuevo.

Una vez escritos los procedimientos, ejecutamos **TestError()** ❷ y vemos el resultado en la ventana **Inmediato** ❸, además del error que nos da el sistema por realizar una división por 0 ❹.

En este punto, pulsaremos en **Finalizar** y continuaremos con la ejecución de **TestResumeNext()** ❺ para ver cómo el error desaparece y el procedimiento continúa en la línea siguiente para realizar la próxima división correctamente ❻.

Por último, ejecutaremos **TestGoTo()** ❼ para ver que al producirse el error bifurcamos el flujo del procedimiento a una etiqueta para dar información sobre el error y, posteriormente, continuamos en la línea siguiente al error. Entonces, desactivamos el control de errores y provocamos un error de nuevo para demostrar que, efectivamente, el control está desactivado ❽ y se muestra una ventana de error ❹.

❶
```
Function dividir(dividendo As Double, divisor As Double) As Double
    Debug.Print "------------------"
    Debug.Print "dividendo  (" & dividendo & ")"
    Debug.Print "divisor    (" & divisor & ")"
    dividir = dividendo / divisor
End Function
```

❷
```
(General)
Sub TestError()
    Debug.Print "Sin control ERROR"
    resultado = dividir(10, 0)
    Debug.Print "resultado1 (" & (resultado) & ")"
    Debug.Print
    resultado = dividir(10, 5)
    Debug.Print "resultado2 (" & (resultado) & ")"
End Sub
```

❸
```
Inmediato
Sin control ERROR
------------------
dividendo  (10)
divisor    (0)
```

❹
```
Microsoft Visual Basic

Se ha producido el error '11' en tiempo de ejecución:

División por cero

   Continuar      Finalizar      Depurar      Ayuda
```

❺
```
Sub TestResumeNext()
    On Error Resume Next

    Debug.Print "Con Resume Next"
    resultado = dividir(10, 0)
    Debug.Print "resultado1 (" & (resultado) & ")"
    resultado = dividir(10, 5)
    Debug.Print "resultado2 (" & (resultado) & ")"
End Sub
```

❻
```
Inmediato
Con Resume Next
------------------
dividendo  (10)
divisor    (0)
resultado1 ()
------------------
dividendo  (10)
divisor    (5)
resultado2 (2)
```

❼
```
Sub TestGoTo()
    On Error GoTo Control

    Debug.Print "Con control ERROR"
    resultado = dividir(10, 0)
    Debug.Print "resultado1 (" & (resultado) & ")"
    resultado = dividir(10, 5)
    Debug.Print "resultado2 (" & (resultado) & ")"

    On Error GoTo 0

    Debug.Print "Con control ERROR"

    resultado = dividir(10, 0)
    Debug.Print "resultado1 (" & (resultado) & ")"

    Exit Sub
Control:
    Debug.Print "   Error   (" & Err.Number & "-" & Err.Description & ")"
    resultado = "0"
    Resume Next
End Sub
```

❽
```
Inmediato
Con control ERROR
------------------
dividendo  (10)
divisor    (0)
    Error    (11-División por cero)
resultado1 (0)

dividendo  (10)
divisor    (5)
resultado2 (2)
Con control ERROR
------------------
dividendo  (10)
divisor    (0)
```

Modelo de objetos

VBA es un lenguaje orientado a objetos y utiliza los objetos predefinidos en las aplicaciones de **Office**, los cuales obedecen a una jerarquía compuesta por diferentes tipos de objetos que varían en función de la aplicación de **Office** que se esté utilizando (**Excel**, **Word**, **Outlook**, **Access**, etc.). El objeto **Application** es el primer objeto de la jerarquía en todas las aplicaciones de **Office**, pero a partir de él, los objetos que cuelgan ya son específicos para cada una de las aplicaciones. En el caso de **MS Excel**, contamos con muchos tipos de objetos; a continuación, destacamos los principales, que nos ayudarán a trabajar con nuestros libros y hojas.

Objeto	Comentario
Application	Objeto que representa la aplicación Microsoft Excel en ejecución.
Workbook	Representa un libro de Excel.
Sheet / Worksheet	Sheet representa una hoja dentro de un libro de Excel. Existen diferentes tipos de hojas (Worksheets, Gráficos, Macros de MS Excel 4, Diálogos de Excel 5.0, etc.), pero en realidad las que más nos interesan son las Worksheets (hojas de cálculo) y los Gráficos.
Rango	Conjunto de celdas. En una hoja puede existir un rango tan grande como toda la hoja en sí o tan pequeño como una sola celda.
Cell	Celda. Representa la intersección entre una fila y una columna.

La relación de los objetos mencionados dentro del modelo de objetos ❶ es la siguiente:

Una aplicación contiene **workbooks**, los cuales contienen **sheets**, que a su vez contienen **rangos**, los cuales contienen **celdas** ❷.

Para analizar las propiedades, métodos y eventos que puede tener asociados cada objeto, podemos utilizar el **Examinador de objetos** ❸, el cual, tras localizar la clase que queremos consultar, nos mostrará cuáles son los miembros que lo componen. Cada tipo se diferencia mediante los siguientes iconos:

   Métodos

   Propiedades

   Eventos

Para asociar código a un evento, podemos seleccionar el objeto previamente en la lista desplegable que tenemos en la parte superior izquierda del editor y, a continuación, en la lista desplegable de la derecha seleccionar el evento deseado para que nos cree el bloque del procedimiento, donde escribiremos nuestro código.

Por ejemplo, vamos a crear el libro de macros **Ejercicio67.xlsm.** Seguidamente, hacemos doble clic sobre el objeto **ThisWorkbook**, que representa el libro en curso, y accedemos al editor donde, como hemos indicado, seleccionaremos **Workbook** en el desplegable de la izquierda y, luego, el evento **Open** en el desplegable de la derecha ❹. Dentro del procedimiento, añadiremos

un **Msgbox** con un mensaje de bienvenida al abrir el libro ❺. Si guardamos todo y abrimos el libro de nuevo, veremos nuestro mensaje ❻.

Para acceder a las propiedades o métodos de un objeto desde el editor, basta con poner un **punto** a continuación del objeto en cuestión y seleccionar lo que necesitemos dentro del menú contextual en el que aparecen todas las opciones ❼. Podemos encadenar accesos desde un objeto hacia otro hasta llegar a la propiedad del último objeto buscado en la cadena ❽. En nuestro ejemplo, veremos en la ventana **Inmediato** ❾ el nombre de la hoja activa (**ActiveSheet**) si añadimos en nuestro código la siguiente impresión:

```
Debug.Print Application.ActiveWorkbook.ActiveSheet.Name
```

> ## IMPORTANTE
>
> Cada objeto pertenece a una clase y, además de las clases predefinidas en el modelo de Excel, recuerde que podemos crear nuestras propias clases insertando en nuestros proyectos **Módulos de clase**.

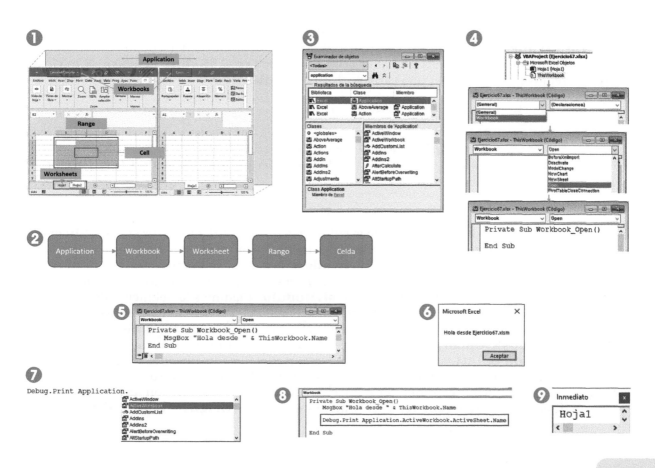

Application (propiedades, métodos y eventos)

En primer lugar, crearemos el libro de macros **Ejercicio68.xlsm** e insertaremos un módulo que renombraremos **MiModulo** (propiedad **Name** de la ventana de **Propiedades)**. En él escribiremos el procedimiento **TestPropiedades()** ❶ para imprimir algunos ejemplos: **ActiveWorkbook.Name**, **ActiveSheet.Name**, **Name**, etc. Acceda a las propiedades de un objeto tecleando un punto ('.') a continuación de este ❷. Si lo ejecutamos, veremos en la ventana **Inmediato** el valor ❸. Seguidamente, escribiremos un procedimiento **TestMetodos()** ❶ para ejecutar un par de métodos a modo de ejemplo. El primer método será **Calculate**, el cual provocará la ejecución de un recálculo en el libro en curso. En la celda **A1** de la **Hoja1** de este libro, añadimos el siguiente contenido: **'=ALEATORIO()'**. De esta forma, cada vez que se produzca un recálculo, el contenido variará.

El segundo método para probar será el método **Wait**, el cual producirá una pausa hasta la hora indicada y, tras la pausa, mostrará un mensaje que diga **"Es la hora"**. Para calcular la hora hasta la que se detendrá el procedimiento, añadiremos tres segundos a la hora actual usando la función **DateAdd("s", 3, Now)**. Ejecutamos y vemos que el contenido de la celda A1 ha cambiado ❹ y que, tras una pausa de tres segundos, aparece un aviso con el texto **"Es la hora"** ❺.

Para probar alguno de los eventos de la clase **Application**, crearemos un módulo de clase llamado **MiAplicacion**. Para ello, simplemente hacemos clic con el botón derecho del ratón sobre la carpeta **Módulos de clase** y seleccionamos la opción **Insertar -> Módulo de clase**. Al inicio de este definiremos en primer lugar una variable de tipo **Application**:

```
Private WithEvents miAplicacion As Application
```

A partir de ese momento, veremos que en la lista desplegable que hay en la parte superior izquierda del editor aparece la clase **miAplicacion** ❻ y, en el desplegable de la derecha, sus diferentes eventos ❼. En primer lugar, inicializaremos la variable **miAplicacion** en el evento **Class_Initialize** del módulo de clase con la siguiente instrucción:

```
Set miAplicacion = Application
```

Luego, seleccionaremos del desplegable de eventos (parte superior derecha) los eventos **SheetActivate** y **WindowResize**. En **SheetActivate** mostraremos un mensaje por pantalla con el nombre de la hoja que se active en cada caso. En **WindowResize** mostraremos las dimensiones de la ventana en el título de esta cada vez que la redimensionemos. Una vez escrito el módulo de clase **miAplicacion** ❽ volvemos a nuestro módulo **MiModulo**, añadimos la definición de una variable (p. ej. **app**) de tipo **miAplicacion** y escribimos el método **ArrancarEventos()** para inicializar la variable **app** ❶. Por último, haremos doble clic en el objeto **ThisWorkbook** para escribir el evento **Workbook_Open()**, donde incluiremos la llamada al método **ArrancarEventos** del módulo **MiModulo** ❾. Una vez guardado todo, cerramos el libro y volvemos a abrirlo. Al pulsar sobre la **Hoja2** aparece un mensaje con el nombre de esta ❿. Lo mismo sucederá cada vez que activemos una hoja diferente. Ahora, si cambiamos el tamaño de la aplicación de **Excel**, veremos que en el título de la ventana aparecen las dimensiones de esta (**Height** y **Width**) ⓫.

❶
```
Private app As miAplicacion

Public Sub ArrancarEventos()
    Set app = New miAplicacion
End Sub

Sub TestPropiedades()
    Debug.Print Application.ActiveWorkbook.Name
    Debug.Print Application.ActiveSheet.Name
    Debug.Print Application.ActiveCell.Address
    Debug.Print Application.Name
    Debug.Print Application.OperatingSystem
    Debug.Print Application.UserName
End Sub

Sub TestMetodos()
    Application.Calculate
    ' Espera 3 segundos
    Espera3 = DateAdd("s", 3, Now)
    Application.Wait Espera3
    MsgBox "Es la hora"
End Sub
```

> **IMPORTANTE**
>
> Utilice Application cuando quiera manejar propiedades y métodos que afecten a toda la aplicación de MS Excel en general.

❷ Debug.Print Application.

```
MultiThreadedCalculation
Name
Names
NetworkTemplatesPath
NewWorkbook
NextLetter
ODBCErrors
```

❸
```
Inmediato
Ejercicio68.xlsm
Hoja1
$A$1
Microsoft Excel
Windows (32-bit) NT 10.00
C:\Program Files (x86)\Microsoft Office\Root\Office16
Juanto
```

❹

A
1 =ALEATORIO()

Tras la ejecución

A
1 0,03292131

A
1 0,85293684

❺
Microsoft Excel ✕

Es la hora

Aceptar

❻
Ejercicio68.xlsm - MiAplicacion (Código)

Class

(General)
Class
miAplicacion

❼
Ejercicio68.xlsm - MiAplicacion (Código)

miAplicacion   SheetActivate

AfterCalculate
NewWorkbook
ProtectedViewWindowActivate
ProtectedViewWindowBeforeClose

❽
miAplicacion   WindowResiz

```
Private WithEvents miAplicacion As Application

Private Sub Class_Initialize()
    Set miAplicacion = Application
End Sub

Private Sub miAplicacion_SheetActivate(ByVal nomHoja As Object)
    MsgBox ("Activo (" & nomHoja.Name & ")")
End Sub

Private Sub miAplicacion_WindowResize(ByVal Wb As Workbook, ByVal Wn As Window)
    Wn.Caption = "Height (" & Wn.Height & ") - Width (" & Wn.Width & ")"
End Sub
```

❾
VBAProject (Ejercicio68.xlsm)
Microsoft Excel Objetos
Hoja1 (Hoja1)
Hoja2 (Hoja2)
ThisWorkbook

Workbook
```
Private Sub Workbook_Open()
    Call MiModulo.ArrancarEventos
End Sub
```

❿
Microsoft Excel ✕

Activo (Hoja2)

Aceptar

⓫
Height (350,25) - Width (707,25)   🔍

Disposición de página   Fórmulas   Datos

11

Workbook (propiedades, métodos y eventos)

Los libros de **MS Excel** son representados por objetos de tipo **Workbook**. Los libros abiertos se almacenan en la propiedad **Workbooks** de **Application**, que es una colección de objetos de tipo **Workbook**. Para hacer referencia a un determinado libro dentro de la colección **Workbooks**, podemos usar su nombre o su posición numérica dentro del mismo.

Podemos consultar todas las propiedades, métodos y eventos de un **Workbook** mediante el **Explorador de objetos** y en este ejercicio vamos a mostrar unos cuantos ejemplos para comprender como invocarlos y utilizarlos.

Para representar el libro activo usaremos la propiedad **ActiveWorkbook** de **Application**.

En primer lugar, crearemos el libro de macros **Ejercicio69.xlsm** e insertaremos un módulo donde escribir los procedimientos **TestPropiedades()** y **TestMetodos()** para mostrar algunas propiedades de un libro y probar algunos de sus métodos, respectivamente.

En **TestPropiedades()** mostraremos el nombre del libro activo (**ActiveWorkbook**), el nombre de la hoja activa dentro del libro (**ActiveSheet**) y también los nombres de las hojas que contiene (utilizaremos un bucle para recorrer la propiedad **Worksheets**, que contiene una colección de **Worksheet**). En caso de que nuestro libro se haya creado solo con una hoja, añadiremos alguna más para tener varias hojas que mostrar. Básicamente, probaremos las siguientes propiedades del **Workbook**:

```
Name
ActiveSheet
Worksheets.Count
```

En **TestMetodos()** abriremos un libro, añadiremos una hoja al final de todas las hojas que ya tenga, guardaremos el libro, esperaremos dos segundos y lo cerraremos. Para probar este método crearemos un segundo libro adicional llamado **Libro69_01.xlsx** y lo dejaremos en el mismo directorio donde hayamos creado nuestro libro **Ejercicio69.xlsm**.

Los métodos que probaremos son:

```
Open
Save
Close
```

IMPORTANTE

Este objeto es imprescindible para crear o modificar libros, así como para añadir o eliminar hojas dentro de ellos.

Por último, para probar algunos eventos, añadiremos código a los eventos de **Open** y **BeforeClose** en el objeto **ThisWorkbook**. La idea es mostrar un saludo al entrar y otro al salir, con **"Hola"** y **"Adios"** respectivamente. Los eventos para tratar serán:

```
Workbook_Open()
Workbook_BeforeClose(Cancel As Boolean)
```

Una vez escritos los procedimientos, ejecutaremos en primer lugar el procedimiento **TestPropiedades()** ❶ y veremos en la ventana **Inmediato** su resultado ❷.

Seguidamente, ejecutaremos **TestMetodos()** ❸ y observaremos cómo se abre el libro **Libro69_01. xlsx**, se añade una hoja nueva al final de todas las hojas que ya tiene, se espera dos segundos y se cierra. Si después abrimos el libro podremos comprobar que, efectivamente, se ha añadido una hoja nueva ❹.

Por último, una vez comprobado el código escrito en los eventos de **ThisWorkbook** ❺, procederemos a guardarlo todo, a cerrar el libro y a volver a abrirlo. Al cerrar el libro, veremos un mensaje en el que se muestra el texto **"Adios nombreUsuario"** ❻ y, al volver a abrir el libro, veremos el texto **"Hola nombreUsuario"** ❼ (**nombreUsuario** es, por supuesto, el usuario local del equipo).

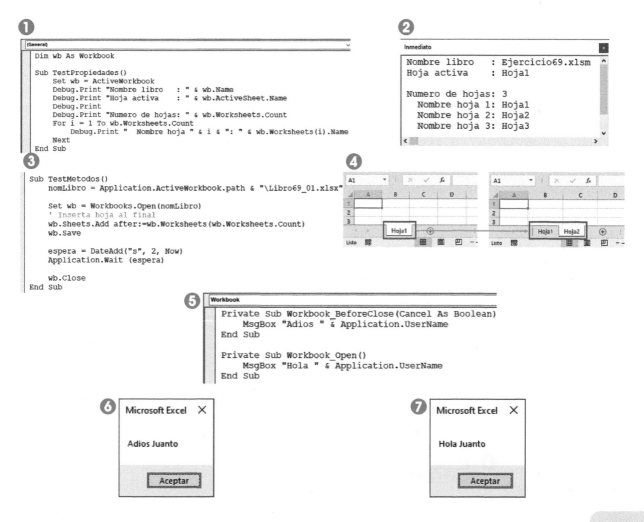

WorkSheet (propiedades, métodos y eventos)

El objeto **Worksheet** representa una hoja de cálculo. Las diferentes hojas de cálculo de un libro se almacenan dentro de la propiedad **Worksheets**, que es una colección de objetos de tipo **Worksheet** dentro del objeto **Workbook.**

Para hacer referencia a una determinada hoja dentro de la colección **Worksheets**, podemos usar su nombre (**Worksheets("Hoja1")**) o su posición numérica dentro de la misma (**Worksheets(3)**).

En primer lugar, crearemos el libro **Ejercicio70.xlsm** y añadiremos un módulo. En dicho módulo escribiremos los procedimientos **TestPropiedades()** y **TestMetodos()** para, respectivamente, mostrar algunas propiedades y ejecutar algunos métodos de un objeto **Worksheet**.

En **TestPropiedades()** mostraremos algunas propiedades, como pueden ser el **nombre de la hoja**, si está **visible** o no y su **tipo**. También insertaremos la fecha del sistema en la celda **A1** utilizando su propiedad **Cells**. Indicamos **Cells(fila,columna)** para hacer referencia a una determinada posición dentro de la hoja tratada.

Para probar algunos métodos, dentro del mismo directorio en el que hemos creado **Ejercicio70. xlsm**, crearemos previamente un libro llamado **Libro70_01.xlsx** con cualquier contenido. Por ejemplo, podemos poner en la celda **A1** el texto **"Muestra"**. Seguidamente escribiremos el procedimiento **TestMetodos()**, en el que abriremos el libro **Libro70_01.xlsx**, copiaremos la primera hoja al final de todas las hojas existentes usando el método **Copy**, le cambiaremos el nombre a la hoja recién creada y le añadiremos algunos valores utilizando la propiedad **Cells**. Por último, ajustaremos el ancho de la primera columna (**A**), guardaremos el libro y lo cerraremos.

Para probar eventos, lo que haremos es que, cada vez que se pulse una celda en la **Hoja1** aleatoriamente, la celda se coloree mediante el evento **SelectionChange**, además de poner la fecha actual en la celda **A1**. También usaremos el evento **Activate** para mostrar un mensaje cada vez que accedamos a la **Hoja1**; este dirá **"Se activa la hoja Hoja1"**.

1
```
(General)
    Dim wb As Workbook
    Dim ws As Worksheet

    Sub TestPropiedades()
        Set ws = ActiveSheet
        Debug.Print "Nombre hoja : " & ws.Name
        Debug.Print "Visible     : " & ws.Visible
        Debug.Print "Tipo        : " & ws.Type
        ' Almacenamos la fecha actual en la celda A1
        '(columna 1 y fila 1 de la hoja)
        ws.Cells(1, 1) = "Fecha: " & Now
    End Sub
```

4
```
Sub TestMetodos()
    nomLibro = Application.ActiveWorkbook.Path & "\Libro70_01.xlsx"
    Set wb = Workbooks.Open(nomLibro)
    ' Asigna a ws la primera hoja del libro
    Set ws = wb.Worksheets(1)
    ' Copia la primera hoja al final de todas las hojas del libro
    ws.Copy After:=Worksheets(Worksheets.Count)
    ' Asigna a ws la hoja recien creada
    Set ws = wb.Worksheets(Worksheets.Count)
    ' Cambia el nombre a la hoja recien creada
    ws.Name = "MiHoja" & Worksheets.Count
    ws.Cells(2, 1) = ws.Name & " creada a las " & Now
    For R = 1 To 5
        ws.Cells(R + 3, 1) = R * 10
    Next R
    ' Ajusta el ancho de la primera columna automaticamente
    ws.Columns(1).AutoFit
    wb.Save
    wb.Close
End Sub
```

2
```
Inmediato
Nombre hoja : Hoja1
Visible     : -1
Tipo        : -4167
```

3

	A	B
1	Fecha: 20/03/2022 14:51:55	

Una vez escritos los procedimientos y eventos, ejecutaremos **TestPropiedades()** ❶ y veremos su resultado en la ventana **Inmediato** ❷, además de comprobar que en la celda **A1** de la **Hoja1** se ha incluido la **fecha del sistema** ❸. La propiedad **Type** devuelve el valor **-4167**, que corresponde al tipo **xlWorksheet** según la enumeración de Excel **XlSheetType**.

A continuación, ejecutaremos **TestMetodos()** ❹ y observaremos que en el **Libro70_01.xls**, donde antes solo había una hoja (**Hoja1**) ❺, ahora hay una hoja nueva al final llamada **MiHoja2** y que se han incluido valores en el rango **A2:A8**. Además, la columna 1 (**A**) ha ajustado su ancho según el contenido de la celda **A2** ❻. Cada vez que ejecutemos este procedimiento, se añadirá una hoja nueva al libro **Libro70_01.xlsx**.

Vamos a probar los eventos **Activate** ❼ y **SelectionChange** ❽ en la **Hoja1**. Para ello, accedemos a la **Hoja1** del libro actual (**Ejercicio70.xlsm**), después a la **Hoja2** y, acto seguido, volvemos a la **Hoja1**, provocando así el evento **Activate**. Comprobaremos cómo se muestra el mensaje **"Se activa la Hoja1"** ❾. Para probar el evento **SelectionChange** haremos clic en cualquier celda de la **Hoja1** y observaremos cómo la celda seleccionada cambia de color, además de actualizar la celda **A1** con la fecha del sistema. Si vamos haciendo clic en diferentes celdas, veremos cómo se van coloreando aleatoriamente ❿. Para eliminar todos los colores podemos pulsar en la celda **A1** ⓫.

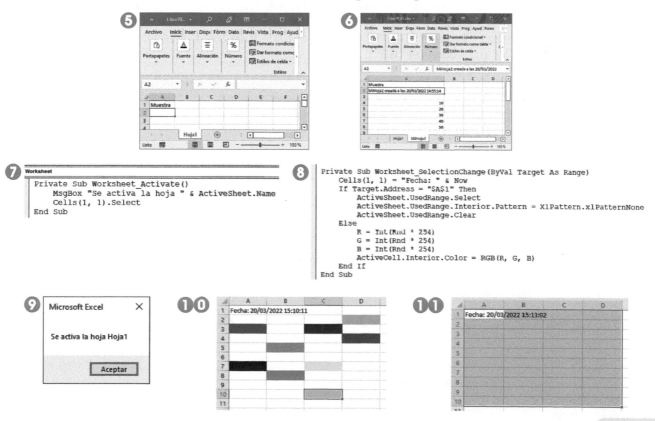

Range/Cells (propiedades y métodos)

Los rangos representan un conjunto de celdas y pueden ser tan pequeños como una simple celda o tan grandes como toda la hoja. Para referirnos a ellos, usaremos el objeto **Range** con la sintaxis **Range("rango")**, donde **"rango"** representa el rango a tratar. Por ejemplo:

```
Range("A1").Select      ' Selecciona celda A1
Range("A1,C3,E7").Select ' Selecciona celdas A1, C3 y E7
Range("A:B").Select      ' Selecciona columnas A y B
Range("A:B,E:G").Select  ' Selecciona columnas de la A a la  B y de la E a la G
Range("1:2,5:7").Select  ' Selecciona filas de la 1 a la 2 y de la 5 a la 7
Range("A:C,4:6").Select  ' Selecciona columnas de la A a la C y filas de la 4 a la 6
```

Podemos hacer referencia a una celda, a un grupo de celdas, a un grupo de columnas o a un grupo de filas, incluso aunque no sean contiguas. También podemos usar el objeto **Cells** para referenciar una celda en concreto. Su sintaxis **Cells(fila, columna)** resulta más cómoda en ocasiones, ya que podemos referirnos a una celda simplemente conociendo su **fila** y **columna**, sin necesidad de usar la notación **LetraColumna+Fila**. Por ejemplo:

```
Cells(1, 1)->Equivale a Range("A1")
Cells(2, 2)->Equivale a Range("B2")
```

Cuando usamos la notación **Range("rango").Cells(col, fil)**, las variables **col** y **fil** hacen referencia a la posición dentro del rango asociado y no a la posición dentro de la hoja en cuestión. Por tanto, si nuestro rango es **Range("D3:F6")**, el resultado de **Range("D3:F6").Cells(2,2)** equivaldrá a **Range("E4")** y no a **Range("B2")**.

Si no indicamos nada especial, **Range** y **Cells** se refieren a las celdas de la hoja activa y equivaldrían a **ActiveSheet.Range** y **ActiveSheet.Cells** respectivamente. Si desea utilizar otra hoja diferente de la hoja activa, anteponga **Worksheets(refHoja)**. Recuerde que **refHoja** es el número o el nombre de la hoja que desea tratar. Por ejemplo:

```
[General]
Dim rng As Range

Sub TestPropiedades()
    Range("A:E").Delete
    Set rng = Range("A1:A6")
    With rng
        .Font.Name = "Courier New"
        .BorderAround LineStyle:=xlDouble, Color:=RGB(0, 0, 255)
        .Cells(1, 1) = "Número"
        .Cells(1, 2) = "Título"
        For r = 2 To 5
            .Cells(r, 1) = r
            .Cells(r, 2) = "Valor " & r
            .Cells(r, 2).Font.Size = 7 + (r * 2)
        Next
    End With
    ' Otra forma de definir un rango
    Range(Cells(1, 1), Cells(1, 2)).Font.Bold = True
    Range("B1:B" & ActiveSheet.UsedRange.Rows.Count).Font.Name = "Arial"

    With Range("C1")
        .Value = Now
        .Interior.Color = vbGreen
    End With
    Worksheets("Hoja2").Range("B2") = "Prueba1"
    Worksheets("Hoja2").Cells(3, 3) = "Prueba2"
End Sub
```

```
Worksheets("Hoja2").Range("B2") = "Prueba1"
Worksheets("Hoja2").Cells(3, 3) = "Prueba2"
```

Para introducir diferentes propiedades a un mismo objeto, podemos usar la instrucción **With**, como veremos en el ejemplo que vamos a desarrollar. Podemos definir bloques **With** dentro de otros bloques **With** si trabajamos con propiedades que, a su vez, poseen más propiedades internamente.

Para hacer alguna prueba, creamos el libro de macros **Ejercicio71.xlsm**. Nos aseguraremos de que dicho libro tiene al menos dos hojas (**Hoja1** y **Hoja2**). Abrimos el editor de **Visual Basic para Aplicaciones** e insertamos un módulo en el libro recién creado. En dicho módulo crearemos dos procedimientos llamados **TestPropiedades()** y **TestMetodos()** para probar, respectivamente, la asignación de algunas propiedades y la ejecución del algunos métodos.

Una vez escritos los procedimientos, ejecutaremos en primer lugar **TestPropiedades()** ❶ para definir un rango, modificar algunas propiedades (fuentes, bordes), asignar algunos valores a sus celdas y modificar también rangos de otra hoja (en nuestro caso, **Hoja2**). Una vez ejecutado, veremos que en la **Hoja1** se han añadido ciertos valores ❷ y en la **Hoja2** también ❸.

A continuación, ejecutaremos **TestMetodos()** ❹. Para ver el resultado de cada una de las selecciones que se prueban en el procedimiento, recomendamos incluir un punto de ruptura en la primera instrucción del procedimiento (**Range("A1").Select**) y, a partir de ahí, ir pulsando **F8** (paso a paso por instrucciones) para ir viendo el resultado de cada una ❺ y comprobar las diferentes notaciones de **Range** que hemos explicado anteriormente hasta llegar a la finalización ❻.

❹
```
Sub TestMetodos()
    Range("A1").Select              ' Selecciona celda A1
    Range("A1, C3, E7").Select      ' Selecciona celdas A1, C3 y E7
    Range("A:B").Select             ' Selecciona columnas A y B
    Range("A:B,E:G").Select         ' Selecciona columnas de A a B y de E a G
    Range("1:2, 5:7").Select        ' Selecciona filas de 1 a 2 y de 5 a 7
    Range("A:C,4:6").Select         ' Selecciona columnas de A a C y filas 4 a 6

    Range("B2:B4").Copy             ' Copia el rango B2:B4
    Range("D4").PasteSpecial        ' Lo pega sobre D4
    ' Ordena el Rango D4:D6 de mayor a menor
    Range("D4:D6").Sort key1:=Range("D1"), _
        order1:=xlDescending, Header:=xlNo

    Range("C1").ClearComments       ' Borra comentarios de C1 y añade comentarios
    Range("C1").AddComment ("Es la fecha del sistema")

    Cells.Columns("A:C").AutoFit    ' Ajusta el ancho de las columnas A
End Sub
```

> ## IMPORTANTE
>
> **Range** es uno de los objetos más utilizados cuando se trata de acceder y de modificar los valores existentes en las celdas de una hoja.

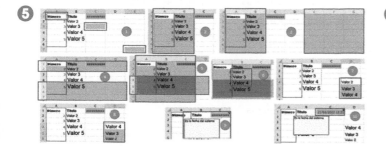

❺

❻

	A	B	C	D	E
1	Número	Título	21/03/2022 12:40	Es la fecha del sistema	
2	2	Valor 2			
3	3	Valor 3			
4	4	Valor 4		Valor 4	
5	5	Valor 5		Valor 3	
6				Valor 2	

Crear un libro y guardarlo en un directorio

En este ejercicio vamos a crear un libro de Excel, le añadiremos algunos valores en su primera hoja y lo guardaremos con el nombre y en el directorio que indiquemos. Comprobaremos previamente su existencia para que, en caso de existir, solicitemos confirmación sobre si deseamos reemplazarlo o no.

Para este ejercicio crearemos el libro de macros **Ejercicio72.xlsm** e insertaremos un módulo. En la **Hoja1** de este libro, vamos a introducir algunos valores que utilizaremos posteriormente para la creación del nuevo libro. Así pues, introduciremos lo siguiente:

	A	B
1	Nombre libro	Prueba
2	Directorio	C:\Temp
3	Texto a copiar	Texto de pruebas

En el módulo recién creado, crearemos el procedimiento **TestCreaReemplazaLibro()**, donde diferenciaremos claramente tres partes: **definición e inicialización de variables ❶**, **comprobación de la existencia del libro ❷** y **asignación de valores**, **formateo**, **salvaguardia** y **cierre del libro ❸**.

Inicializaremos dichas variables según los valores introducidos en la **Hoja1**:

```
ext = ""
nomLibro = ThisWorkbook.Worksheets(1).Range("B1").Value
posPunto = InStr(nomLibro, ".")
If posPunto > 0 Then
    ext = Mid(nomLibro, posPunto + 1, Len(nomLibro) - posPunto)
Else
    nomLibro = nomLibro & ".xlsx"
End If
path = ThisWorkbook.Worksheets(1).Range("B2").Value
rutaLibro = path & "\" & nomLibro
```

❶
```
(General)                                                              TestCreaRe

Sub TestCreaReemplazaLibro()
    ' Definición e inicialización de variables
    Dim nomLibro As String, path As String, rutaLibro As String, ext As String
    Dim posPunto As Integer, existe As Boolean
    Dim wb As Workbook, ws As Worksheet, rng As Range
    ext = ""
    nomLibro = ThisWorkbook.Worksheets(1).Range("B1").Value
    posPunto = InStr(nomLibro, ".")
    If posPunto > 0 Then
        ext = Mid(nomLibro, posPunto + 1, Len(nomLibro) - posPunto)
    Else
        nomLibro = nomLibro & ".xlsx"
    End If
    path = ThisWorkbook.Worksheets(1).Range("B2").Value
    rutaLibro = path & "\" & nomLibro
```

Luego comprobaremos su existencia con la función **Dir** y, en caso de que ya exista, mostraremos un cuadro de diálogo que solicita si deseamos reemplazar o no:

```
' Comprobación existencia del libro
existe = CBool(IIf(Len(Dir(rutaLibro)) > 0, True, False))
If existe Then
    …
Else
    …
End If
```

Una vez abierto el libro, insertamos algunos valores y le damos un poco de formato. Por último, lo guardamos y lo cerramos:

```
wb.Save
wb.Close
Application.ScreenUpdating = True
```

Si ejecutamos el procedimiento **TestCreaReemplazaLibro()** y comprobamos el resultado, veremos que en el directorio indicado se ha creado (o reemplazado si el procedimiento se lanza más de una vez) el libro con el **nombre** indicado en **B1** en el **directorio** indicado en **B2** y con el **texto** indicado en **B3** más unos cuantos valores de relleno (**números** y la **fecha actual**) ❹.

❷
```
' Comprobación existencia del libro
existe = CBool(IIf(Len(Dir(rutaLibro)) > 0, True, False))
If existe Then
    respuesta = MsgBox("Ya existe (" & rutaLibro & ")" & Chr(10) _
    & "Desea reemplazarlo?", vbQuestion + vbYesNo + vbDefaultButton2, _
    "Comprobación de existencia")
    If Not respuesta = vbYes Then Exit Sub
    Set wb = Workbooks.Open(rutaLibro)
Else
    Set wb = Workbooks.Add
    wb.SaveAs (rutaLibro)
End If
```

❸
```
' Asignar de valores, formatear, salvar y cerrar libro
Set ws = wb.Worksheets(1)
With ws
    With .Cells(1, 1)
        .Value = ThisWorkbook.Worksheets(1).Range("B3").Value
        .Interior.Color = vbYellow
        With .Font
            .Bold = True
            .Size = 14
        End With
    End With
    For i = 1 To 5
        .Cells(i + 1, 1) = i * 10
    Next i
    .Cells(7, 1) = "Fecha: " & Now
    .Columns("A").AutoFit
End With
wb.Save
wb.Close
End Sub
```

❹

	A	B
1	Texto de pruebas	
2		10
3		20
4		30
5		40
6		50
7	Fecha: 21/03/2022 14:54:14	

"Guardar como" y otros formatos

En este ejercicio abriremos un libro de **Excel** ya existente y lo guardaremos con otro nombre en la carpeta que indiquemos. También le cambiaremos el formato. De paso, comprobaremos la existencia de directorios implicados en el proceso y los crearemos si no existen.

Crearemos el libro de macros **Ejercicio73.xlsm** e insertaremos un módulo. También debemos disponer de un libro **Excel** que usaremos como muestra para copiarlo sobre otro con otro nombre u otro formato. Por ejemplo, podemos usar un libro llamado **Prueba.xlsx** con algún contenido ❶. Seguidamente, en la **Hoja1** del libro **Ejercicio73.xlsm** añadiremos lo siguiente:

	1	2	3	4	5
A	Libro origen	Path origen	Libro destino	Path destino	Formato
B	Prueba	C:\Temp	Prueba2	C:\Temp\new73	xlsx

En **B5**, podemos añadir una lista de valores para facilitar la selección del formato ❷. Asimismo, en la misma **Hoja1** añadiremos un botón para poder lanzar el procedimiento **TestSaveAs()** que escribiremos a continuación.

En primer lugar, fabricaremos dos variables con las rutas de los dos archivos que vamos a utilizar: el **origen** y el **destino**. La ruta se compone del directorio más el nombre del libro ❸. Hay que comprobar la existencia del libro origen y la de los directorios (especialmente de destino) para que, si no existen, se consulte sobre su creación automática y se puedan crear ❹. Para comprobar la existencia de un directorio o de un fichero, usaremos la función **Dir**; para la creación de directorios, usaremos **MkDir** ❺.

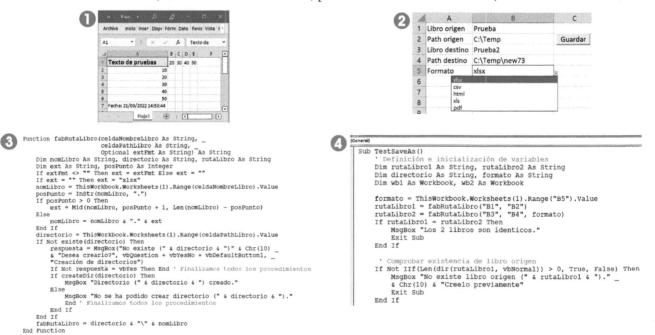

❸
```
Function fabRutaLibro(celdaNombreLibro As String, _
                celdaPathLibro As String, _
                Optional extFmt As String) As String
    Dim nomLibro As String, directorio As String, rutaLibro As String
    Dim ext As String, posPunto As Integer
    If extFmt <> "" Then ext = extFmt Else ext = ""
    If ext = "" Then ext = "xlsx"
    nomLibro = ThisWorkbook.Worksheets(1).Range(celdaNombreLibro).Value
    posPunto = InStr(nomLibro, ".")
    If posPunto > 0 Then
        ext = Mid(nomLibro, posPunto + 1, Len(nomLibro) - posPunto)
    Else
        nomLibro = nomLibro & "." & ext
    End If
    directorio = ThisWorkbook.Worksheets(1).Range(celdaPathLibro).Value
    If Not existe(directorio) Then
        respuesta = MsgBox("No existe (" & directorio & ")" & Chr(10) _
        & "Desea crearlo?", vbQuestion + vbYesNo + vbDefaultButton1, _
        "Creación de directorios")
        If Not respuesta = vbYes Then End ' Finalizamos todos los procedimientos
        If createDir(directorio) Then
            MsgBox "Directorio (" & directorio & ") creado."
        Else
            MsgBox "No se ha podido crear directorio (" & directorio & ")."
            End ' Finalizamos todos los procedimientos
        End If
    End If
    fabRutaLibro = directorio & "\" & nomLibro
End Function
```

❹
```
(General)
Sub TestSaveAs()
    ' Definición e inicialización de variables
    Dim rutaLibro1 As String, rutaLibro2 As String
    Dim directorio As String, formato As String
    Dim wb1 As Workbook, wb2 As Workbook

    formato = ThisWorkbook.Worksheets(1).Range("B5").Value
    rutaLibro1 = fabRutaLibro("B1", "B2")
    rutaLibro2 = fabRutaLibro("B3", "B4", formato)
    If rutaLibro1 = rutaLibro2 Then
        MsgBox "Los 2 libros son identicos."
        Exit Sub
    End If

    ' Comprobar existencia de libro origen
    If Not IIf(Len(dir(rutaLibro1, vbNormal)) > 0, True, False) Then
        MsgBox "No existe libro origen (" & rutaLibro1 & ")." _
        & Chr(10) & "Creelo previamente"
        Exit Sub
    End If
```

El último bloque del procedimiento será para abrir el libro origen y guardarlo mediante el método **SaveAs** con el formato seleccionado (excepto en el caso de **pdf**, en el que usaremos el método **ExportAsFixedFormat**).

Finalmente, asignaremos la macro **TestSaveAs()** al botón que hemos creado. Cambiamos el texto de este (p. ej. "**Guardar**") con **Editar texto** y asociamos la macro con **Asignar macro**… A continuación, rellenaremos en la **Hoja1** los nombres de origen y destino y seleccionaremos el formato **xlsx**. Supondremos que, en nuestro caso, existe el libro **C:\Temp\Prueba.xlsx** pero no existe el directorio **C:\Temp\new73** donde copiar el archivo. Al pulsar sobre el botón **Guardar** aparece un mensaje que indica que no existe el directorio **C:\Temp\new73** y nos invita a crearlo. Contestamos que sí y se creará el directorio ❻.

> **IMPORTANTE**
>
> Es muy útil poder guardar el contenido de un libro, o bien para hacer una copia de este, o bien para conseguir un documento con otro formato de manera automática para, por ejemplo, poder enviar informes en formato **pdf** por email o intercambiar archivos **csv** con otras aplicaciones.

Por último, comprobaremos cómo se ha creado el libro **Prueba2.xlsx** en el directorio **C:\Temp\new73** con el mismo contenido que existe en el libro origen **Prueba.xslx**.

Ahora, podemos probar la grabación del mismo fichero **Prueba.xlsx** con otros formatos. Para ello, seleccionaremos **csv** y pulsaremos en **Guardar**. Haremos lo mismo para **html**, **xls** y **pdf** pulsando sobre **Guardar** tras cada selección y, al final, veremos cómo, efectivamente, tenemos una copia de cada uno de los formatos en el directorio **C:\Temp\new73** ❼. Si abrimos cada uno de los archivos **Prueba2.*** que se han creado, comprobaremos su contenido en el formato seleccionado ❽.

❺
```
Function existe(fileDir As String) As Boolean
    existe = IIf(Len(dir(fileDir, vbDirectory)) > 0, True, False)
End Function

Function createDir(directorio As String) As Boolean
    On Error GoTo SalidaError
    Dim wDir As String, subDir As Variant
    wDir = ""
    If Right(directorio, 1) = "\" Then directorio = Left(directorio, Len(directorio) - 1)
    Dim partes As Variant

    Dim nDir As Integer, nDirs As Integer
    partes = Split(directorio, "\")
    nDirs = UBound(partes)
    For nDir = 0 To nDirs
        subDir = partes(nDir)
        If wDir = "" Then
            wDir = subDir
        Else
            wDir = wDir & subDir
        End If
        wDir = wDir & "\"
        If Len(dir(wDir, vbDirectory)) = 0 Then MkDir wDir
    Next nDir
    createDir = True
    Exit Function
SalidaError:
    createDir = False
End Function
```

❻ Disco local (C:) › Temp › new73

Nombre

Prueba2.xlsx

❼ Disco local (C:) › Temp › new73 ›

Nombre

Prueba2_archivos
Prueba2.csv
Prueba2.html
Prueba2.pdf
Prueba2.xls
Prueba2.xlsx

❽ Prueba2.csv: Bloc de notas

Archivo Edición Formato Ver Ayuda

Texto de pruebas,20,30,40,50
10,,,,
20,,,,
30,,,,
40,,,,
50,,,,
Fecha: 21/03/2022 14:53:44,,,,

Workbooks

El objeto **Workbooks** representa la colección de todos los objetos **Workbook** abiertos. La propiedad más utilizada es la de **Count**, la cual nos indica el número de libros abiertos. Destacamos los siguientes métodos:

Método	Comentario	Método	Comentario
Add	Permite añadir un libro a la colección	OpenDatabase	Crea un libro utilizando una base de datos
Close	Permite cerrar todos los libros	OpenText	Crea un libro a partir de un fichero de texto
Open	Permite abrir un libro	OpenXML	Crea un libro a partir de un fichero XML

Para probar algunos de los métodos enumerados, crearemos el libro **Ejercicio74.xlsm** y añadiremos un módulo para escribir los siguientes procedimientos:

Método	A probar	Comentario
TestOpenClose()	Open, Save, Close	Abrir libro **Libro74_01.xlsx**, introducir fecha y hora actual en la celda **A1**, guardar y cerrar.
TestOpenXml()	OpenXML, SaveAs, Close	Abrir fichero **FileXML74.xml** ❶, guardarlo con el nombre **Libro74_XML.xlsx** y cerrar.
TestOpenText()	OpenText, SaveAs, Close	Abrir fichero **FileTXT74.txt** ❷, guardarlo con el nombre **Libro74_TXT.xlsx** y cerrar.
TestOpenDB()	OpenDatabase, Worksheets. PivotTables, SaveAs, Close	Abrir base de datos **Access db74.accdb**, la cual contiene la tabla **Clientes** ❸, cambiar el nombre de la primera hoja, definir la tabla dinámica, guardar el libro con el nombre **Libro74_TD.xlsx** y cerrarlo.

❶
```
<CLIENTES>
    <CLIENTE>
        <Nombre>Juanto</Nombre>
        <Saldo>100</Saldo>
        <Alta>01/01/2022</Alta>
        <Email>juanto@dominio.com</Email>
    </CLIENTE>
    <CLIENTE>
        <Nombre>Maria</Nombre>
        <Saldo>200</Saldo>
        <Alta>01/02/2022</Alta>
        <Email>maria@dominio.com</Email>
    </CLIENTE>
    <CLIENTE>
        <Nombre>Paco</Nombre>
        <Saldo>300</Saldo>
        <Alta>01/03/2022</Alta>
        <Email>paco@dominio.com</Email>
    </CLIENTE>
</CLIENTES>
```

❷
```
FileTXT7...          □   ×
Archivo  Edición  Formato  Ver
Ayuda
COL1,COL2,COL3
10,20,30
40,50,60
70,80,90
```

❹
```
Sub TestOpenClose()
    Dim wb As Workbook
    Dim nomLibro As String
    nomLibro = Application.ActiveWorkbook.Path & _
    "\Libro74_01.xlsx"
    Set wb = Workbooks.Open(nomLibro)
    Application.DisplayAlerts = False
    wb.Worksheets(1).Range("A1").Value = Now
        wb.Worksheets(1).Columns("A").AutoFit
    wb.Save
    wb.Close
    Application.DisplayAlerts = True
End Sub
```

❸

Id	Nombre	Direccion	Poblacion	Provincia	CP	Telefono	Saldo
1	Juanto	Dir01	Pob01	Prov01	01001	930000000	1500
2	Paco	Pza. Aragon, 1	Gerona	Gerona	17001	600000000	35420
3	Maria	Pseo. Castellar	Madrid	Madrid	28046	656000000	6850
*	(Nuevo)						0

Para evitar mensajes de sobrescritura del libro, deshabilitaremos la propiedad **DisplayAlerts** de **Application** (poniéndola a **False**) antes de salvar y cerrar el libro y la volveremos a activar (**True**) a continuación. Finalmente, ejecutaremos **TestOpen-Close()** ❹ para ver la fecha y hora actuales en la celda **A1** del libro **Libro74_01.xlsx**. Ejecutaremos **TestOpenXml()** ❺ y si nos invita a crear un **esquema en función de los datos origen**, pulsaremos **Aceptar** y comprobaremos el resultado en el nuevo libroo **Libro74_XML.xlsx** ❻. A continuación, probaremos **TestOpenText()** ❼ para tratar el fichero de texto (los campos están separados por **comas**) y observaremos cómo se crea el libro **Libro74_TXT.xlsx** ❽. Por último, ejecutaremos **TestOpenDB()** ❾ para abrir la base de datos **Access db74.accdb** y hacer una consulta sobre la tabla **Clientes**. En la tabla dinámica resultante, definiremos **"Nombre"** como campo de fila, **"CP"** como campo de columna y **"Saldo"** como campo de valores. Abrimos el libro **Libro74_TD.xlsx** y vemos el resultado ❿.

> ## IMPORTANTE
>
> Use **Workbooks** cada vez que necesite crear o abrir un libro y aproveche sus métodos para tratar y convertir ficheros de diversos formatos a libros se **Excel**.

❺
```
Sub TestOpenXml()
    Dim strFilename As String, nomLibro As String
    Dim wb As Workbook
    strFilename = Application.ActiveWorkbook.Path & _
    "\FileXML74.xml"
    nomLibro = Application.ActiveWorkbook.Path & _
    "\Libro74_XML.xlsx"
    Workbooks.OpenXML Filename:=strFilename, _
    LoadOption:=xlXmlLoadImportToList
    Set wb = Workbooks(Workbooks.Count)
    wb.Worksheets(1).Columns("A:C").AutoFit
    Application.DisplayAlerts = False
    wb.SaveAs (nomLibro)
    wb.Close
    Application.DisplayAlerts = True
End Sub
```

❻

	A	B	C	D
1	Nombre ▼	Saldo ▼	Alta ▼	Email ▼
2	Juanto	100	01/01/2022	juanto@dominio.com
3	Maria	200	01/02/2022	maria@dominio.com
4	Paco	300	01/03/2022	paco@dominio.com

❼
```
Sub TestOpenText()
    Dim strFilename As String, nomLibro As String
    Dim wb As Workbook
    strFilename = Application.ActiveWorkbook.Path & _
    "\FileTXT74.txt"
    nomLibro = Application.ActiveWorkbook.Path & _
    "\Libro74_TXT.xlsx"
    Workbooks.OpenText Filename:=strFilename, _
    DataType:=xlDelimited, Comma:=True
    Set wb = Workbooks(Workbooks.Count)
    wb.Worksheets(1).Columns("A:C").AutoFit
    Application.DisplayAlerts = False
    wb.SaveAs Filename:=nomLibro, _
    FileFormat:=xlWorkbookDefault
    wb.Close
    Application.DisplayAlerts = True
End Sub
```

❽

	A	B	C
1	COL1	COL2	COL3
2	10	20	30
3	40	50	60
4	70	80	90

❾
```
Sub TestOpenDB()
    Dim wb As Workbook
    Dim nomLibro As String
    nomLibro = Application.ActiveWorkbook.Path & _
    "\Libro74_TD.xlsx"
    BD = Application.ActiveWorkbook.Path & _
    "\db74.accdb"

    Set wb = Workbooks.OpenDatabase(BD, _
    "Clientes", xlCmdTable, True, xlPivotTableReport)
    wb.Worksheets("db74").Name = "TD01"

    With wb.Worksheets("TD01").PivotTables(1)
        .PivotFields("Nombre").Orientation = xlRowField
        .PivotFields("Nombre").Position = 1
        .PivotFields("CP").Orientation = xlColumnField
        .PivotFields("CP").Position = 1
        .AddDataField .PivotFields("Saldo"), _
        "Suma de Saldo", xlSum
    End With
    Application.DisplayAlerts = False
    wb.SaveAs (nomLibro)
    wb.Close
    Application.DisplayAlerts = True
End Sub
```

❿

	A	B	C	D	E
1	Suma de Saldo	Etiquetas ▼			
2	Etiquetas de fila ▼	01001	17001	28046	Total general
3	Juanto	1500			1500
4	Maria			6850	6850
5	Paco		35420		35420
6	Total general	1500	35420	6850	43770

Worksheets

El objeto **Worksheets** contiene una colección con los objetos de tipo **Worksheet** existentes en un libro. Destacamos la propiedad **Count**, la cual devuelve el número de **Worksheets** existentes en el libro en curso. Respecto a los métodos, tenemos:

Método	Comentario
Add	Permite añadir una hoja de un tipo determinado al principio, final o detrás de una hoja en concreto. También es posible indicar cuántas hojas se quieren añadir de golpe.
Copy	Copia la hoja de antes/después de la hoja indicada. Sin indicaciones, se copia en un libro nuevo.
Delete	Elimina la hoja. Si no queremos que nos pida confirmación, añadiremos **Application.DisplayAlerts = False** antes de ejecutar Delete y **Application.DisplayAlerts = True** después para restablecer la visualización.
FillAcrossSheets	Permite copiar un rango de una hoja en el resto de hojas de un libro.
Move	Mueve una hoja de una posición a otra.
PrintOut	Imprime una hoja. Puede indicar diferentes opciones, como desde qué página hasta qué página imprimir, el número de copias, la impresora a utilizar, etc.
PrintPreview	Muestra una vista preliminar antes de la impresión.
Select	Selecciona una hoja, varias o todas, según indiquemos.

Crearemos el libro de macros **Ejercicio75.xlsm** y añadiremos un módulo. Nos aseguraremos de que el libro tenga las hojas **Hoja1**, **Hoja2** y **Hoja3** y en la **Hoja1** rellenaremos las celdas **A1**, **A2** y **A3** con los valores **10**, **20** y **30**, respectivamente. En el módulo escribiremos dos procedimientos para probar lo siguiente:

TestPropiedades()	TestMetodos()	
Worksheets.Count	Worksheets("Hoja1").Copy Before Worksheets("Hoja3").Delete Worksheets.FillAcrossSheets Worksheets("Hoja2").Move After	Worksheets("Hoja1").PrintPreview Worksheets("Hoja1").PrintOut Worksheets.Select

Ejecutaremos **TestPropiedades()** ❶ y veremos el resultado (**"El libro tiene 3 hojas"**). Seguidamente ejecutaremos el procedimiento **TestMetodos()** ❷ pero situando un punto de ruptura en la instrucción **wb.Worksheets("Hoja1").Copy** para poder ir ejecutando paso a paso (pulsando **F8**). Al ejecutar el procedimiento, se parará justo en la instrucción donde se realizará el **Copy** de la **Hoja1** antes de la **Hoja2**. Si pulsamos **F8** para ejecutar la siguiente instrucción, veremos como la **Hoja1** se ha copiado con el nombre **"Hoja1 (2)"** justo antes de la **Hoja2** ❸. Seguimos pulsando **F8** hasta ejecutar la instrucción **Delete** y veremos que ha desaparecido la **Hoja3** ❹. A continuación, pulsaremos de nuevo **F8** para que se ejecute la instrucción **FillAcrossSheets** y veremos cómo el rango **A1:A3** de la **Hoja1** se ha copiado sobre las hojas **Hoja1 (2)** y **Hoja2** ❺. Seguimos pulsando **F8** sobre **Move** y veremos como la **Hoja1** se mueve al final de todas las hojas ❻. Volvemos a pulsar

F8 sobre **Preview** y aparecerá la **Vista Preliminar** ❼. Cerramos la **Vista Preliminar** y veremos cómo a continuación se imprime la **Hoja1** hacia un fichero llamado **Doc75.pdf** ❽.

Por último, pulsaremos **F8** sobre cada una de las instrucciones **Select** y veremos cómo se van seleccionando las hojas **Hoja2**, **Hoja1** y **Hoja2** simultánea y finalmente todas ❾.

❶
```
Sub TestPropiedades()
    Dim wb As Workbook
    Set wb = ThisWorkbook

    Debug.Print "El libro tiene (" & _
    wb.Worksheets.Count & ") hojas."

End Sub
```

❷
```
Sub TestMetodos()
    Dim wb As Workbook
    Dim nomLibro As String
    Set wb = ThisWorkbook
    nomLibro = Application.ActiveWorkbook.Path & _
        "\Doc75.pdf"
    wb.Worksheets("Hoja1").Copy _
        Before:=Worksheets("Hoja2")
    Application.DisplayAlerts = False
    wb.Worksheets("Hoja3").Delete
    Application.DisplayAlerts = True
    ThisWorkbook.Worksheets.FillAcrossSheets _
        ThisWorkbook.Worksheets("Hoja1").Range("A1:A3")
    wb.Worksheets("Hoja1").Move _
        After:=wb.Worksheets(wb.Worksheets.Count)
    wb.Worksheets("Hoja1").PrintPreview
    wb.Worksheets("Hoja1").PrintOut _
        ActivePrinter:="Microsoft Print to PDF", _
        PrToFileName:=nomLibro, PrintToFile:=True
    wb.Worksheets("Hoja2").Select
    wb.Worksheets(Array("Hoja1", "Hoja2")).Select
    wb.Worksheets.Select
End Sub
```

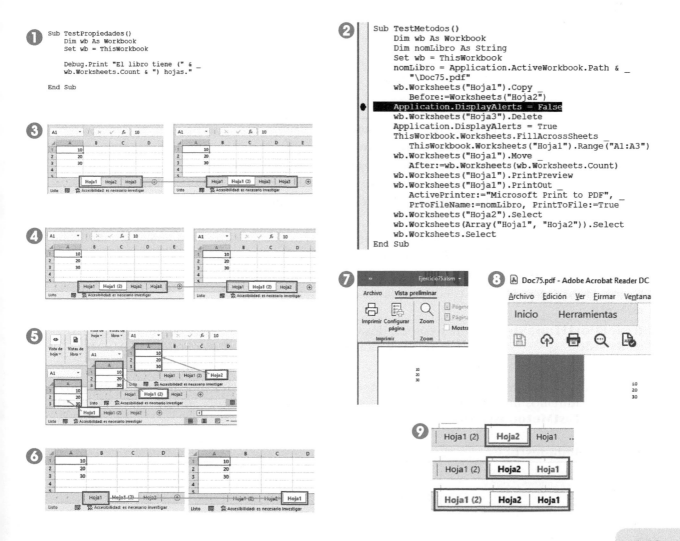

Windows

Este objeto contiene una colección de objetos **Window**, los cuales representan las ventanas abiertas dentro del objeto **Application** o **Workbook** (según usemos uno u otro objeto). Así pues, tenemos:

Application.Windows	Colección de ventanas en todos los libros abiertos.
Workbook.Windows	Colección de ventanas en el libro indicado.

Respecto a las propiedades, destacamos las siguientes:

Propiedad	Comentario
Count	Indica el número de ventanas abiertas.
SyncScrollingSideBy-Side	Si vale **True**, permite desplazar simultáneamente el contenido de las ventanas durante una comparación.

Los métodos que poseen son los siguientes:

Propiedad	Comentario
Arrange	Permite organizar las ventanas de alguna de las siguientes formas (ArrangeStyle): **xlArrangeStyleCascade:** en cascada **xlArrangeStyleHorizontal:** horizontalmente **xlArrangeStyleTiled:** en forma de mosaico **xlArrangeStyleVertical:** verticalmente Además, permite indicar si queremos sincronizarlas horizontalmente (**SyncHorizontal**) o verticalmente (**SyncVertical**).
BreakSideBySide	Desactiva el modo paralelo entre ventanas.
CompareSideBySi-deWith	Muestra dos ventanas en paralelo.
ResetPositionsSi-deBySide	Permite recolocar dos ventanas que se están comparando independientemente de si esas ventanas se han minimizado o maximizado.

Para probar algunas de estas propiedades y métodos, crearemos el libro de macros **Ejercicio76. xlsm** y añadiremos un módulo. En dicho módulo escribiremos los procedimientos **TestPropiedades()** y **TestMetodos()** para probar lo siguiente:

TestPropiedades()	TestMetodos()

`ThisWorkbook.Windows.Count`
`Application.Windows.Count`
	`Application.Windows.Arrange`
	`Application.Windows.CompareSideBySideWith`
	`Application.Windows.ResetPositionsSideBySide`

Una vez escritos los procedimientos, ejecutaremos primero **TestPropiedades()** ❶ y veremos el número de ventanas que había en la aplicación y en el libro antes de su ejecución, así como el que queda después de añadir una ventana nueva ❷.

Para ejecutar **TestMetodos()** ❸, proponemos situar un punto de ruptura en la primera instrucción **Arrange** para ir viendo cómo se organizan las ventanas en cada una de las instrucciones confor-

me se vayan ejecutando. Si pulsamos **F8**, se ejecutará la organización **vertical** ❹. El siguiente **F8** ejecutará la organización **horizontal** ❺. Al pulsar de nuevo **F8** las ventanas se organizarán en **cascada** ❻ y, por último, pulsando **F8** otra vez, las ventanas se organizarán en forma de **mosaico** ❼.

Pulsaremos **F8** una vez más para recolocar las ventanas (antes podemos minimizar una ventana y maximizar otra, pero el aspecto será similar al visto en la organización **vertical**).

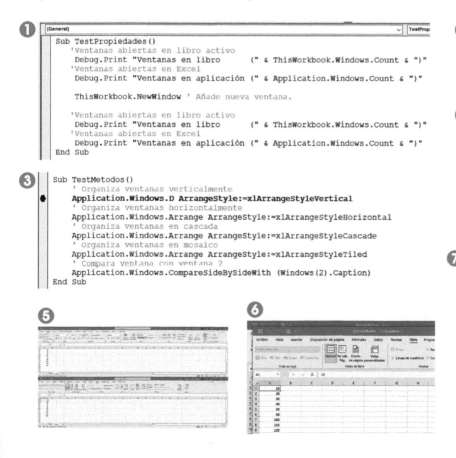

❶
```vb
Sub TestPropiedades()
    'Ventanas abiertas en libro activo
    Debug.Print "Ventanas en libro      (" & ThisWorkbook.Windows.Count & ")"
    'Ventanas abiertas en Excel
    Debug.Print "Ventanas en aplicación (" & Application.Windows.Count & ")"

    ThisWorkbook.NewWindow ' Añade nueva ventana.

    'Ventanas abiertas en libro activo
    Debug.Print "Ventanas en libro      (" & ThisWorkbook.Windows.Count & ")"
    'Ventanas abiertas en Excel
    Debug.Print "Ventanas en aplicación (" & Application.Windows.Count & ")"
End Sub
```

❷
```
Ventanas en libro       (1)
Ventanas en aplicación  (1)
Ventanas en libro       (2)
Ventanas en aplicación  (2)
```

❸
```vb
Sub TestMetodos()
    ' Organiza ventanas verticalmente
    Application.Windows.D ArrangeStyle:=xlArrangeStyleVertical
    ' Organiza ventanas horizontalmente
    Application.Windows.Arrange ArrangeStyle:=xlArrangeStyleHorizontal
    ' Organiza ventanas en cascada
    Application.Windows.Arrange ArrangeStyle:=xlArrangeStyleCascade
    ' Organiza ventanas en mosaico
    Application.Windows.Arrange ArrangeStyle:=xlArrangeStyleTiled
    ' Compara ventana con ventana 2
    Application.Windows.CompareSideBySideWith (Windows(2).Caption)
End Sub
```

Shapes

Este objeto es a su vez una colección de objetos que contiene todos los objetos de tipo **Shape** existentes en una determinada hoja.

Posee muchos métodos, especialmente para añadir diferentes tipos de formas (**SelectAll**, **AddChart2**, **AddShape**, **AddFormControl**, etc.). Respecto a las propiedades, destacamos la propiedad **Count**, que es la más utilizada y nos indica el número de objetos de tipo **Shape** existentes en la hoja.

Para la realización de este ejercicio, crearemos el libro de macros **Ejercicio77.xlsm** y añadiremos un módulo. A partir de aquí, escribiremos dos procedimientos en los que probaremos lo siguiente:

TestMetodos()	TestPropiedades()
For Each figura In ActiveSheet.Shapes figura.Delete Next figura ActiveSheet.Shapes.AddChart2 Worksheets(1).Shapes.AddPicture Worksheets(1).Shapes.AddShape Worksheets(1).Shapes.AddFormControl	ws.Shapes.Count

En nuestro libro de macros, introduciremos unos datos ficticios de ventas en el rango **A1:B6** que simulen artículos e importes (da igual los valores que introduzca) ❶.

Por otra parte, debemos contar con una imagen llamada **img1.png** ❷, la cual colocaremos en la misma carpeta en la que coloquemos nuestro libro de macros.

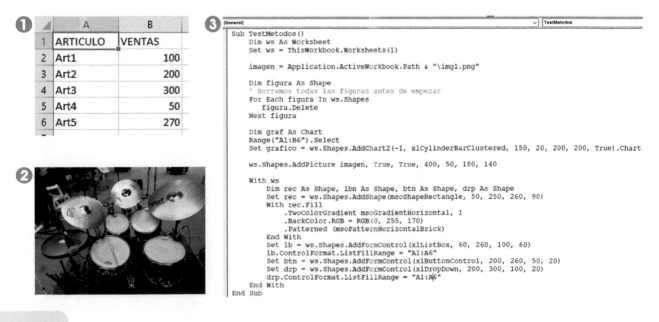

❶

	A	B
1	ARTICULO	VENTAS
2	Art1	100
3	Art2	200
4	Art3	300
5	Art4	50
6	Art5	270

❷

❸

```
(General)                                                                    TestMetodos

Sub TestMetodos()
    Dim ws As Worksheet
    Set ws = ThisWorkbook.Worksheets(1)

    imagen = Application.ActiveWorkbook.Path & "\img1.png"

    Dim figura As Shape
    ' Borramos todas las figuras antes de empezar
    For Each figura In ws.Shapes
        figura.Delete
    Next figura

    Dim graf As Chart
    Range("A1:B6").Select
    Set grafico = ws.Shapes.AddChart2(-1, xlCylinderBarClustered, 150, 20, 200, 200, True).Chart

    ws.Shapes.AddPicture imagen, True, True, 400, 50, 180, 140

    With ws
        Dim rec As Shape, lbn As Shape, btn As Shape, drp As Shape
        Set rec = ws.Shapes.AddShape(msoShapeRectangle, 50, 250, 260, 90)
        With rec.Fill
            .TwoColorGradient msoGradientHorizontal, 1
            .BackColor.RGB = RGB(0, 255, 170)
            .Patterned (msoPatternHorizontalBrick)
        End With
        Set lb = ws.Shapes.AddFormControl(xlListBox, 60, 260, 100, 60)
        lb.ControlFormat.ListFillRange = "A1:A6"
        Set btn = ws.Shapes.AddFormControl(xlButtonControl, 200, 260, 50, 20)
        Set drp = ws.Shapes.AddFormControl(xlDropDown, 200, 300, 100, 20)
        drp.ControlFormat.ListFillRange = "A1:A6"
    End With
End Sub
```

Seguidamente, ejecutaremos el procedimiento **TestMetodos()** para crear algunas formas, pero antes de crear dichas formas procederemos al borrado de las formas existentes para que el procedimiento se pueda ejecutar varias veces de una manera "limpia", sin ir acumulando formas en cada ejecución.

Este procedimiento creará un gráfico usando los datos definidos en el rango **A1:B6**. Luego, añadirá la imagen **img1.png**. A continuación, añadirá un rectángulo (**AddShape – msoShapeRectangle**) en el que a su vez añadirá, mediante **AddFormControl**, tres controles de tipo **ListBox**, **ButtonControl** y **DropDown**. Inicializará **ListBox** y **DropDown** con los valores del rango **A1:A6** en ambos casos ❸. Podemos comprobar el resultado y ver cada uno de los elementos descritos ❹.

Ahora, ejecutaremos el procedimiento **TestPropiedades()** ❺ simplemente para probar el método **Count** ❻ y comprobar que se han creado seis formas.

IMPORTANTE

Utilice este objeto para crear formas dinámicamente teniendo en cuenta que un objeto **Shape** representa **imágenes**, **autoformas**, **Objetos OLE** y otras **formas libres** en general.

❹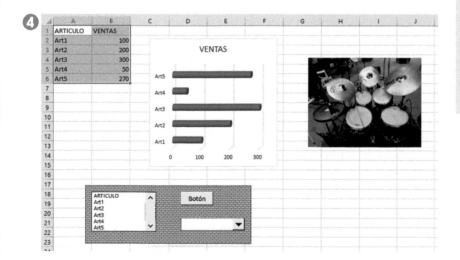

❺
```
Sub TestPropiedades()

    Dim ws As Worksheet
    Set ws = ThisWorkbook.Worksheets(1)

    Debug.Print "Hay (" & ws.Shapes.Count & ") figuras."

End Sub
```

❻
Inmediato

Hay (6) figuras.

Gráficos

En este capítulo vamos a ver cómo crear gráficos de forma sencilla mediante el objeto **ChartObjects**, el cual representa una colección de objetos de tipo **CharObject** que actúan como contenedores de objetos **Chart**, permitiendo así controlar características de los mismos, como puede ser el tamaño, su visibilidad, ubicación, etc.

ChartObjects posee los siguientes métodos: **Add**, **Select**, **Copy**, **Cut**, **Delete**, **Duplicate** y **CopyPicture**, los cuales permiten, respectivamente, **añadir**, **seleccionar**, **copiar**, **cortar**, **borrar**, **duplicar** y **copiar en el portapapeles como una imagen**.

A continuación, destacamos las siguientes propiedades:

Método	Comentario
Count	Indica cuantos objetos posee la colección.
Height, Width	Alto y ancho de un objeto ChartObject.
Left, Top	Situación izquierda y superior, respectivamente, del objeto.
Locked	Indica si los objetos pueden modificarse cuando la hoja está protegida.
Placement	Define la forma en que los objetos se colocan sobre las celdas (flotando, moviéndose al moverse las celdas, cambiando de tamaño si lo hacen las celdas).
PrintObject	Indica si los objetos se imprimirán al imprimir el documento.
ProtectChartObject	Indica si se puede cambiar el tamaño del gráfico o eliminarlo.
Visible	Indica si el objeto es visible o no.

Para la realización de este ejercicio, crearemos un libro de macros llamado **Ejercicio78** en el que añadiremos un módulo. Seguidamente crearemos un procedimiento llamado **borraGraf()** para poder borrar los gráficos que vayamos creando y podamos partir de una situación "limpia". Dicho procedimiento simplemente recorrerá la colección de **ChartObjects** existente y, para cada gráfico, usará el método **Delete** ❶.

A continuación, crearemos los métodos **TestGraf1()** y **TestGraf2()** para crear un par de gráficos en los que probaremos algunas de las muchas características existentes en los objetos **Chart**.

TestGraf1()	TestGraf2()
| ```
ChartObjects.Add
Chart.ChartType
Chart.SetSourceData
ChartObject.RoundedCorners
ChartObject.Shadow
``` | ```
ChartObjects.Add
Chart.ChartType
Chart.SetSourceData
Chart.ChartTitle.Text
Chart.ChartTitle.Font
Chart.ChartStyle
``` |

Para disponer de algunos datos, insertaremos en la **Hoja1** del libro tres columnas (**Articulo**, **Unidades**, **Importe**) con algunas filas de ejemplo y añadiremos también tras botones (con el texto **Limpiar**, **Gráfico1** y **Gráfico2**) a los que asignaremos, respectivamente, las llamadas a los procedimientos **borraGraf()**, **TestGraf1()** y **TestGraf2()** ❷. Recuerde que para asignar una macro a un botón basta con hacer clic con el botón derecho del ratón sobre el mismo y elegir la opción **Asignar Macro** para acceder al cuadro de diálogo correspondiente.

Una vez escritos los procedimientos, primero ejecutaremos **TestGraf1()** ❸ pulsando sobre el botón **Gráfico1** y veremos el gráfico resultante ❹.

A continuación, ejecutaremos **TestGraf2()** ❺ pulsando sobre el botón **Gráfico2** y veremos un gráfico diferente ❻.

IMPORTANTE

Cree gráficos a medida y dinámicamente según los datos que en cada momento sean necesarios. De esta forma puede automatizar la generación de informes personalizados.

❶
```
(General)
Dim graf As ChartObject
Dim ws As Worksheet

Sub borraGraf()
    Set ws = ThisWorkbook.Worksheets(1)
    For Each graf In ws.ChartObjects
        graf.Delete
    Next graf
End Sub
```

❹
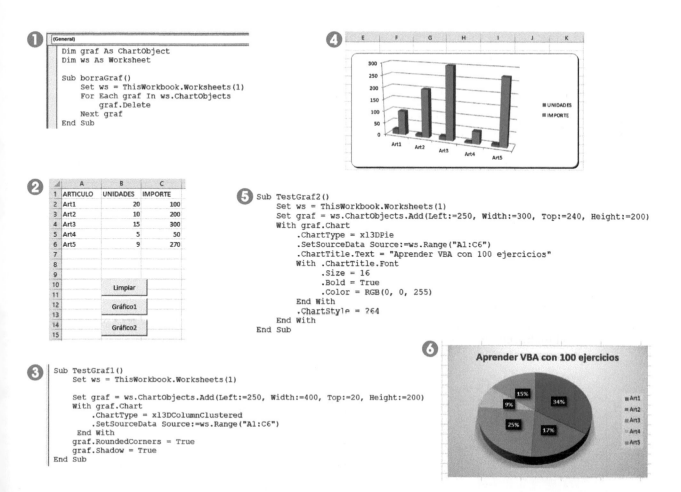

❷

	A	B	C
1	ARTICULO	UNIDADES	IMPORTE
2	Art1	20	100
3	Art2	10	200
4	Art3	15	300
5	Art4	5	50
6	Art5	9	270
7			
8			
9			
10		Limpiar	
11			
12		Gráfico1	
13			
14		Gráfico2	
15			

❺
```
Sub TestGraf2()
    Set ws = ThisWorkbook.Worksheets(1)
    Set graf = ws.ChartObjects.Add(Left:=250, Width:=300, Top:=240, Height:=200)
    With graf.Chart
        .ChartType = xl3DPie
        .SetSourceData Source:=ws.Range("A1:C6")
        .ChartTitle.Text = "Aprender VBA con 100 ejercicios"
        With .ChartTitle.Font
            .Size = 16
            .Bold = True
            .Color = RGB(0, 0, 255)
        End With
        .ChartStyle = 264
    End With
End Sub
```

❻ Aprender VBA con 100 ejercicios

❸
```
Sub TestGraf1()
    Set ws = ThisWorkbook.Worksheets(1)

    Set graf = ws.ChartObjects.Add(Left:=250, Width:=400, Top:=20, Height:=200)
    With graf.Chart
        .ChartType = xl3DColumnClustered
        .SetSourceData Source:=ws.Range("A1:C6")
    End With
    graf.RoundedCorners = True
    graf.Shadow = True
End Sub
```

WorksheetFunction

IMPORTANTE

Además de las funciones que aporta VBA "de serie", puede utilizar las funciones que usaría en una hoja de cálculo para complementar la funcionalidad que se necesite. Las funciones se muestran con el nombre en inglés.

Mediante este objeto podemos ejecutar funciones de la hoja de cálculo de forma similar a como las usamos en una celda de esta. Al teclear un punto tras **WorksheetFunction** ❶, se muestra la colección de métodos y propiedades a las que tenemos acceso.

En este ejercicio vamos a probar algunas de las muchas funciones que podemos utilizar, por ejemplo, las siguientes:

Función	Comentario
Average	Calcula el promedio de un conjunto de valores.
Min	Devuelve el valor mínimo de un conjunto de valores.
Max	Devuelve el valor máximo de un conjunto de valores.
Count	Cuenta el número de celdas que contienen números.
CountIf	Cuenta el número de celdas que cumplen unos determinados criterios.
Pi	Devuelve el valor del número PI (3,1415…).
Power	Eleva un número a una potencia.
Radians	Convierte grados a radianes.
Small	Devuelve el enésimo número más pequeño de una colección.
SumIf	Suma los valores de celdas que cumplen unos determinados criterios.
SumProduct	Devuelve la suma de los productos que se realizan entre dos matrices tomando la multiplicación de cada elemento de una matriz y multiplicándolo por el elemento de la otra matriz que se halla en la misma posición. Es decir, si tenemos las matrices A y B, se toma el primer elemento de A y se multiplica por el primer elemento de B. Luego, el segundo elemento de A se multiplica por el segundo elemento de B, y así sucesivamente.
VLookup	Equivale a la función BUSCARV. Busca un valor en una matriz y devuelve el valor indicado en el parámetro columna, que coincide de forma exacta o aproximada.
Lookup	Equivale a la función BUSCAR. Busca un valor en una matriz y devuelve el valor de otra matriz en función de la posición en la que se haya encontrado el elemento.

❶ WorksheetFunction.m

```
Median
Min
MinIfs
MInverse
MIrr
MMult
Mode
```

Para probar alguna función crearemos el libro de macros **Ejercicio79.xlsm** y añadiremos un módulo.

En la **Hoja1**, escribiremos algunos valores numéricos en el rango **A2:A7** (p. ej. **10**, **30**, **60**, **15**, **42**, **90**), algunos valores en el rango **B2:B7** (**A**, **B**, **C**, **D**, **E**, **F**), más valores para simular **cantidad** y **precio** en el rango **C2:D7** (cualquier valor numérico) y, en la celda **E2**, insertaremos la fórmula **=C2*D2**, que copiaremos en el rango **E3:E7**. Por último, en la celda **E8** añadiremos la función **=SUMA(E2:E7)** ❷.

Seguidamente escribiremos el procedimiento **TestWorksheetFunction()** con un ejemplo de cada una de las funciones comentadas anteriormente.

Una vez escrito el procedimiento **TestWorksheetFunction()** ❸, lo ejecutamos y comprobamos el resultado en la ventana **Inmediato** ❹.

❷

	A	B	C	D	E
1	VALORES	CODIGO	CANTIDAD	PRECIO	TOTAL
2	10	A	350	1200	420000
3	30	B	240	3000	720000
4	60	C	150	650	97500
5	15	D	800	520	416000
6	42	E	1250	800	1000000
7	90	F	35	100	3500
8					2657000

	A	B	C	D	E
1	VALORES	CODIGO	CANTIDAD	PRECIO	TOTAL
2	10	A	350	1200	=C2*D2
3	30	B	240	3000	=C3*D3
4	60	C	150	650	=C4*D4
5	15	D	800	520	=C5*D5
6	42	E	1250	800	=C6*D6
7	90	F	35	100	=C7*D7
8					=SUMA(E2:E7)

❸

```
(General)                                                          TestWorksheetFunction
Sub TestWorksheetFunction()

    Debug.Print "Average    (" & WorksheetFunction.Average(Range("A2:A7")) & ")"
    Debug.Print "Min        (" & WorksheetFunction.Min(Range("A2:A7")) & ")"
    Debug.Print "Max        (" & WorksheetFunction.Max(Range("A2:A7")) & ")"
    Debug.Print "Count      (" & WorksheetFunction.Count(Range("A2:B7")) & ")"
    Debug.Print "CountIf    (" & WorksheetFunction.CountIf(Range("A2:A7"), ">15") & ")"
    Debug.Print "Pi         (" & WorksheetFunction.Pi & ")"
    Debug.Print "Power      (" & WorksheetFunction.Power(27, 1 / 3) & ")"
    Debug.Print "Radians    (" & WorksheetFunction.Radians(180) & ")"
    Debug.Print "Small      (" & WorksheetFunction.Small(Range("A2:A7"), 2) & ")"
    Debug.Print "SumIf      (" & WorksheetFunction.SumIf(Range("A2:A7"), "<40") & ")"
    Debug.Print "SumProduct (" & WorksheetFunction.SumProduct(Range("C2:C7"), Range("D2:D7")) & ")"

    Debug.Print "VLookup    (" & WorksheetFunction.VLookup("B", Range("B2:C7"), 2, False) & ")"
    Debug.Print "Lookup     (" & WorksheetFunction.Lookup("B", Range("B2:B7"), Range("C2:C7")) & ")"

End Sub
```

❹

```
Inmediato
Average     (41,1666666666667)
Min         (10)
Max         (90)
Count       (6)
CountIf     (4)
Pi          (3,14159265358979)
Power       (3)
Radians     (3,14159265358979)
Small       (15)
SumIf       (55)
SumProduct  (2657000)
VLookup     (240)
Lookup      (240)
```

Enumeraciones y constantes de Excel

Existen muchísimas enumeraciones y constantes que Excel pone a nuestra disposición para poder usarlas como parámetros en las funciones y métodos que las requieran. Enumerarlas y explicarlas queda fuera del alcance de este libro, entre otras cosas por el volumen que se necesitaría, pero consideramos interesante mencionar su existencia y su utilidad.

Por ejemplo, para especificar el modo de acceso a un objeto, podemos usar la enumeración **XlFileAccess**, que posee dos posibles valores: **xlReadOnly** (solo lectura) y **xlReadWrite** (lectura y escritura). Si queremos consultar qué posibles valores puede tener una enumeración, recordemos que podemos utilizar el **Examinador de objetos** ❶ o, simplemente, en el editor de código, al teclear un punto (".") a la derecha de la enumeración **XlFileAccess**, observaremos cómo se muestran dichos valores ❷.

Recordamos también que otra forma de localizar fácilmente los nombres de instrucciones, funciones y, por supuesto, enumeraciones y constantes sería la de escribir la parte inicial del nombre de lo que buscamos en el editor y pulsar la secuencia **CTRL + Barra espaciadora** para que el editor nos ayude mostrando una lista de palaras que coinciden con nuestro patrón ❸.

A continuación, vamos a probar algunas enumeraciones y constantes. Para ello crearemos el libro de macros **Ejercicio80.xlsm**, al que añadiremos un módulo donde escribir los siguientes procedimientos:

`Reset()`	Permite "limpiar" los formatos establecidos durante las pruebas y dejar la **Hoja1** preparada para nuevas pruebas.
`borders()`	Permite establecer un borde dependiendo del botón pulsado. Usaremos la enumeración **XlLineStyle** y, de esta, los valores **xlDouble**, **xlDashDot** y **xlDash**.
`colors()`	Dependiendo del botón pulsado, estableceremos un color en la celda usando las constantes **vbRed**, **vbBlue** y **vbGreen**.
`MoveCursor()`	Dependiendo del botón pulsado, moveremos el cursor en una u otra dirección usando la enumeración **XlDirection**.

En la **Hoja1** del libro pondremos algunos valores en el rango **A1:E5**. Asimismo, insertaremos algunos botones que usaremos para ejecutar diferentes macros que, en función del nombre del botón, aplicarán una enumeración o constante. El primer grupo de cuatro botones contendrá los botones llamados **btnUp**, **btnDown**, **btnLeft** y **btnRight**. El segundo grupo contendrá los botones llamados **btnRed**, **btnBlue** y **btnGreen**, y el tercer grupo de botones tendrá tres botones más, llamados **btnDouble**, **btnDashDot** y **btnDash**. Crearemos también un botón con la etiqueta **Reset** mediante el que podremos eliminar los formatos que se vayan aplicando durante las pruebas ❹.

En primer lugar, crearemos un procedimiento llamado **Reset()** que conectaremos al botón que posee la etiqueta **Reset** mediante la opción **Asignar Macro** y que, simplemente, seleccionará el rango **A1:Z100** y ejecutará la instrucción **ClearFormats** ❺.

A continuación, escribiremos el método **Borders()** mediante el que, dependiendo del botón pulsado, ejecutaremos la instrucción **ActiveCell.Borders.LineStyle = var** (**var** es alguna de las enumeraciones de **XlLineStyle** comentadas ❻).

Seguidamente, escribiremos el método **Colors()**, mediante el cual, de forma similar a **Borders**, aplicaremos las constantes **btnRed**, **btnBlue** y **btnGreen** dependiendo del botón pulsado mediante la instrucción **ActiveCell.Interior.Color** ❼.

Para el grupo de botones de movimiento, escribiremos el método **MoveCursor()**, en el que ejecutaremos la instrucción **ActiveCell.End(var).Select** (**var** es el valor de la enumeración **XlDirection** asociada al botón pulsado ❽).

Por último, podemos colocar el cursor sobre alguna celda situada en el rango **A1:E5** e ir pulsando botones para comprobar el efecto que se produce ❾. En las acciones de movimiento, tenga en cuenta que al pulsar **ToRight** o **ToDown** el cursor se moverá a la última celda del rango en el que se halle y, si ya está en la última, el cursor se situará al final de la hoja (derecha o última fila dependiendo de la opción).

> **IMPORTANTE**
>
> Procure utilizar, en la medida de lo posible, las enumeraciones y constantes de VBA para disponer de una mayor estandarización de los elementos utilizados en el código.

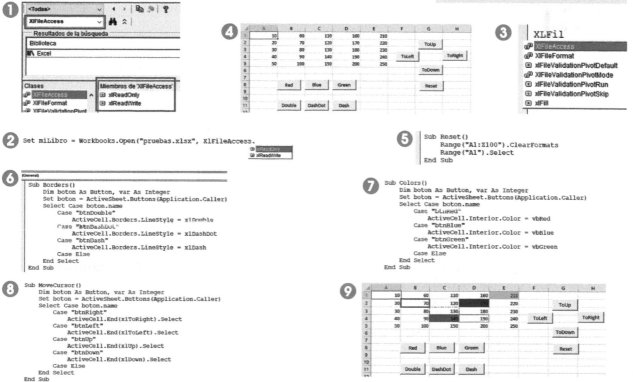

Introducción y presentación de controles de formulario

Los controles de formulario podemos encontrarlos en la pestaña **Programador**, dentro del grupo de acciones asociadas a la opción **Insertar** ❶. Junto con los controles **Active X**, los **Controles de formulario** permiten añadir cierta funcionalidad a nuestras hojas, lo que posibilita la ejecución de macros y código VBA. La diferencia entre los **Controles de formulario** y los de **Active X** es principalmente el lugar en el que pueden usarse. Los controles de formulario no pueden utilizarse en formularios o páginas web, pero son ideales para ser usados en una hoja de trabajo. Además, los controles de formulario funcionarán en cualquier versión de Excel, mientras que los **Active X** solo funcionarán en **Windows**.

En ejercicios anteriores ya hemos ido anticipando el uso del control de formulario (p. ej. de tipo **botón**), pero disponemos de algunos más que enumeramos a continuación ❷:

Control	Comentario
Botón	Permite ejecutar una macro al pulsar sobre él.
Cuadro combinado	Combina un cuadro de texto y un cuadro de lista.
Casilla	Permite seleccionar o no una opción.
Control de número	Aumenta o disminuye un valor numérico.
Cuadro de lista	Permite seleccionar una o varias opciones de una lista.
Botón de opción	Permite seleccionar una opción dentro de un grupo de opciones.
Cuadro de grupo	Permite agrupar varios controles.
Etiqueta	Rótulo con un determinado texto.
Barra de desplazamiento	Devuelve un valor comprendido entre unos límites. Dicho valor varía al desplazar el cuadro de desplazamiento a lo largo de la barra, o bien al pulsar sobre las flechas o a derecha o izquierda del cuadro de desplazamiento.
Campo de texto	Solo disponible en hojas de diálogo de la versión 5.0.
Cuadro combinado de lista	Solo disponible en hojas de diálogo de la versión 5.0.
Cuadro combinado desplegable	Solo disponible en hojas de diálogo de la versión 5.0.

En este ejercicio, vamos a recordar de nuevo cómo añadir un botón a una hoja y, a continuación, asignarle una macro.

Para ello crearemos el libro de macros llamado **Ejercicio81.xlsm**. Seguidamente, del grupo de controles de formulario que hallaremos en la opción **Insertar** de la pestaña **Programador**, seleccionaremos el control **Botón** y, en la propia **Hoja1**, marcaremos la esquina superior izquierda del botón haciendo clic con el puntero del ratón, que se habrá convertido en una cruz (+). Manteniendo el botón izquierdo del ratón pulsado, arrastraremos el puntero hasta la esquina inferior derecha del botón para comprobar que, al soltar el botón del ratón, se dibuja el botón que queríamos insertar. Posteriormente, podemos cambiar el tamaño del mismo haciendo clic con el botón

derecho del ratón y arrastrando los circulitos que aparecen en los bordes y esquinas ❸. También se podría hacer pulsando la opción **Modo Diseño** ❹ y seleccionando el botón recién creado.

Una vez tengamos el botón sobre la **Hoja1**, con el botón derecho del ratón haremos clic sobre el él y, seleccionando la opción **Editar texto**, le cambiaremos el texto de la etiqueta para poner **"Hola"**. Luego, le asignaremos una macro haciendo clic también con el botón derecho del ratón y seleccionando la opción **"Asignar macro..."** ❺.

En ese punto, aparecerá el cuadro de diálogo **Asignar macro** ❻, en el que se ofrece un nombre por defecto (**Botón1_Haga_clic_en**), el cual podemos cambiar para darle un nombre con más significado o, simplemente, dejarlo como está, que es lo que haremos en este ejercicio por tratarse de una prueba sin más. A continuación pulsaremos sobre el botón **Nuevo** y veremos cómo automáticamente se abre el editor de **Visual Basic para Aplicaciones** y se crea el cuerpo de un procedimiento llamado **Botón1_Haga_clic_en()** en un módulo llamado **Módulo1**, que también se ha creado automáticamente.

En el cuerpo de procedimiento, recordando lo visto hasta el momento, escribiremos simplemente lo siguiente ❼:

```
MsgBox "Hola " & Application.UserName
```

Con esta instrucción, mostraremos el nombre de usuario conectado al equipo en un mensaje por pantalla ❽.

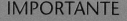

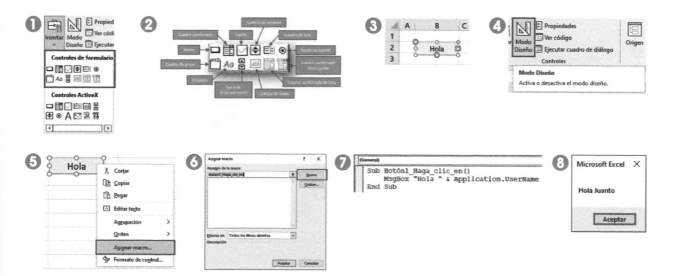

Ejemplos de controles de formulario

Además del clásico botón que ya hemos visto en diversos ejercicios anteriores, también dispone- mos de otros controles de formulario que podemos insertar directamente en una hoja de cálculo para facilitar la interacción con el usuario (p. ej. cuadros combinados, cuadros de lista, control de número, barras de desplazamiento, control de casilla, etc.).

En el siguiente ejercicio vamos a probar algunos de estos controles y, para ello, crearemos el libro de macros **Ejercicio82.xlsm** e insertaremos un módulo. A continuación, insertaremos en **Hoja1** los valores **100**, **200**, **300**, **400** y **500** en el rango **A2:A6** ❶. En primer lugar, añadiremos un con- trol de tipo **Casilla** sobre la celda **C4** mediante la opción **Insertar** de la pestaña de **Programa- dor** seleccionando el control **Casilla** ❷. A continuación, sobre la **Hoja1**, dibujaremos el control pulsando con el botón izquierdo del ratón sobre el lugar donde ubicaremos la esquina izquierda del control y, manteniendo pulsado dicho botón, arrastraremos el puntero hasta la posición donde colocaremos la esquina inferior derecha del control. Al soltar el botón del ratón, veremos que ya se ha dibujado nuestro control, al que podremos cambiarle el texto de la etiqueta haciendo clic con el botón derecho del ratón sobre él y seleccionando la opción **Editar texto** ❸. Pondremos el texto **"Marcar"**. Ahora, accederemos a la opción **Propiedades**, dentro del grupo **Controles** de la pestaña **Programador**, y veremos cómo aparece el cuadro de diálogo **Formato de control**.

Este cuadro de diálogo es común a todos los controles; la pestaña **Control**, sin embargo, es es- pecífica para cada tipo de control, ya que requiere de diferentes parámetros de configuración. No obstante, veremos que todos los controles (excepto el cuadro de grupo) poseen un campo denomi- nado **Vincular con celda**, que es precisamente donde se colocará el resultado de las acciones que realicemos sobre el control. En el caso de nuestra **Casilla**, en **Vincular con celda** pondremos la celda **E4**. En este punto, si marcamos y desmarcamos nuestro control **Casilla** veremos que en la celda **E4** se van alternando los valores **VERDADERO** y **FALSO**. Para acabar esta prueba, en la celda **F4** colocaremos la siguiente función:

```
=SI(E4=VERDADERO;"Marcado";"Sin marcar")
```

Ahora, si seguimos marcando y desmarcando, en la celda **F4** veremos cómo se alternan los valores **Marcado** y **Sin marcar** ❹.

De forma similar, añadiremos un control de tipo **Cuadro Combinado** y lo vincularemos con la celda **E7** ❺. Para probar la asignación de macro a un control, haremos clic con el botón derecho del ratón sobre el control que acabamos de crear y lo

nombraremos como **Lista1** (modificaremos dicho nombre en el cuadro de nombres que se halla en la parte superior izquierda, justo encima de la vista de la **Hoja1** ❻). Seguidamente, haciendo clic de nuevo con el botón derecho del ratón, seleccionaremos la opción **Asignar macro...**, aceptaremos el nombre propuesto por defecto (**Lista1_Cambiar**) y añadiremos código para obtener el valor de la celda vinculada (**E7**) y obtener, a continuación, el valor del rango **A2:A6** para mostrarlo en **F7** ❼. De paso, seleccionaremos la celda del rango **A2:A6** asociado para mostrar cuál es el valor seleccionado.

De forma similar a lo comentado hasta el momento, iremos añadiendo los controles **Control de número**, **Cuadro de lista**, **Cuadro de grupo y botón de opción**, **Etiqueta** y **Barra de desplazamiento** ❽, definiendo en cada caso los rangos o valores mínimos y máximos y, por supuesto, la celda vinculada.

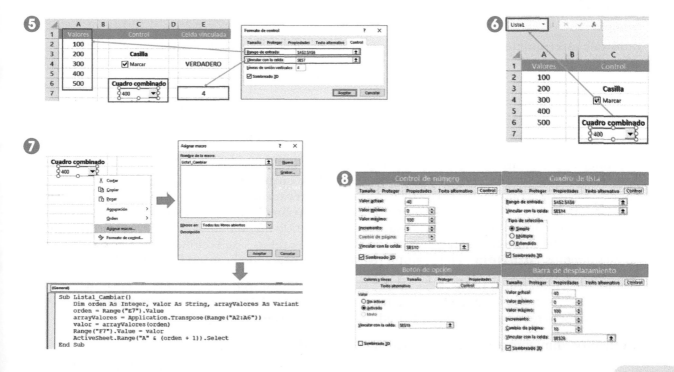

Introducción y presentación de controles ActiveX

De forma similar a los controles de formulario, los controles **Active X** permiten también añadir funcionalidad a nuestras hojas de cálculo. Los controles que aporta este grupo son prácticamente los mismos que los controles de formulario y alguno más, como puede ser el control **Imagen**, el **Botón de alternancia** y, sobre todo, la posibilidad de añadir **Más controles** dependiendo de los controles Active X que dispongamos en el equipo ⬭.

Los controles que podemos utilizar por defecto son los siguientes ❷:

Control	Comentario
Botón de comando	Permite ejecutar una macro al pulsar sobre él.
Cuadro combinado	Combina un cuadro de texto y un cuadro de lista.
Casilla	Permite seleccionar o no una opción.
Cuadro de lista	Permite seleccionar una o varias opciones de una lista.
Cuadro de texto	Permite introducir texto.
Barra de desplaza-miento	Devuelve un valor comprendido entre unos límites y dicho valor varía al desplazar el cuadro de desplazamiento a lo largo de la barra o al pulsar sobre las flechas a derecha o izquierda del cuadro de desplazamiento.
Control de número	Aumenta o disminuye un valor numérico.
Botón de opción	Permite seleccionar una opción dentro de un grupo de opciones.
Etiqueta	Rótulo con un determinado texto.
Imagen	Permite insertar una imagen.
Botón de alternancia	Botón que posee dos estados: habilitado y deshabilitado. Es como un interruptor.
Más controles	Permite insertar algún control que podamos tener en el equipo (p. ej. Adobe PDF Reader, Windows Media Player, etc.).

En este ejercicio, haremos algo parecido a lo que vimos en el ejercicio **Introducción y presentación de controles de formulario** pero con un control **Active X**.

En primer lugar, crearemos el libro de macros **Ejercicio83.xlsm**. Seguidamente, en la **Hoja1** añadiremos un botón seleccionando el control **Botón de comando** del panel de controles **Active X** que aparece en la opción **Insertar** de la pestaña **Programador** ❸. Una vez insertado, podemos modificar el tamaño pulsando sobre la opción **Modo Diseño** ❹ y arrastrando los bordes y esquinas del botón hasta conseguir el tamaño deseado. Aprovechando que tenemos activado el **Modo Diseño**, haremos clic sobre el botón con el botón derecho del ratón y seleccionaremos **Propiedades**. Allí escribiremos **"btnHola"** en el campo **(Name)** y **"Hola"** en el campo **Caption** ❺.

Después, pulsando con el botón derecho del ratón sobre el botón que acabamos de crear, seleccionaremos la opción **Ver código** ❻ y accederemos al editor de **Visual Basic para Aplicaciones**, donde se habrá creado el cuerpo del procedimiento llamado **btnHola_Click()**.

En este procedimiento añadiremos el siguiente código ❼:

```
MsgBox "Hola " & Application.UserName
```

En este punto, desactivaremos el **Modo Diseño** volviendo a pulsar sobre la opción que tiene ese nombre y ya estaremos en disposición de pulsar sobre el botón **Hola** para ver el resultado por pantalla ❽.

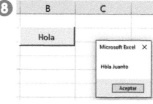

❼

```
btnHola

Private Sub btnHola_Click()
    MsgBox "Hola " & Application.UserName
End Sub
```

Ejemplos de controles ActiveX

En este ejercicio vamos a probar algunos **controles ActiveX** y comprobaremos la similitud que mantienen con respecto a los controles de formulario.

En primer lugar, crearemos el libro de macros **Ejercicio84.xslm** y, en la **Hoja1**, añadiremos en el rango **A2:A6** los valores **100**, **200**, **300**, **400** y **500** ①. También añadiremos los rótulos para las columnas **C** y **E** con los textos **"Control"**, y **"Celda vinculada"** respectivamente.

Al hablar de **Celda vinculada** ya podemos intuir que, de forma parecida a los controles de formulario, los controles **ActiveX** también disponen de este concepto donde depositar el valor resultante de la acción realizada sobre ellos.

En primer lugar, crearemos un cuadro combinado seleccionando el control del panel de controles de **ActiveX** situado en la opción **Insertar** de la pestaña **Programador**. Lo dibujaremos sobre la **Hoja1**, sobre la celda **C3**. Asegurándonos de que tenemos activo el **Modo Diseño**, haremos clic con el botón derecho del ratón sobre el control y seleccionaremos la opción **Propiedades** para definir lo siguiente ②:

Propiedad	Valor
LinkedCell	E3
ListFillRange	A2:A6
Style	frmStyleDropDownList

En este punto, podemos ir seleccionando valores de nuestro **cuadro combinado** y veremos cómo la celda **E3** muestra el valor seleccionado ③. A continuación, vamos a insertar un **cuadro de lista** y en sus propiedades definiremos lo siguiente:

Propiedad	Valor
BackColor	&H00FFFFC0&
Height	69,75
LinkedCell	E8
ListFillRange	A2:A6
Width	77,25

Si vamos seleccionando valores veremos cómo la celda **E8** muestra el valor seleccionado ④. Ahora probaremos con un **botón de alternancia** que añadiremos en nuestra **Hoja1**. En **Propiedades**, definiremos lo siguiente:

Propiedad	Valor
LinkedCell	E14
ForeColor	&H000000FF&
Shadow	True

Si vamos pulsando sobre el botón, veremos cómo se alternan los valores **VERDADERO** y **FALSO** sobre la celda **E14** ❺.

Por último, incluiremos un control de tipo **Imagen** al que le asociaremos una imagen cualquiera de tipo **jpg**, llamada **img1.jpg**. Haremos que al pulsar con el botón **izquierdo** del ratón se sume una unidad a la celda **E19** y, al pulsar con el botón **derecho**, se reste una unidad. En primer lugar, una vez incluido el control, definiremos las siguientes propiedades (pulsando con el botón derecho del ratón sobre la imagen y seleccionando **Propiedades**):

Propiedad	Valor
Height	73,5
Picture	Pulsamos sobre los 3 puntitos "…" y seleccionamos **img1.jpg**
PictureSizeMode	frmPictureSizeModeStrech
Shadow	True
Width	100,5

A continuación, escribiremos el código asociado a la imagen para provocar las sumas y restas en cada pulsación del botón. Para ello, asegurándonos de que tenemos activo el **Modo Diseño**, haremos clic con el botón derecho del ratón sobre la imagen y seleccionaremos **Ver código**. En este punto aparecerá el editor de **Visual Basic para Aplicaciones** y, seleccionando el control **Image1**, buscaremos el evento **MouseDown** para que se nos cree el bloque de código llamado **Image1_MouseDown**, donde escribiremos nuestro código. Básicamente lo que haremos es **sumar 1** al contenido de **Cells(19, 5)** (es decir, sobre la celda **E19**) cuando **Button = 1** y **restaremos 1** cuando **Button = 2** ❻.

Una vez escrito el código, volvemos a la **Hoja1** y pulsamos con el botón **izquierdo** y **derecho** del ratón indistintamente para ver cómo la celda **E19** va mostrando el valor resultante ❼.

Recuerde **activar** y **desactivar** convenientemente el **Modo Diseño** cuando quiera modificar propiedades de un control o, sencillamente, quiera utilizarlo respectivamente.

Creación de un formulario

En este ejercicio crearemos un formulario simple en el que solicitaremos una cadena de caracteres en una caja de texto, la cual mostraremos en una etiqueta mientras se escribe y, finalmente, en un mensaje al pulsar un determinado botón. Asimismo, incluiremos un botón para finalizar la ejecución del formulario.

Crearemos el libro de macros **Ejercicio85.xlsm** y en el editor de **Visual Basic para Aplicaciones** seleccionaremos la opción **Insertar -> Userform**.

A continuación, haremos clic sobre el icono correspondiente a la **etiqueta** en el **Cuadro de herramientas** ❶ y veremos cómo el puntero del ratón cambia de forma (+) para que podamos dibujar sobre el formulario la etiqueta haciendo clic con el botón **izquierdo** del ratón donde queramos colocar la **esquina superior izquierda** de la misma. Manteniendo pulsado dicho botón, arrastraremos el puntero hasta la esquina inferior derecha del control y soltaremos el botón del ratón cuando lo hayamos dibujado completamente. Una vez dibujado el control, de forma intuitiva podemos ver que es posible moverlo de sitio y cambiar su tamaño estirándolo por los bordes y esquinas.

Para cambiar el texto de la etiqueta haremos clic con el botón derecho del ratón y, seleccionando **Propiedades**, accederemos a la propiedad **Caption** e introduciremos **"Texto"** ❷.

Seguidamente, introduciremos un **Cuadro de texto**. Haciendo clic sobre el **cuadro de texto,** cambiaremos la propiedad **(Name)** para que el control se llame **txTexto** ❸. Seguidamente añadimos otra **Etiqueta** más para mostrar el texto que se vaya introduciendo en el control **txTexto**. A la nueva etiqueta le cambiaremos la propiedad **(Name)** para que se llame **"lbTexto"** y dejaremos la propiedad **Caption** vacía (sin texto) ❹.

A continuación, añadiremos dos botones: uno para mostrar un mensaje con el texto introducido y otro para cerrar el formulario cuando esté en ejecución. Los nombres que pondremos a los botones al acceder a sus propiedades **(Name)** serán **"btnMensaje"** y **"btnSalir"**, respectivamente, y en **Caption** pondremos **"Mensaje"** y **"Salir"**.

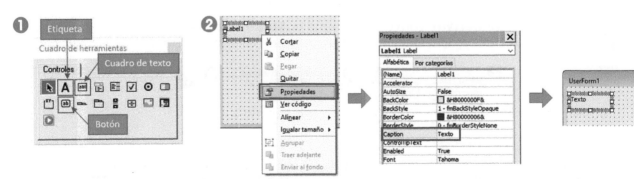

Para alinear los controles podemos jugar con las opciones existentes en el menú **Formato -> Alinear**. Podemos seleccionar varios de ellos pulsando **CTRL + clic** en cada uno. También podemos cambiar el título del formulario modificando su propiedad **Caption** (p. ek. **"Mi primer formulario"**) ❺.

Para empezar a escribir código, haremos doble clic en el control **txTexto** y veremos que se abre el editor de código con un bloque asociado al evento **Change** del control **txTexto** (**txTexto_Change()**). En él escribiremos lo siguiente ❻:

```
lbTexto.Caption = txTexto.Text
```

Si ejecutamos el formulario (p. ej. pulsando **F5**) veremos que al escribir algo sobre el cuadro de texto también se muestra en la etiqueta **lbTexto** ❼. Para cada botón, haremos doble clic y en el código que se creará con los bloques asociados al evento **click** incluiremos lo siguiente:

btnMensaje_Click()	btnSalir_Click()
MsgBox txTexto.Text	

Una vez escritos los procedimientos ❽, podemos ejecutar el formulario con **F5**, escribir algo en el cuadro de texto y pulsar sobre el botón **bntMensaje** ❾ para ver el mensaje. Una vez cerrado el mensaje (pulsando en Aceptar), pulsaremos sobre el botón **bntSalir** para cerrar el formulario.

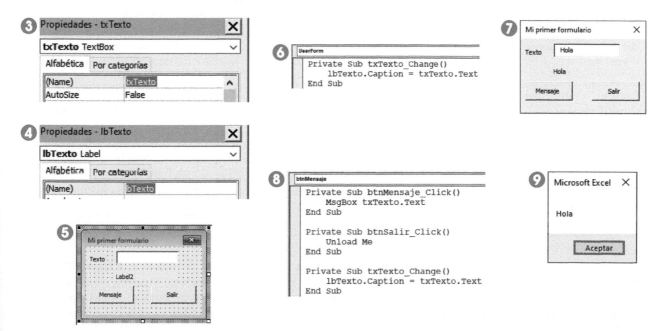

Descripción de controles

A pesar de que el **cuadro de herramientas** asociado a los formularios posee "de serie" un buen número de controles ❶, podremos añadir más controles especiales a través del menú **Herramientas -> Controles adicionales...**. A continuación, enumeramos dichos controles para dar una idea de su utilidad:

Control	Comentario
Seleccionar objetos	Restablece el puntero del ratón cuando previamente hemos seleccionado un control. Es como si "des-seleccionáramos" el control que habíamos seleccionado.
Etiqueta (Label)	Permite colocar un texto sobre el formulario.
Cuadro de texto (Textbox)	Permite la introducción de un texto.
Cuadro combinado (ComboBox)	Permite elegir un valor de una lista de valores que se despliega al pulsar sobre el mismo.
Cuadro de lista (ListBox)	Permite elegir uno o varios valores de una lista de valores que se muestran en una determinada área dependiendo del tamaño del control.
Casilla	Permite ser marcada o desmarcada y devuelve valores de True/False.
Botón de opción (OptionButton)	Permite escoger una opción de entre un conjunto de opciones agrupadas por un marco.
Botón de alternar	Funciona como un interruptor y devuelve True o False dependiendo de si está pulsado o no.
Marco (Frame)	Permite agrupar controles como, por ejemplo, botones de opción.
Botón de comando (CommandButton)	Se trata de un botón que permite ser pulsado para producir un evento.
Barra de tabulaciones (TabsTrip)	Permite crear fichas, pero mantiene los mismos controles en todas las fichas. Es útil cuando la estructura de datos a manejar es idéntica entre fichas y solo cambia la información que se muestra en cada ficha.
Página múltiple (MultiPage)	Permite crear fichas donde depositar controles. A diferencia de la barra de tabulaciones, cada ficha posee sus propios controles y, lógicamente, son diferentes entre una ficha y otra.
Barra de desplazamiento (ScrollBar)	Permite devolver un valor numérico que se determina arrastrando el bloque que posee en el centro (**thumb** o cuadro de desplazamiento) o pulsando a derecha o izquierda del mismo o en las flechas de los extremos. Es parecido al Botón de número.
Botón de número (SpinButton)	Permite devolver un valor numérico que se determina pulsando sobre las flechas que contiene este control.
Imagen	Se trata de un contenedor de una imagen.

Crearemos el libro de macros llamado **Ejercicio86.xlsm** y accederemos al editor de **Visual Basic para Aplicaciones**. Creamos un formulario e insertamos una detrás de otra una muestra de cada uno de los controles existentes en el **Cuadro de herramientas**. Empezaremos arrastrando la **etiqueta**, el **cuadro de texto**, el **cuadro combinado**, el **cuadro de lista** y la **casilla** para, a continuación,

seleccionarlos, darles la **misma anchura** y **alinearlos** verticalmente para que todos estén centrados ❷. Para seleccionar un grupo de controles disponemos de varias alternativas. Por ejemplo:

- Podemos ir haciendo clic en cada uno de ellos mientras mantenemos la tecla **CTRL** pulsada.

- Podemos marcar el primer control y, pulsando la tecla **MAYUSC**, pulsar sobre otro control para que seleccione el grupo de controles que se halla en el rectángulo que aparentemente se intuye entre ambos controles.

- Con el puntero del ratón, podemos tratar de dibujar un rectángulo ficticio alrededor de todos los controles que se desean seleccionar.

Seguidamente añadiremos un **Marco** y, dentro del mismo, colocaremos tres **botones de opción**. Por último, añadiremos el resto de los controles teniendo en cuenta que en el control **Barra de tabulaciones** añadiremos un botón que será visible en las dos pestañas que se crean por defecto y que en el control **Página múltiple** añadiremos controles diferentes en cada pestaña.

Ejecutamos con **F5** y vemos el ejemplo que nos proponíamos. Podemos pulsar en todos los controles para ver su comportamiento y, especialmente, en las pestañas de los controles **Barra de tabulaciones** y **Página múltiple** ❸.

Recuerde que para analizar las **propiedades**, **métodos** y **eventos** que posee un control, puede utilizar el **Examinador de objetos (Ver -> Examinador de objetos)**.

IMPORTANTE

El uso de controles en formularios simplifica la introducción de datos y permite depurar mejor la entrada de estos.

Resumen de propiedades

Las propiedades de un control nos permiten definir características sobre su formato, aspecto y comportamiento. Cada control posee sus propias características. El estudio pormenorizado de todas las propiedades de cada control queda fuera del alcance de este libro, pero podemos destacar algunas de las propiedades comunes más conocidas, como son el nombre **(Name)**, ubicación en el formulario (**Left** y **Top**), su tamaño (**Height** y **Width**), su visibilidad (**Visible**), su accesibilidad (**Enabled**), etc. ❶

Existen varias formas para acceder a las propiedades de un control tras haberlo seleccionado y son:

- Pulsando **F4**
- Menú **Ver -> Ventana de propiedades**
- **Botón derecho** del **ratón -> Propiedades**

La ventana de propiedades permite visualizar las propiedades de dos formas según la pestaña seleccionada:

Alfabética: Muestra las propiedades ordenadas alfabéticamente ❷.

Por categorías: Agrupa las propiedades según las siguientes características ❸:

- Apariencia
- Comportamiento
- Dato
- Desplazamiento
- Fuente
- Posición
- Varias

Para realizar alguna prueba con las propiedades de controles crearemos el libro de macros **Ejercicio87.xlsm** y añadiremos un formulario de la misma forma que hemos explicado en los ejercicios anteriores (desde el editor de **Visual Basic para Aplicaciones** haciendo clic con el botón derecho del ratón sobre el proyecto y seleccionando la opción **Insertar -> UserForm**).

Una vez tengamos el formulario, insertaremos un **TextBox** y un **CommandButton** ❹. Seleccionamos el **TextBox** y modificamos las siguientes propiedades:

Propiedad	Valor	Comentario
(Name)	txName	Es importante el **nombre** de los controles, ya que para referirnos a ellos es imprescindible.
ControlTipText	Info de ayuda	Permite mostrar un **tooltip** al colocar el puntero del ratón sobre el control.
BackColor	&H00FFFFC0&	Define el **color** de **fondo**.

Para el **CommandButton** definiremos lo siguiente:

Propiedad	Valor	Comentario
(Name)	btnSalir	Es importante el **nombre** de los controles, ya que para referirnos a ellos es imprescindible.
Caption	Salir	**Rótulo** que muestra el botón.
Height	18	**Alto** del botón.
Width	70	**Ancho** del botón.

A continuación, seleccionaremos ambos controles (haciendo clic en cada uno de ellos mientras mantenemos pulsada la tecla **CTRL**) y en la propiedad **Width** introduciremos el valor **60** para igualar el ancho ❺. Aprovechando que los tenemos seleccionados, los centraremos en el formulario mediante la opción del menú **Formato -> Centrar en el formulario -> Horizontalmente** ❻.

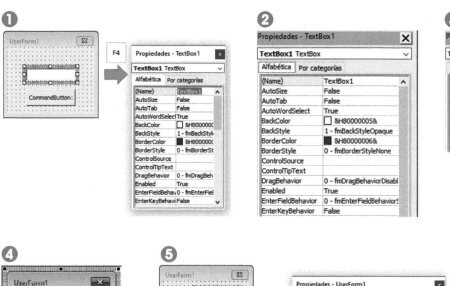

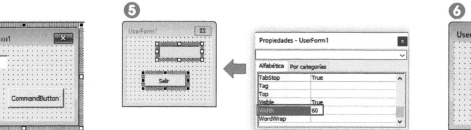

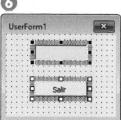

Resumen de métodos

Podemos realizar acciones sobre objetos y, concretamente, sobre los controles de un formulario utilizando sus métodos. Para analizar los métodos que se hallan disponibles en un control, podemos utilizar el **Examinador de objetos** y localizar los iconos que poseen la forma de una cajita verde. De hecho, al hacer clic sobre un método en el **Examinador de objetos**, en la parte inferior de la ventana podemos ver cómo se antepone la partícula **Sub** al nombre del método ❶. También podemos ver qué métodos posee un objeto si en el editor de código colocamos un punto (".") a la derecha del objeto y nos desplazamos sobre la lista contextual que aparece ❷.

Al igual que sucede con las propiedades, cada control posee sus propios métodos y, a pesar de no poder enumerar todos los métodos de cada control porque escapa al alcance de este libro, si podemos mencionar algunos de los más clásicos, como pueden ser **Copy**, **Cut**, **Hide**, **Move**, **Paste**, **Repaint**, **Show**, etc.

En este ejercicio vamos a mostrar un punto sobre un formulario que se desplazará vertical y horizontalmente en base a los valores que obtengamos de unas barras de desplazamiento. Su desplazamiento se realizará usando el método **Move** de la etiqueta **Label** usada para el dibujo del punto.

Para ello, crearemos el libro de macros llamado **Ejercicio88.xlsm** y crearemos un formulario. Dicho formulario tendrá un **Height** de 263,25 y un **Width** de 245,25. Seguidamente, insertaremos una **Etiqueta** (**Label**) y dos **Barras de desplazamiento** (**ScrollBar**) con las siguientes propiedades: max=200, min=0, SmallChange=5 y LargeChange=20 ❸.

Para mostrar las coordenadas (**H** y **V**) añadiremos dos etiquetas más, llamadas **lbH** y **lbV**, con un **Top = 192** en ambos casos y con un **Left = 6** para **lbH** y **Left = 168** para **lbV**.

Una vez dibujados y definidos los controles, haremos clic con el botón derecho del ratón sobre el formulario y seleccionaremos la opción **Ver código** para mostrar el editor de **Visual Basic para Aplicaciones**.

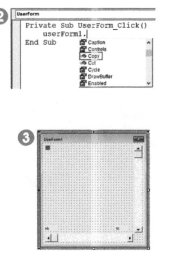

En el editor escribiremos los siguientes procedimientos ❹:

Método	Contenido

moveH()	```Dim vSbH As Integer```
	 ```vSbH = sbHorizontal.Value```
	 ```lbH.Caption = "H: " & vSbH```
	 ```lbPunto.Move Left:=vSbH```

moveV()	```Dim vSbV As Integer```
	 ```vSbV = sbVertical.Value```
	 ```lbV.Caption = "V: " & vSbV```
	 ```lbPunto.Move Top:=vSbV```

Sub sbHorizontal_Change()	```Call moveH```
Sub sbHorizontal_Scroll()	```Call moveH```
Sub sbVertical_Change()	```Call moveV```
Sub sbVertical_Scroll()	```Call moveV```

Para ejecutar el formulario, pulsaremos **F5** y, una vez que el formulario esté ejecutándose, moveremos la barra de desplazamiento vertical para comprobar cómo se mueve el punto sobre el formulario. A continuación, moveremos la barra horizontal ❺.

Por último, añadiremos un **Botón de alternar** (**ToggleButton**), el cual pondrá el foco en una barra u otra dependiendo de su estado (pulsado o no) usando el método **SetFocus**. El botón lo ubicaremos centrado en la parte inferior del formulario (**Left = 80,6** y **Top = 186**) con el siguiente código en el evento **Click** (**btnSelecc_Click()**) ❻:

```
If btnSelecc = True Then
    sbHorizontal.SetFocus
    btnSelecc.Caption = " Horizontal"
Else
    sbVertical.SetFocus
    btnSelecc.Caption = " Vertical"
End If
```

Si volvemos a ejecutar, observaremos que cada vez que pulsamos el botón, además de cambiar el texto del propio botón (**"Horizontal"** o **"Vertical"**), se selecciona una u otra barra de desplazamiento.

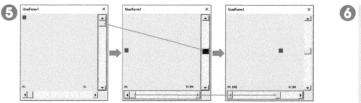

```
Private Sub btnSelecc_Click()
    If btnSelecc = True Then
        sbHorizontal.SetFocus
        btnSelecc.Caption = " Horizontal"
    Else
        sbVertical.SetFocus
        btnSelecc.Caption = " Vertical"
    End If
End Sub
```

Resumen de eventos

Los eventos son los sucesos o acciones que ocurren en tiempo de ejecución y que, en el caso de los controles, nos permiten identificar cuándo han sido invocados o tratados (p. ej. por alguna pulsación sobre ellos, por el cambio de alguna propiedad, etc.). Por ejemplo, cuando pulsamos un botón, se produce el evento **Click**, y cuando mostramos un formulario, se produce el evento **Show**. Aprovechando el reconocimiento de estos eventos por parte del sistema, podemos asociar código que se ejecutará cada vez que se produzcan tales eventos. Por ejemplo, cuando un usuario pulse un botón, podemos mostrar un mensaje o realizar cualquier acción que consideremos oportuna.

Al igual que comentamos para las **propiedades** y **métodos**, para localizar los eventos asociados a un control podemos utilizar el **Examinador de objetos**, donde reconoceremos los eventos por estar representados por un símbolo en forma de rayo. Por ejemplo, podemos buscar el control **TextBox** y localizar su evento **Change** ❶.

También podemos ver qué eventos posee un control si accedemos al editor de código de **Visual Basic para Aplicaciones** y, habiendo seleccionado el control que deseemos en la **lista superior izquierda (objetos)**, desplegamos la lista que hay en la parte **superior derecha (procedimientos)** ❷.

Le proponemos crear el libro de macros **Ejercicio89.xlsm** y añadir un formulario en el proyecto tal y como se ha explicado en ejercicios anteriores. Una vez creado, añada un control **TextBox** (**(Name) = txTexto, Left = 42, Top = 48, Height = 24, Width = 138**) y, haciendo clic con el botón derecho del ratón sobre él, seleccione la opción **Ver código** ❸. Observará cómo se abre el editor de código de **Visual Basic** y verá las listas comentadas en el párrafo anterior (**objetos y procedimientos**).

Seguidamente crearemos cuatro etiquetas con las siguientes propiedades:

Propiedad	Etiqueta1	Etiqueta2	Etiqueta3	Etiqueta4
(Name)	lbTexto	lbRepite	lbX	lbY
Caption	(vacío)	Texto:	X:	Y:
Left	45	45	42	144
Top	18	84	120	120
Height	12	12	12	12
Width	138	138	60	60

En **lbTexto** mostraremos los textos **"Pulsa tecla"** y **"Libera tecla"** cada vez que pulsemos una tecla y dejemos de pulsarla, respectivamente, en el cuadro de texto **txTexto**:

```
txTexto_KeyDown      lbTexto.Caption = "Pulsa tecla"
txTexto_KeyUp        lbTexto.Caption = "Libera tecla"
```

En **lbRepite** mostraremos el texto que se introduzca en **txTexto**:

```
txTexto_Change      lbRepite.Caption = "Texto: " & txTexto.Text
```

En **lbX** y **lbY** mostraremos las coordenadas del puntero del ratón cada vez que lo movamos dentro del formulario:

`UserForm_MouseMove`	`lbX.Caption = "X: " & X` `lbY.Caption = "Y: " & Y`

Por último, haremos que cuando pulsemos con el botón sobre el formulario, se cambie de color y, cuando dejemos de pulsar, recupere su color inicial. Para ello, escribiremos los siguientes procedimientos:

`UserForm_Initialize`	`Me.BackColor = RGB(255, 255, 255)`
`UserForm_MouseDown`	`Me.BackColor = RGB(255, 255, 0)`
`UserForm_MouseUp`	`Me.BackColor = RGB(255, 255, 255)`

> **IMPORTANTE**
>
> Los procedimientos asociados a los eventos son el lugar adecuado para escribir el código que deseemos ejecutar cuando se produzca alguna acción por parte del usuario o del sistema.

Observe cómo hacemos referencia al formulario con la partícula **Me**.

Una vez escritos los procedimientos para **UserForm** ❹ y para **txTexto** ❺, procederemos a ejecutarlos pulsando **F5** sobre el formulario. Si escribimos algo en el cuadro de texto **txTexto** veremos cómo las etiquetas se modifican para mostrar las pulsaciones que realizamos y el texto introducido ❻.

Si además movemos el puntero del ratón por el formulario, veremos que las etiquetas **lbX** y **lbY** muestran las coordenadas de dicho puntero ❼.

Por último, si hacemos clic con el puntero del ratón y lo mantenemos pulsado un instante, veremos cómo cambia de color. Al soltar el puntero se vuelve a mostrar el color inicial ❽.

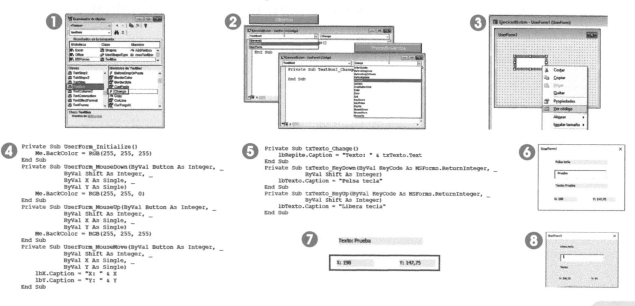

```
Private Sub UserForm_Initialize()
    Me.BackColor = RGB(255, 255, 255)
End Sub
Private Sub UserForm_MouseDown(ByVal Button As Integer, _
        ByVal Shift As Integer, _
        ByVal X As Single, _
        ByVal Y As Single)
    Me.BackColor = RGB(255, 255, 0)
End Sub
Private Sub UserForm_MouseUp(ByVal Button As Integer, _
        ByVal Shift As Integer, _
        ByVal X As Single, _
        ByVal Y As Single)
    Me.BackColor = RGB(255, 255, 255)
End Sub
Private Sub UserForm_MouseMove(ByVal Button As Integer, _
        ByVal Shift As Integer, _
        ByVal X As Single, _
        ByVal Y As Single)
    lbX.Caption = "X: " & X
    lbY.Caption = "Y: " & Y
End Sub
```

```
Private Sub txTexto_Change()
    lbRepite.Caption = "Texto: " & txTexto.Text
End Sub
Private Sub txTexto_KeyDown(ByVal KeyCode As MSForms.ReturnInteger, _
        ByVal Shift As Integer)
    lbTexto.Caption = "Pulsa tecla"
End Sub
Private Sub txTexto_KeyUp(ByVal KeyCode As MSForms.ReturnInteger, _
        ByVal Shift As Integer)
    lbTexto.Caption = "Libera tecla"
End Sub
```

Controles - I

Cargue los controles de tipo **combo** y **listbox** dinámicamente si prevé que la fuente de datos puede cambiar con el tiempo y, además, facilite al usuario la entrada de datos seleccionando solo valores válidos de una lista.

En este ejercicio veremos un ejemplo de utilización de los controles de un formulario. Usaremos los siguientes controles: **Etiqueta (Label), Cuadro de texto (Textbox), Cuadro combinado (ComboBox), Cuadro de lista (ListBox) y Botón de comando (CommandButton)**.

Crearemos el libro de macros **Ejercicio90.xlsm** e insertaremos un **UserForm**. En la **Hoja1** introduciremos los días de la semana en el rango **A2:A6** y así podremos cargar los controles **Cuadro combinado** y **Cuadro de lista**. Introduciremos los rótulos de **Texto** en la celda **B1**, **Combo** en **C1** y **ListBox** en **D1** ❶.

Modificaremos la propiedad **Caption** del formulario poniendo **"MiFormulario"**. Ahora, introduciremos tres etiquetas con las siguientes propiedades:

Propiedad	Etiqueta1	Etiqueta2	Etiqueta3
(Name)	lbResultado	Label1	Label2
BorderStyle	frmBorderStyleSingle	frmBorderStyleNone	frmBorderStyleNone
Caption	(vacío)	Combo	ListBox
Height	12	12	12
Left	68	12	114
Top	6	30	30
Width	80	80	80

Ahora, introduciremos los controles de **Combo**, **ListBox**, **TextBox** y **CommandButton** con las siguientes propiedades:

Propiedad	Combo	ListBox	TextBox	CommandButton
(Name)	cbDias	lbDias	txDia	btnSalir
Height	18	71,25	18	18
Left	12	114	12	68
RowSource	(vacío)	A2:A8	–	–
Style	frmStyleDropDownList	–	–	–
Top	48	48	101,25	138
Width	80	80	80	80

Una vez introducidos los controles ❷ haremos que, al pulsar sobre el botón **btnSalir**, el formulario se cierre. Para ello, en el código introduciremos el procedimiento **btnSalir_Click()**, donde insertaremos **"Unload Me"**.

En la definición del control **lbDias** (**ListBox**), hemos indicado que muestre los datos que hay en el rango **A2:A6** mediante la propiedad **RowSource**. Para el control **cbDias** (**Combo**) cargaremos estos datos en tiempo de ejecución en el evento **Initialize** del formulario (**UserForm_Initialize()**) añadiendo lo siguiente ❸:

```
cbDias.RowSource = "A2:A" & Cells(Rows.Count, "A").End(xlUp).Row
```

A continuación, definiremos los eventos **click** de los controles **cbDias** y **lbDias** para actualizar la etiqueta **lbResultado** y las celdas **C2** y **D2** en **Hoja1** respectivamente ❹:

cbDias_Click()	lbDias_Click()
lbResultado.Caption = cbDias.Value	lbResultado.Caption = lbDias.List(lbDias.ListIndex)
Range("C2").Value = lbResultado.Caption	Range("D2").Value = lbResultado.Caption

Vemos dos formas de obtener el valor de cada control (usando la propiedad **Value** o usando **ListIndex** para obtener el valor de la colección **List**). Por último, añadimos **"[B2] = txDia.Value"** en el evento **Change** de **txDia** para que cuando escribamos algo se refleje en la celda **B2** de nuestra **Hoja1**. Observe la notación abreviada **[B2]** en lugar de **Range("B2").Value** para hacer referencia al contenido de la celda **B2**. Una vez escritos todos los procedimientos ❺, ejecutamos mediante **F5** y vemos su comportamiento ❻.

❶

	A	B	C	D
1	Dia Semana	Texto	Combo	ListBox
2	Lunes			
3	Martes			
4	Miércoles			
5	Jueves			
6	Viernes			
7	Sábado			
8	Domingo			

❷

❻

	A	B	C	D
1	Dia Semana	Texto	Combo	ListBox
2	Lunes	Prueba	Miércoles	Lunes
3	Martes			
4	Miércoles			
5	Jueves			
6	Viernes			
7	Sábado			
8	Domingo			
9				
10				
11				
12				

❸

```
Private Sub UserForm_Initialize()
    ' Averiguamos la última fila por si el rango se modifica
    cbDias.RowSource = "A2:A" & Cells(Rows.Count, "A").End(xlUp).Row
End Sub
```

❹

```
Private Sub cbDias_Click()
    lbResultado.Caption = cbDias.Value
    Range("C2").Value = lbResultado.Caption
End Sub

Private Sub lbDias_Click()
    lbResultado.Caption = lbDias.List(lbDias.ListIndex)
    Range("D2").Value = lbResultado.Caption
End Sub
```

❺

```
Private Sub UserForm_Initialize()
    ' Averiguamos la última fila por si el rango se modifica
    cbDias.RowSource = "A2:A" & Cells(Rows.Count, "A").End(xlUp).Row
End Sub

Private Sub btnSalir_Click()
    Unload Me
End Sub

Private Sub cbDias_Click()
    lbResultado.Caption = cbDias.Value
    Range("C2").Value = lbResultado.Caption
End Sub

Private Sub lbDias_Click()
    lbResultado.Caption = lbDias.List(lbDias.ListIndex)
    Range("D2").Value = lbResultado.Caption
End Sub

Private Sub txDia_Change()
    [B2] = txDia.Value
End Sub
```

Controles - II

En este ejercicio veremos cómo implementar y utilizar un segundo grupo de controles que nos pueden ayudar a la hora de activar o desactivar una determinada condición o a elegir entre un grupo de opciones.

Mediante los controles **Casilla** (**CheckBox**) y **Botón de alternar** (**ToggleButton**) podemos seleccionar los estados **True** y **False** y, a partir de ahí, condicionar nuestro código. Funcionan como interruptores que solo poseen dos posiciones.

Los controles **Marco (Frame)** y **Botón de opción (OptionButton)** permiten seleccionar una opción entre un grupo de ellas. El control **Marco** actúa como agrupador de controles y en el caso de los **OptionButton** hace que cuando se pulse un botón se desmarquen los otros, de forma que solo puede haber una opción seleccionada simultáneamente.

En este ejercicio crearemos un control de cada uno de los tipos comentados en los párrafos anteriores y les asociaremos una etiqueta para mostrar el resultado de su estado o selección.

En primer lugar, crearemos el libro de macros **Ejercicio91.xlsm** y le añadiremos un formulario tal y como hemos visto en ejercicios anteriores. Le modificaremos la propiedad **Caption** con el texto **"MiFormulario"**. Seguidamente definiremos las siguientes etiquetas:

Propiedad	Etiqueta1	Etiqueta2	Etiqueta3
(Name)	lbl1	lbl2	lbl3
BorderStyle	frmBorderStyleSingle	frmBorderStyleSingle	frmBorderStyleSingle
Caption	Desactivada1	Desactivada2	Opción 1
Height	12	12	12
Left	120	120	120
Top	15	39	102
Width	66	66	66

Luego insertaremos los controles **CheckBox**, **ToggleButton**, **Frame** y, a continuación, tres **OptionButton** con las siguientes propiedades:

Propiedad	CheckBox	ToggleButton	Frame	OptionButton	OptionButton	OptionButton
(Name)	chk1	tgl1	Frame1	ob1	ob2	ob3
Caption	-	-	Opciones	Opción 1	Opción 2	Opción 3
Height	18	18	84	18	18	18
Left	33	24	18	6	6	6
Top	12	36	66	6	30	54
Width	60	80	90	74	74	74

Una vez insertados los controles, pasaremos a definir el código asociado a cada uno de ellos. Para ello, haremos clic con el botón derecho del ratón sobre el formulario y seleccionaremos la opción **Ver código** ❶.

Primero definimos el código para los controles **btnSalir**, **chk1** y **tgl1**:

IMPORTANTE

Use los botones de opción cuando desee escoger entre un número de opciones no demasiado grande.

```
btnSalir_Click()    Unload Me
chk1_Change()       lbl1.Caption = IIf(chk1.Value = True, "Activada1", "Desactivada1")
tgl1_Click()        lbl2.Caption = IIf(tgl1.Value = True, "Activada2", "Desactivada2")
                    tgl1.Caption = IIf(tgl1.Value = True, "Desactivar", "Activar")
```

En el caso de **tgl1** vemos que cambia el rótulo cada vez que lo pulsamos.

A continuación, definimos el código para los botones de opción (**ob1**, **ob2** y **ob3**), que simplemente consistirá en poner su **Caption** en el **Caption** de la etiqueta **lb3**. Por ejemplo, para el **botón de opción 1** sería:

```
ob1_Click()         lbl3.Caption = ob1.Caption
```

Una vez escritos todos los procedimientos ❷, ejecutaremos el formulario con **F5** y haremos pruebas marcando y desmarcando **chk1** ❸, pulsando un par de veces **tgl1** ❹ y seleccionando las **opciones de botón** ❺.

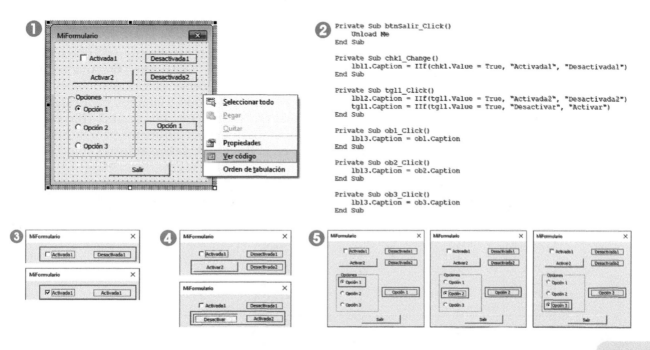

Controles - III

Veamos los controles **Barra de tabulaciones (TabsTrip)** y **Página múltiple (MultiPage)**. Ambos pueden trabajar con pestañas (o tabs), pero hay una gran diferencia entre los dos: mientras los controles **TabStrip** siempre muestran los mismos controles y permiten cambiar los datos que se muestran en cada pestaña, los controles **MultiPage** muestran controles diferentes en cada página y permiten distribuir mejor el conjunto de campos a tratar. **TabStrip** es indicado para el manejo de estructuras de datos idénticas y para registros diferentes. **MultiPage** es más indicado para agrupar los datos por categorías y mostrar en cada pestaña datos que comparten características de interés.

Crearemos un libro de macros llamado **Ejercicio92.xlsm** y añadiremos un formulario. En la **Hoja1**, añadiremos en las celdas del rango **A1:D1** los rótulos **CODIGO**, **NOMBRE**, **TELEFONO** y **COMENTARIO**. En cada una de las filas (p. ej. de la 2 a la 6) escribiremos los códigos del 1 al 5 y, en el resto de datos, pondremos cualquier texto que se nos ocurra ❶. Desde el editor de **Visual Basic para Aplicaciones,** añadiremos en el formulario una **Barra de tabulaciones** y una **Página múltiple**. En la **Barra de tabulaciones** añadiremos **cuatro etiquetas ("Código", "Nombre", "Teléfono" y "Comentario") y cuatro cajas de texto** (llamadas **txCod1, txNom1, txTel1 y txCom1**). Modificaremos la propiedad **Name** para llamarla **ts1** ❷ᴬ.

En la **Página múltiple** añadiremos en la primera pestaña **(Page1)** las etiquetas **"Código", "Nombre", "Teléfono"** y cajas de texto **txCod2, txNom2 y txTel2** ❷ᶜ. Modificaremos la propiedad **Caption** de **Page1** para poner el texto **"Datos"**. En la segunda pestaña **(Page2)**, cambiaremos la propiedad **Caption** para poner **"Comentario"** y añadiremos la etiqueta **"Comentario"** y la caja de texto **txCom2** ❷ᴰ. Seleccionaremos el control **MultiPage** y le cambiaremos el nombre (propiedad **Name**) para llamarlo **mp1**.

Añadiremos un **ListBox** que llamaremos **lbCodigos** para poder seleccionar alguno de sus valores en el control de **Página múltiple**. En dicho **ListBox** colocaremos un par de etiquetas que actúen como cabeceras de columnas y les pondremos los rótulos **"Código"** y **"Nombre"** ❷ᴮ. Añadiremos un **CommandButon** con el nombre **btnSalir** que usaremos para cerrar el formulario. Desde el editor de código definiremos el método **UserForm_Initialize()**, que usaremos para cargar el **ListBox (lbCodigos)** y para añadir las posibles pestañas que falten en el control **ts1** (**Barra de tabulaciones** o **TabStrip**) ❸. A continuación, escribiremos dos procedimientos para mostrar la información del registro pasado como parámetro tanto en la **Barra de tabulaciones** como en la **Página múltiple** con lo siguiente ❹:

ver_info_ts(nreg As Integer)	ver_info_pg(nreg As Integer)
codigo = Cells(nreg + 1, 1) nombre = Cells(nreg + 1, 2) telefono = Cells(nreg + 1, 3) comentario = Cells(nreg + 1, 4) txCod1.Text = codigo txNom1.Text = nombre txTel1.Text = telefono txCom1.Text = comentario	codigo = Cells(nreg + 1, 1) nombre = Cells(nreg + 1, 2) telefono = Cells(nreg + 1, 3) comentario = Cells(nreg + 1, 4) txCod2.Text = codigo txNom2.Text = nombre txTel2.Text = telefono txCom2.Text = comentario

Por último, escribiremos los procedimientos para gestionar los eventos **Click** del **CommandButton (btnSalir)**, la **lista de códigos (lbCodigos)** y del **TabStrip (ts1)** ❺

btnSalir_Click()	lbCodigos_Click()	ts1_Click(ByVal Index As Long)
Unload Me	Dim nreg As Integer nreg = lbCodigos.Value ver_info_pg (nreg)	Dim nreg As Integer nreg = ts1.Tabs(Index).Caption ver_info_ts (nreg)

Finalmente ejecutamos el formulario con **F5** y pulsamos los botones de la **Barra de tabulaciones** para ver cómo se muestra la información de cada registro y también sobre la lista para ver cómo actúa la **Página múltiple** ❷ᴱ.

❶

	A	B	C	D
1	CODIGO	NOMBRE	TELEFONO	COMENTARIO
2	1	Nombre1	111111111	Comentario 1 largo de pruebas
3	2	Nombre2	222222222	Comentario 2 largo de pruebas
4	3	Nombre3	333333333	Comentario 3 largo de pruebas
5	4	Nombre4	444444444	Comentario 4 largo de pruebas
6	5	Nombre5	555555555	Comentario 5 largo de pruebas

❷

❸
```vba
Private Sub UserForm_Initialize()
    ' Averiguamos la última fila por si el rango se modifica
    Dim nfila As Integer, nfilas As Integer, nRegs As Integer
    nfilas = Cells(Rows.Count, "A").End(xlUp).Row
    nRegs = nfilas - 1
    ntabs = ts1.Tabs.Count

    ' Creamos tantos tabs como registros tengamos en Hoja1
    If ntabs < nRegs Then
        For nfila = ntabs + 1 To nRegs
            ts1.Tabs.Add
        Next nfila
    End If

    With lbCodigos
        For nfila = 2 To nfilas
            lbCodigos.AddItem
            lbCodigos.List(nfila - 2, 0) = Cells(nfila, 1)
            lbCodigos.List(nfila - 2, 1) = Cells(nfila, 2)
            ts1.Tabs(nfila - 2).Caption = Cells(nfila, 1)
        Next nfila
    End With
    ts1.Value = 0
    nreg = ts1.SelectedItem.Caption
    ver_info_ts (nreg)
    ver_info_pg (nreg)
End Sub
```

❹
```vba
Sub ver_info_ts(nreg As Integer)
    codigo = Cells(nreg + 1, 1)
    nombre = Cells(nreg + 1, 2)
    telefono = Cells(nreg + 1, 3)
    comentario = Cells(nreg + 1, 4)
    txCod1.Text = codigo
    txNom1.Text = nombre
    txTel1.Text = telefono
    txCom1.Text = comentario
End Sub

Sub ver_info_pg(nreg As Integer)
    codigo = Cells(nreg + 1, 1)
    nombre = Cells(nreg + 1, 2)
    telefono = Cells(nreg + 1, 3)
    comentario = Cells(nreg + 1, 4)
    txCod2.Text = codigo
    txNom2.Text = nombre
    txTel2.Text = telefono
    txCom2.Text = comentario
End Sub
```

❺
```vba
Private Sub btnSalir_Click()
    Unload Me
End Sub

Private Sub lbCodigos_Click()
    Dim nreg As Integer
    nreg = lbCodigos.Value
    ver_info_pg (nreg)
End Sub

Private Sub ts1_Click(ByVal Index As Long)
    Dim nreg As Integer
    nreg = ts1.Tabs(Index).Caption
    ver_info_ts (nreg)
End Sub
```

Controles - IV

En este ejercicio probaremos los controles **Barra de desplazamiento (ScrollBar)**, **Botón de número (SpinButton)** e **Imagen**. Lo que haremos es dar color al fondo de una etiqueta en función de los valores que vayamos definiendo a través de las barras de desplazamiento y de los botones de número. También añadiremos una imagen al formulario a modo de ejemplo. El control **Imagen** permite añadir una imagen al formulario. Los controles **Scrollbar** y **SpinButton** proporcionan valores numéricos cuando actuamos sobre ellos y permiten definir rangos de valores máximos y mínimos sobre los que trabajar.

En primer lugar, crearemos un libro de macros llamado **Ejercicio93.xlsm** y añadiremos un formulario con un **Height=252** y un **Width=252**. Seguidamente añadiremos una etiqueta **(Label)** cuyo **Name** será **lbl1** y tendrá las siguientes propiedades: **Height=96, Left=6, Top=6** y **Width=96**.

A continuación, añadiremos **tres barras de progreso**, **tres botones de números** y **seis etiquetas** con las siguientes propiedades:

Control	Name	Height	Left	Top	Width	Max	Min	Small-Change	Large-Change
Barra desplazamiento 1	sbRed	84	120	90	18	255	0	1	20
Barra desplazamiento 2	sbGreen	84	162	90	18	255	0	1	20
Barra desplazamiento 3	sbBlue	84	204	90	18	255	0	1	20
Botón de número 1	spRed	42	123	6	12	255	0	1	-
Botón de número 2	spGreen	42	165	6	12	255	0	1	-
Botón de número 3	spBlue	42	207	6	12	255	0	1	-
Etiqueta 1	lbRed	12	114	72	30	-	-	-	-
Etiqueta 2	lbGreen	12	156	72	30	-	-	-	-
Etiqueta 3	lbBlue	12	198	72	30	-	-	-	-
Etiqueta 4	Label2	12	114	54	30	-	-	-	-
Etiqueta 5	Label2	12	156	54	30	-	-	-	-
Etiqueta 6	Label4	12	198	54	30	-	-	-	-

Por último, añadiremos un control de tipo **Image** y uno de tipo **CommandButton** con las siguientes propiedades ❶:

Control	name	Height	Left	Top	Width
Imagen	imagen	96	6	114	96
CommandButton	btnSalir	20	162	190	60

Definiremos las variables globales para almacenar los valores de color (**vRed**, **vGreen** y **vBlue**) y en el evento **click** del botón definiremos **"Unload Me"** para poder cerrar el formulario al pulsar sobre él ❷.

A continuación, inicializaremos el formulario con los valores iniciales de las etiquetas, barras y botones de número (**Caption** o **Value=255**) y cargaremos la imagen **img1.jpg** (que depositaremos previamente en la misma carpeta que el libro que estamos creando) ❸.

Luego definiremos un procedimiento que se encargará de cambiar el color de fondo de la etiqueta **lbl1** cada vez que modifiquemos una barra de herramientas o un control de botón mediante la instrucción ❹:

```
lbl1.BackColor = RGB(vRed, vGreen, vBlue)
```

Cada vez que se produzca un cambio en las barras de desplazamiento, modificaremos el **Caption** de las etiquetas y los valores del botón de número asociados al color que modifica la barra de desplazamiento, además de cambiar el color de fondo **(background)** de la etiqueta **lbl1** ❺. Lo mismo sucederá con los botones de número cada vez que se pulsen ❻. Finalmente, ejecutaremos el formulario con **F5** y jugaremos con las barras de desplazamiento y botones de número para ir cambiando de color el background de la etiqueta **lbl1** y los valores de las etiquetas que hemos definido.

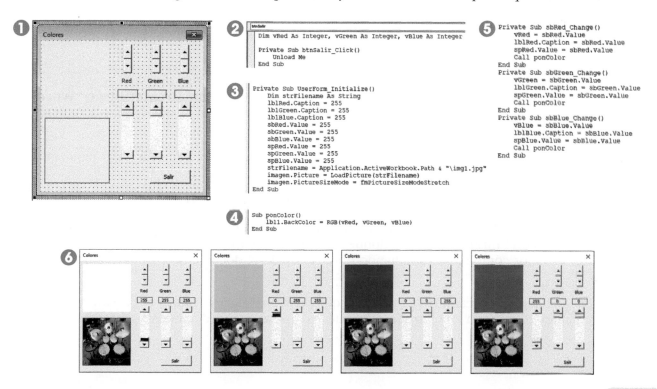

Ejemplo de automatización - I

La automatización es una tecnología que permite a ciertas aplicaciones exponer sus objetos para que sean tratados por otras aplicaciones, como **MS Excel**, y así crear tipos de objetos determinados e invocar a sus métodos para crearlos y utilizarlos.

Se trata de un tema muy extenso, pero vamos a realizar una breve introducción en los siguientes dos capítulos para que podamos seguir investigando al respecto y crear nuestros propios documentos y utilidades desde **Excel** con **VBA**.

En el siguiente ejercicio mostraremos cómo crear un documento **Word** para añadir una línea de texto con la fecha/hora actual y, en caso de que ya exista, le añadiremos una línea al final también con la fecha/hora.

En primer lugar, crearemos el libro de macros **Ejercicio94.xlsm** y añadiremos un módulo.

Para poder crear objetos de tipo **Word**, tendremos que añadir una referencia a la librería **Microsoft Word 12.0 Object Library** accediendo al menú **Herramientas** dentro del editor de **Visual Basic para Aplicaciones** y seleccionando la opción **Referencias** ❶. Luego buscamos la librería y la marcamos.

Una vez creado el módulo y marcada la librería a utilizar, crearemos el procedimiento **CreaModificaWord()**, en el que definiremos las siguientes variables:

```
Dim strFilename As String, existe As Boolean
Dim objWord As New Word.Application
Dim doc As Word.Document
Dim paragraph As Word.paragraph
```

Con la variable **objWord**, crearemos un objeto de tipo Word mediante **CreateObject("Word.Application")** y con la variable **doc** gestionaremos el documento al que iremos añadiendo párrafos en cada ejecución del procedimiento ❷.

A continuación, verificaremos la existencia del documento **Word** que vamos a tratar para ver si debemos crearlo o simplemente abrirlo ❸.

Por último, le añadiremos un párrafo al documento, lo guardaremos y lo cerraremos ❹.

Una vez escrito todo el procedimiento ❺, lo ejecutaremos con **F5** y comprobaremos cómo se crea un documento en el mismo directorio donde tengamos nuestro libro de macros. Si volvemos a ejecutarlo, veremos cómo se van añadiendo líneas al final del documento con la fecha/hora del sistema ❻.

Como puede imaginar, la cantidad de acciones que podemos llegar a realizar es bastante extensa, pero confiamos en que con esta introducción pueda empezar a crear documentos personalizados.

❶

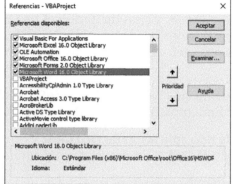

❷

```
(General)

Sub CreaModificaWord()
    Dim strFilename As String, existe As Boolean
    Dim objWord As New Word.Application
    Dim doc As Word.Document
    Dim paragraph As Word.paragraph

    strFilename = Application.ActiveWorkbook.Path & "\Doc94.docx"
    Set objWord = CreateObject("Word.Application")
```

❸

```
    existe = IIf(Len(Dir(strFilename, vbNormal)) > 0, True, False)
    ' Si existe se abre
    If existe Then
        Set doc = objWord.Documents.Open(strFilename)
        nuevo = False
    ' Si no existe se crea
    Else
        Set doc = objWord.Documents.Add
    End If
```

❹

```
    Set paragraph = doc.Paragraphs.Add()
    paragraph.Range.Text = "Tratado el " & Now
    doc.Range.InsertParagraphAfter

    If Not existe Then
        doc.SaveAs2 strFilename
    Else
        doc.Save
    End If

    doc.Close
    objWord.Quit
End Sub
```

❺

```
Sub CreaModificaWord()
    Dim strFilename As String, existe As Boolean
    Dim objWord As New Word.Application
    Dim doc As Word.Document
    Dim paragraph As Word.paragraph

    strFilename = Application.ActiveWorkbook.Path & "\Doc94.docx"
    Set objWord = CreateObject("Word.Application")

    existe = IIf(Len(Dir(strFilename, vbNormal)) > 0, True, False)
    ' Si existe se abre
    If existe Then
        Set doc = objWord.Documents.Open(strFilename)
        nuevo = False
    ' Si no existe se crea
    Else
        Set doc = objWord.Documents.Add
    End If

    Set paragraph = doc.Paragraphs.Add()
    paragraph.Range.Text = "Tratado el " & Now
    doc.Range.InsertParagraphAfter

    If Not existe Then
        doc.SaveAs2 strFilename
    Else
        doc.Save
    End If

    doc.Close
    objWord.Quit
End Sub
```

❻

Tratado el 02/05/2022 19:27:35

Tratado el 02/05/2022 19:28:23

Tratado el 02/05/2022 19:28:38

Ejemplo de automatización - II

En este segundo ejemplo, veremos cómo podemos crear un objeto que represente una aplicación de **Outlook** y cómo podemos enviar mensajes y citas desde **Excel** de forma sencilla. Lo haremos para un destinatario en concreto, pero el lector puede imaginar lo fácil que sería realizar estas acciones con una lista de destinatarios parametrizando todas las características de **subject**, **body**, **adjuntos**, etc. que veremos.

En primer lugar, crearemos un libro de macros llamado **Ejercicio95.xlsm** e incluiremos un módulo en el que definiremos dos procedimientos: **TestOutlook** y **TestCita**.

En el primero, crearemos un objeto de tipo aplicación de **Outlook** y otro de tipo **Mail**, mediante el que enviaremos un email en formato **HTML** a un destinatario y adjuntaremos una imagen.

En el segundo procedimiento, simplemente enviaremos una cita a un destinatario.

Para poder crear objetos de tipo **Outlook**, debemos incluir una referencia a **Microsoft Outlook 16.0 Object Library** a través de la opción **Herramientas -> Referencias ❶**.

Insertaremos una imagen (p. ej. **img1.jpg**) en la carpeta en la que hayamos creado nuestro libro de macros.

A partir de aquí, crearemos el procedimiento **TestOutlook()** creando fundamentalmente los siguientes objetos:

```
Dim oApp As Object, oMail As Object, oAccount As Object, strFilename As String

Set oApp = CreateObject("Outlook.Application")
Set oMail = oApp.CreateItem(olMailItem)
Set oAccount = oApp.Session.Accounts.Item(1)
strFilename = Application.ActiveWorkbook.Path & "\img1.jpg"
```

Seguidamente definiremos las propiedades básicas del objeto **oMail** para indicar el **destinatario**, **subject**, **body** (**HTMLBody** en realidad), etc. ❷ En la propiedad **.to** debe indicar el email al que desea enviar el mensaje. El resto de las propiedades son intuitivas.

Para la cita, crearemos el procedimiento **TestCita()**, en el que definiremos un **receptor**, un **subject**, un **inicio** y algunos parámetros adicionales, como pueden ser la **ubicación**, la **duración** etc. ❸

Una vez escritos los procedimientos, haremos clic en cualquier parte del procedimiento **TestOutlook()** y pulsaremos la tecla **F5** para ejecutarlo.

Si el email que hemos indicado es alguno que podamos consultar fácilmente (por ejemplo, alguno propio) veremos cómo llega un email con una imagen adjunta y con el **Subjet** y **Body** indicados en el procedimiento ❹.

A continuación, podemos probar la creación de una cita haciendo clic en el procedimiento **TestCita()** y, luego, en **F5**. Si el destinatario es alguno de nuestros destinatarios próximos, podemos comprobar cómo llega un email con la cita de la reunión ❺ y, después, cómo la cita se ha ubicado en nuestra agenda (si la hemos aceptado) ❻.

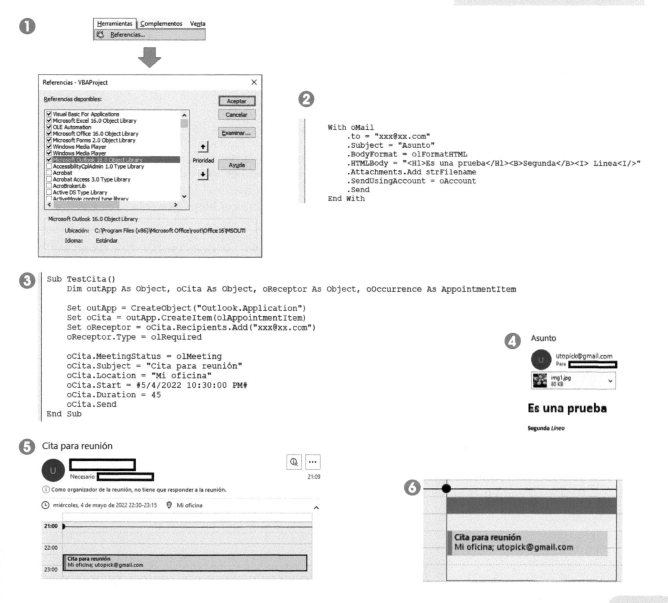

❶

Herramientas | Complementos Venta
Referencias...

Referencias - VBAProject

Referencias disponibles:

- ☑ Visual Basic For Applications
- ☑ Microsoft Excel 16.0 Object Library
- ☑ OLE Automation
- ☑ Microsoft Office 16.0 Object Library
- ☑ Microsoft Forms 2.0 Object Library
- ☑ Windows Media Player
- ☑ Windows Media Player
- ☑ Microsoft Outlook 16.0 Object Library
- ☐ AccessibilityCplAdmin 1.0 Type Library
- ☐ Acrobat
- ☐ Acrobat Access 3.0 Type Library
- ☐ AcroBrokerLib
- ☐ Active DS Type Library
- ☐ ActiveMovie control type library

Microsoft Outlook 16.0 Object Library

Ubicación: C:\Program Files (x86)\Microsoft Office\root\Office16\MSOUT!
Idioma: Estándar

❷

```
With oMail
    .to = "xxx@xx.com"
    .Subject = "Asunto"
    .BodyFormat = olFormatHTML
    .HTMLBody = "<H1>Es una prueba</H1><B>Segunda</B><I> Línea<I/>"
    .Attachments.Add strFilename
    .SendUsingAccount = oAccount
    .Send
End With
```

❸

```
Sub TestCita()
    Dim outApp As Object, oCita As Object, oReceptor As Object, oOccurrence As AppointmentItem

    Set outApp = CreateObject("Outlook.Application")
    Set oCita = outApp.CreateItem(olAppointmentItem)
    Set oReceptor = oCita.Recipients.Add("xxx@xx.com")
    oReceptor.Type = olRequired

    oCita.MeetingStatus = olMeeting
    oCita.Subject = "Cita para reunión"
    oCita.Location = "Mi oficina"
    oCita.Start = #5/4/2022 10:30:00 PM#
    oCita.Duration = 45
    oCita.Send
End Sub
```

❹ Asunto

utopick@gmail.com
Para

img1.jpg
80 KB

Es una prueba

Segunda *Línea*

❺ Cita para reunión

U

Necesario

21:09

ⓘ Como organizador de la reunión, no tiene que responder a la reunión.

🕐 miércoles, 4 de mayo de 2022 22:30-23:15   📍 Mi oficina

21:00

22:00

Cita para reunión
Mi oficina; utopick@gmail.com

23:00

❻

Cita para reunión
Mi oficina; utopick@gmail.com

MsgBox

La función **MsgBox** permite mostrar un mensaje por pantalla dentro de un cuadro de diálogo. Dicho cuadro puede mostrar una serie de botones y de iconos estándar según determinados parámetros e incluso puede llevar asociado un fichero de ayuda.

La sintaxis general es la siguiente:

```
resultado = MsgBox (mensaje, botones, título, fichAyuda, numContexto)
```
Donde:
- **resultado**: valor numérico que devuelve la función según el botón pulsado.
- **mensaje** (obligatorio): texto a mostrar en el mensaje.
- **botones** (opcional): expresión numérica que indica qué botones y qué icono se han de mostrar.
- **título** (opcional): texto usado para el título del cuadro de diálogo.
- **fichAyuda** (opcional): fichero de ayuda a utilizar.
- **numContexto** (opcional): número de contexto que representa el tema dentro del fichero de ayuda a utilizar.

El valor a utilizar en el parámetro **botones** es la suma de varias constantes cuya relación es algo extensa y de la que destacamos algunas de las siguientes: **vbOKOnly**, **vbOKCancel**, **vbYesNo**, **vbQuestion**, **vbExclamation**, **vbInformation**, **vbDefaultButton1**, etc.

Con **vbDefaultButton1**, **vbDefaultButton2**, etc. indicamos cuál es el botón por defecto que asumirá el foco.

Veamos a continuación algunos ejemplos con los que el usuario puede ir probando y cambiando algunos de los valores propuestos para ver el efecto de los mensajes que aparecen. En primer lugar, creamos el libro de macros **Ejercicio96.xlsm** en el que insertaremos un formulario con el título **(Caption) "Mensajes"**.

Seguidamente, insertaremos cuatro botones con las siguientes propiedades:

Name	Caption	Height	Width	Left	Top
btnYesNo	Yes/No	24	60	24,4	6
btnNoYes	No/Yes	24	60	24,4	36
btnAviso	Aviso	24	60	24,4	66
btnSalir	Salir	42	60	24,4	102

Una vez insertados los botones ❶, accederemos al código haciendo doble clic, por ejemplo, sobre el botón **btnSalir** para introducir lo siguiente en el procedimiento **btnSalir_Click()** ❷:

```
Unload Me
```

Para el resto de botones, en su evento **click()** insertaremos lo siguiente ❸:

Botón	Código	Comentario
btnYesNo	`MsgBox("Quieres?", vbYesNo + vbQuestion, "Seleccione opción")`	Mostramos botones Yes/No con un icono de interrogante y un mensaje con el resultado.
btnNoYes_Click	`MsgBox("Quieres?", vbYesNo + vbDefaultButton2, "Seleccione opción")`	Mostramos botones Yes/No y un mensaje con el resultado. Así haremos que, por defecto, el foco este en la opción No.
btnAviso	`res = MsgBox("Es un mensaje informativo." & Chr(10) & "Segunda línea", vbInformation, "Information")`	Mostramos un mensaje con dos líneas de texto y un icono de información.

Una vez escritos los procedimientos, ejecutaremos el formulario con **F5** y pulsaremos sobre el botón **Yes/No** para ver el cuadro de diálogo. Tras seleccionar cualquier opción, veremos otro mensaje con el resultado ❹.

Luego pulsaremos sobre el botón **No/Yes** y veremos cómo, por defecto, el foco está sobre el botón **No** y cómo al pulsar sobre **Yes** aparece un icono de información ❺.

Por último, pulsaremos sobre el botón **Aviso** y veremos un mensaje con dos líneas de texto y un icono de **información** ❻.

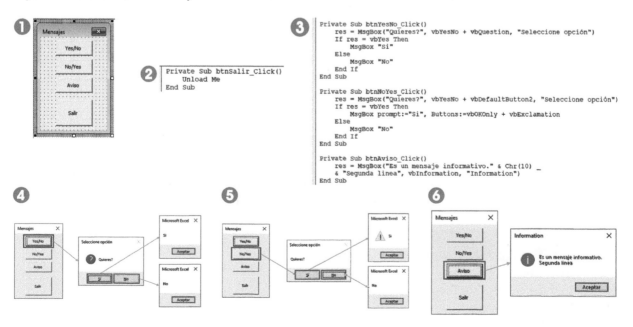

InputBox

Podemos usar **Inputbox** como una función que devuelve un valor de tipo **String** o como un método del objeto **Application** que devuelve un valor de un determinado tipo que previamente indicaremos en la llamada. La sintaxis es la siguiente:

```
res = InputBox(texto, titulo, valorDefecto, X, Y, fichAyuda, contextoAyuda)
res = Application.InputBox (texto, titulo, valorDefecto, X, Y, fichAyuda, contextoAyuda, tipo)
```

Donde:

- **res**: valor que devuelve la función.
- **mensaje** (obligatorio): texto a mostrar en el mensaje de petición.
- **título** (opcional): texto usado para el título del cuadro de diálogo.
- **valorDefecto** (opcional): valor que se propone para que simplemente sea aceptado o modificado.
- **X** (opcional): distancia desde el borde izquierdo de la pantalla.
- **Y** (opcional): distancia desde la parte superior de la pantalla.
- **fichAyuda** (opcional): fichero de ayuda a utilizar.
- **numContexto** (opcional): número de contexto que representa el tema dentro del fichero de ayuda a utilizar.
- **Tipo** (opcional): tipo de valor que puede introducirse.

En el caso de **Application**, los tipos de valores que pueden introducirse son: 0-Fórmula, 1-Número, 2-Texto, 4-VERDADERO o FALSO, 8-Referencia a rango, 16-Error y 64-Matriz.

Crearemos el libro de macros **Ejercicio97.xlsm** y le añadiremos un formulario con la propiedad **Caption** = **"Form para Inputbox"** y cuatro botones y una etiqueta con las siguientes propiedades ❶:

Control	Name	Caption	Height	Width	Left	Top
CommandButton	btn1	Valor	24	60	12	18
CommandButton	btn2	Número	24	60	84	18
CommandButton	btn3	Celda	24	60	156	18
CommandButton	btnSalir	Salir	24	60	84	84
Label	lbl1	<vacío>	12	60	84	60

Una vez diseñado el formulario haremos doble clic sobre el botón **btnSalir** para añadirle el código **"Unload Me"** y así poder cerrar el formulario cuando pulsemos sobre él ❷. Seguidamente, definiremos tres métodos para probar **InputBox** y **Application.InputBox** con el siguiente contenido:

IMPORTANTE

Use **InputBox** cuando desee solicitar un valor de forma sencilla.

`btn1_Click()`	`res = InputBox("Introduzca valor1")` `lbl1.Caption = res`

`btn2_Click()`	`res = Application.InputBox(prompt:="Introduzca valor", Title:="Título del in-`
	`put", Default:="10", Type:=1)`
	`    lbl1.Caption = res`

`btn3_Click()`	`res = Application.InputBox(prompt:="Introduzca valor", Title:="Título del in-`
	`put", Default:="10", Type:=8)`
	`    lbl1.Caption = res`

En la **Hoja1** añadiremos algunos valores en las celdas **A1**, **A2** y **A3** ❸. Una vez definidos los métodos ❹, ejecutaremos el formulario con **F5** y probaremos a pulsar, en primer lugar, el botón con la etiqueta **Valor** para introducir un valor cualquiera (p. ej. **"Hola"**) y ver cómo se actualiza la etiqueta con dicho valor ❺. Luego pulsaremos sobre el botón con la etiqueta **"Número"** y veremos que si introducimos un valor que no sea numérico aparece un error ❻. Por último, probaremos el botón con la etiqueta **"Celda"** y veremos cómo podemos seleccionar una celda como respuesta (haga clic en **A2** de la **Hoja1**) ❼.

❷
```
Private Sub btnSalir_Click()
    Unload Me
End Sub
```

❹
```
Private Sub btnSalir_Click()
    Unload Me
End Sub

Private Sub btn1_Click()
    res = InputBox("Introduzca valor1")
    lbl1.Caption = res
End Sub

Private Sub btn2_Click()
    res = Application.InputBox(prompt:="Introduzca valor", _
    Title:="Título del input", Default:="10", Type:=1)
    lbl1.Caption = res
End Sub

Private Sub btn3_Click()
    res = Application.InputBox(prompt:="Introduzca valor", _
    Title:="Título del input", Default:="A2", Type:=8)
    lbl1.Caption = res
End Sub
```

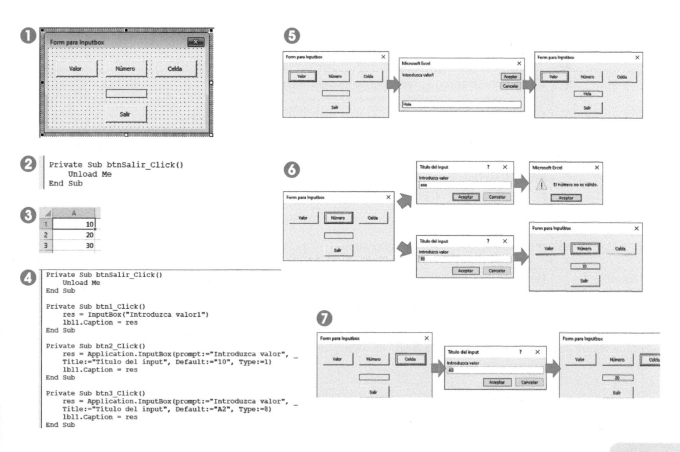

Tratamiento de ficheros (Open, Close, Input, Write, etc.)

En este ejercicio veremos cómo podemos tratar ficheros secuenciales para crearlos y escribir y leer en ellos.

Instrucción	Comentario
Open	Permite abrir un canal de entrada para un fichero para poder acceder al mismo.

Sintaxis	`Open ruta For modo Access tipoAcceso lock  As  #numFichero Len = longReg`
Ejemplo	`Open "Test01.txt" For Output As #1`

- **ruta** (obligatorio): nombre del archivo (ruta absoluta o relativa; solo **nombre**).
- **modo** (obligatorio): palabras clave **Append**, **Binary**, **Input**, **Output** o **Random**. Destacamos **Append** para añadir al final, **Output** para crear el fichero o sobrescribirlo e **Input** para leerlo.
- **tipoAcceso** (opcional): palabras clave **Read**, **Write** o **Read Write**.
- **lock** (opcional): palabras clave **Shared**, **Lock Read**, **Lock Write** y **Lock Read Write** para indicar restricciones a otros procesos que abren el archivo.
- **numFichero** (obligatorio): número de 1 a 511 a utilizar en instrucciones de tratamiento de fichero. Es obligatorio en todas las operaciones excepto en **Close**.
- **longReg** (opcional): longitud de registro (máx. 32767).

Instrucción	Comentario
Close	Cierra fichero abierto previamente mediante **Open**.

Sintaxis	`Close #numFicheros`	Ejemplo	`Close #1` `Close #3, 4`

- **numFicheros** (opcional): cierra uno o varios ficheros. Si no se indica ningún fichero los cierra todos.

Instrucción	Comentario
Write	Permite escribir en archivo. Se insertan comillas dobles en las cadenas y, como separador, podemos usar coma, punto y coma o espacio.

Sintaxis	`Write #numFichero, salida`	Ejemplo	`Write #1, valor1, valor2`

- **salida** (opcional): son los valores (valor1, valor2, etc.) que se desean escribir. Si no se indica nada, se escribe una línea en blanco.

Instrucción	Comentario
Input	Permite leer desde un archivo y asigna valores a variables.

Sintaxis	`Input #numFichero,var1,var2, …`	Ejemplo	`Input #1,var1,var2, …`

- **var1**, **var2** (obligatorios): variables cargadas en la lectura.

Instrucción	Comentario
Line Input	Permite leer una línea desde un archivo.

Sintaxis	`Line Input #numFichero, línea`	Ejemplo	`Line Input #1, línea`

- **línea** (obligatorio): resultado de la lectura.

FreeFile	Obtiene un valor numérico que se utiliza como número de archivo para operaciones de fichero.	
	Sintaxis	`numFichero = FreeFile`
	Ejemplo	`Open "Test01.txt" For Output As #numFichero`

- **numFichero**: número a tratar en operaciones contra fichero.

Print	Permite escribir en archivo usando una línea con cierto formato (tabulaciones, espacios, posición carácter, etc.).			
	Sintaxis	`Print #numFichero, salida`	Ejemplo	`Print #1, valor1, Tab(1), valor2,…`

- **salida** (opcional): lista de valores y separadores a insertar. Si se omite se inserta una línea en blanco. Podemos usar caracteres como **Tab(n)** para tabulaciones, **Spc(n)** para espacios o cualquier otro tipo de expresión.

Crearemos el libro **Ejercicio98.xlsm** y añadimos un módulo. Crearemos un método usando **Open Output** para crear un fichero, al que añadiremos una línea mediante **Write**, y lo cerraremos ❶. Abriremos ese fichero en modo **Input**, leeremos con **Line Input** y lo cerraremos. A continuación, eliminaremos las comillas dobles escritas con Write ❷. Abriremos un segundo fichero en modo **Append** y añadiremos una línea sin comillas más **fecha/hora** del sistema usando la instrucción **Print** ❸. Crearemos un fichero nuevo mediante **Open Output** y grabaremos dos campos usando **Write**. Abriremos de **Input** el fichero para recuperar esos dos campos en variables, las imprimiremos mediante **Debug.Print** ❹ y veremos el resultado ❺. Por último, abriremos un fichero en modo **Append** e insertaremos una línea con la **fecha/hora** del sistema y tres líneas mediante un bucle usando la instrucción **Print** ❻. En la carpeta en la que hayamos realizado el ejercicio, veremos cuatro ficheros de texto con su respectivo contenido ❼.

❶
```
Sub TestFile()
    Dim nomFile1 As String, nomFile2 As String, _
    nomFile3 As String, nomFile4 As String,
    linea As String, numFile As Integer, i As Integer, _
    var1 As String, var2 As String, var3 As String, var4 As String, _
    path As String

    path = Application.ActiveWorkbook.path

    nomFile1 = path & "\Test01.txt"
    nomFile2 = path & "\Test02.txt"
    nomFile3 = path & "\Test03.txt"
    nomFile4 = path & "\Test04.txt"

    numFile = FreeFile ' Proporciona numero de fichero libre
    linea = "Linea de texto - " & Now

    ' Escribe linea
    Open nomFile1 For Output As #numFile
    Write #numFile, linea
    Close #numFile
```

❸
```
    ' Añade linea al final
    Open nomFile2 For Append As #2
    Print #2, linea; Tab; NOW
    Close #2
```

❷
```
    ' Lee linea
    Open nomFile1 For Input As #numFile
    Line Input #numFile, linea
    Close #numFile
    linea = Replace(linea, """", "") ' Elimina comillas
```

❺
```
Inmediato
var3 (Dato1) var4 (Dato2)
```

❻
```
    ' Imprime en fichero
    Open nomFile4 For Append As #4
    Print #4, Now; Spc(2); "--------------------"
    For i = 1 To 3
        Print #4, i; Tab; "uno" & i & Tab; "dos" & i
    Next i
    Close 'Cierra cualquier fichero abierto
End Sub
```

❹
```
    ' Escribe linea
    var1 = "Dato1"
    var2 = "Dato2"
    numfile = FreeFile ' Proporciona numero de fichero libre

    Open nomFile3 For Output As #numfile
    Write #numfile, var1, var2
    Close #numfile

    ' Lee linea
    Open nomFile3 For Input As #numfile
    Input #numfile, var3, var4
    Close #numfile
    Debug.Print "var3 (" & var3 & ")", "var4 (" & var4 & ")"
```

❼
Test01.txt: Bloc de notas — `"Linea de texto - 14/05/2022 10:28:07"`

Test02.txt: Bloc de notas — `Linea de texto - 14/05/2022 10:28:07    14/05/2022 10:28:07`

Test03.txt: Bloc de notas — `"Dato1","Dato2"`

Test04.txt: Bloc de notas —
```
14/05/2022 10:28:07
1    uno1    dos1
2    uno2    dos2
3    uno3    dos3
```

FileDialog/GetSaveAsFilename

En este ejercicio presentaremos algunos de los diálogos estándar para manejo de archivos que podemos usar con **VBA**. Disponemos de los objetos de tipo **FileDialog**, que nos permitirán seleccionar uno o más archivos a la vez y que pueden ser de alguno de los siguientes tipos:

tipoFileDialog	Observaciones	tipoFileDialog	Observaciones
msoFileDialogFilePicker	Selecciona un archivo	msoFileDialogOpen	Abre un archivo
msoFileDialogFolderPicker	Selecciona una carpeta	msoFileDialogSaveAs	Guarda un archivo

Un ejemplo para invocar a un diálogo de este tipo podría ser el siguiente:

```
With Application.FileDialog(msoFileDialogSaveAs)
    If .Show = -1 Then nomFile = .SelectedItems(1)
End With
```

Para abrir y guardar archivos, también podríamos usar los siguientes diálogos:

Diálogo	Observaciones
GetOpenFilename	Selecciona uno o varios archivos
GetSaveAsFilename	Guarda un archivo

En nuestro ejercicio, abriremos un fichero con **FileDialog(msoFileDialogOpen)** y lo guardaremos con **GetSaveAsFilename()** para probar un poco de ambos grupos de diálogos. Para ello, crearemos un libro de macros llamado **Ejercicio99.xlsm** y añadiremos un formulario. Una vez creado el formulario, añadiremos los siguientes controles ❶:

Tipo de control	Name	Left	Top	Width	Height	Caption
Label	Label1	12	12	48	12	Fichero
Label	lblFile	72	12	282	12	<vacío>
TextBox	txtTexto	12	30	342	152	-
CommandButton	btnOpen	390	6	72	24	Open
CommandButton	btnSave	390	36	72	24	Save
CommandButton	benNew	390	90	72	24	New
CommandButton	btnSalir	390	156	72	24	Salir

A continuación, haremos doble clic sobre el botón **btnSalir** y definiremos el método **btnSalir_Click()** para cerrar el formulario. Definiremos una variable global **(lastFile)** que conservará el nombre del último fichero tratado (de **Open** o de **Save**) y haremos que, cuando aparezca el formulario, se ponga el foco en el control **txTexto** ❷. Seguidamente codificaremos el botón **btn-**

New para vaciar el cuadro de texto **(txTexto)** y el nombre de fichero **(lblFile)** a tratar ❸. Después codificaremos el evento **click** del botón **btnSave**, en el que daremos un nombre al fichero que queremos guardar y, seguidamente, guardaremos el contenido de **txTexto** en un fichero abierto de **Output** ❹. Para este ejemplo usaremos el diálogo **GetSaveAsFilename**. Si no disponemos de ningún nombre de fichero todavía, por defecto usaremos el nombre **test098.txt**.

Para abrir el fichero, usaremos un **FileDialog** de tipo **msoFileDialogOpen**. Definiremos el **directorio inicial (InitialFileName)** a utilizar, el título **(Title)** para el cuadro de diálogo y los tipos de fichero **(Filters)** a utilizar (p. ej. **txt**). Luego, cargaremos cada una de las líneas sobre una variable que posteriormente asignaremos a nuestro control **txTexto** ❺. En este punto, ya podemos ejecutar el formulario con **F5** para escribir algo en el cuadro de texto y, posteriormente, guardarlo mediante **Save**. A continuación, pulsamos sobre el botón **New** y limpiamos todos los datos que tenemos en el formulario. Por último, pulsamos en el botón **Open** y abrimos el fichero que hemos creado en el paso anterior para ver cómo su contenido se muestra en el cuadro de texto.

❶

❷
```
Dim lastFile As String

Private Sub UserForm_Initialize()
    txTexto.SetFocus
End Sub

Private Sub btnSalir_Click()
    Unload Me
End Sub
```

❸
```
Private Sub btnNew_Click()
    txTexto.text = ""
    lblFile.Caption = ""
End Sub
```

❹
```
' Guardar fichero
Private Sub btnSave_Click()
    Dim texto As String, nomFile As String
    If lastFile = "" Then lastFile = Application.ActiveWorkbook.Path & "\test098.txt"
    nomFile = Application.GetSaveAsFilename(InitialFileName:=lastFile, _
    fileFilter:="Text Files (*.txt), *.txt")
    texto = txTexto.text
    Open nomFile For Output As 1
    Print #1, texto
    Close #1
End Sub
```

❺
```
' Abrir fichero
Private Sub btnOpen_Click()
    If lastFile = "" Then lastFile = Application.ActiveWorkbook.Path & "\test098.txt"
    Dim texto As String, nomFile As String
    With Application.FileDialog(msoFileDialogOpen)
        .InitialFileName = lastFile
        .Title = "Abrir ficheros de para Ejercicio"
        .Filters.Add "Text Files", "*.txt", 1
        If .Show = -1 Then
            nomFile = .SelectedItems(1)
        End If
    End With
    If nomFile <> "" Then
        lblFile.Caption = nomFile
        lastFile = nomFile
        Open nomFile For Input As #1
        Line Input #1, texto
        txTexto.text = texto
        Do While Not EOF(1)
            Line Input #1, linea
            If texto <> "" Then
                texto = texto + Chr(10)
            End If
            texto = texto + linea
        Loop
        txTexto.text = texto
        Close #1
    End If
End Sub
```

Importar/Exportar Archivos VBA

En ocasiones, puede resultar interesante poder exportar alguno de los archivos donde se almacenan los formularios, módulos o módulos de clase para poder emplearlos posteriormente en otros libros de macros. Para ello, disponemos de las funciones **Importar** (para extraer el código de dichos componentes) y **Exportar** (para añadirlos a los libros de macros destino).

En el siguiente ejercicio, crearemos un formulario con una **caja de texto** y un **botón** para que, tras introducir un nombre en dicha caja de texto, se ejecute un método denominado **Saludar**, el cual estará ubicado en un módulo que simplemente mostrará un **MsgBox** con un saludo.

Posteriormente, exportaremos el módulo y crearemos un libro de macros nuevo en el que importaremos dicho módulo para poder disponer del método **Saludar** e invocarlo desde otro módulo sencillo.

Para realizar este ejercicio, crearemos el libro de macros **Ejercicio100.xlsm**, en el que insertaremos un formulario y un módulo llamados **miForm** y **miModulo**, respectivamente ❶.

Tal y como anticipábamos, el formulario será muy sencillo y solo contendrá un **TextBox** (llamado **txNombre**) y un **CommandButton** (llamado **btnSaluda**) ❷.

En el módulo, insertaremos un método llamado **Saluda** con el siguiente código:

```
Sub Saluda(nombre As String)
    MsgBox "Hola (" & nombre & ") desde " & ActiveWorkbook.Name
End Sub
```

Al hacer doble clic en el botón **btnSaluda**, se abrirá un editor de código en el que insertaremos el siguiente código:

```
Private Sub btnSaluda_Click()
    Saluda txNombre.Text
End Sub
```

Una vez escritos los métodos, ejecutaremos con **F5** para comprobar el funcionamiento del formulario y del método ❸.

Ahora, vamos a exportar el módulo haciendo clic con el botón derecho del ratón sobre él y seleccionando la opción **Exportar archivo**... ❹. En el cuadro de diálogo que se abrirá (**Exportar archivo**) pondremos el nombre **miModulo.bas**.

Seguidamente, crearemos otro libro de macros llamado **Pru100.xlsm** en el que insertaremos un módulo con el siguiente método:

```
Sub Llama_Saluda()
    Saluda ("Maria")
End Sub
```

A continuación, importaremos el módulo que hemos exportado antes haciendo clic con el botón derecho del ratón sobre la carpeta **Módulos** y seleccionando la opción **Importar archivo** ❺.

Veremos cómo ya tenemos el módulo **miModulo** junto al módulo que habíamos creado para nuestro método **Llama_Saluda** ❻.

Por último, ejecutaremos el método **Llama_Saluda** y veremos cómo se muestra el mensaje tal y como esperábamos ❼.

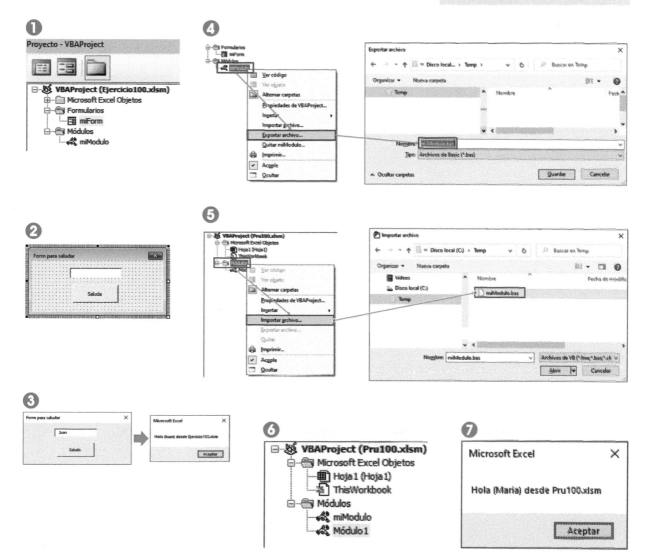

Para continuar aprendiendo

SI ESTE LIBRO HA COLMADO SUS EXPECTATIVAS

Este libro forma parte de una colección en la que se cubren los programas informáticos de más uso y difusión en todos los sectores profesionales.

Todos los libros de la colección tienen el mismo planteamiento que este que acaba de terminar. Así que, si con él hemos conseguido que aprenda nuevas técnicas o que fije conceptos importantes, no se detenga aquí: en la página siguiente encontrará otros libros de la colección que pueden ser de su interés.

Aprender WordPress con 100 ejercicios prácticos

Si le interesa hacer de su página web personal la web de su negocio o quiere desarrollar páginas web corporativas para otras personas, este libro es una magnífica oportunidad para lograrlo. WordPress es el gestor de contenidos más usado en el mercado, es especialmente intuitivo y cuenta con infinitas posibilidades para lograr los objetivos que se proponga.

Gracias a los 100 ejercicios prácticos que encontrará en este libro:

• Aprenderá lo necesario para hacer su primera web y publicarla en Internet.

• Conocerá los plugins más habituales de WordPress para extender las capacidades de su sitio web con las funcionalidades que desee.

• Conocerá todas las opciones disponibles para seleccionar la plantilla que mejor se adapte a sus necesidades.

• Entenderá todas las posibilidades del ecosistema de WordPress para seguir, en un futuro, aumentando con autonomía el conocimiento de esta herramienta.

Aprender React con 100 ejercicios prácticos

Si le interesa ampliar su conocimiento en Javascript, React es la mejor tecnología para aprender. La relación entre el esfuerzo destinado a aprenderla y lo que podrá hacer después con ella es muy positiva. Además, React está ampliamente extendida y es demandada en infinidad de puestos de trabajo.

Gracias a los 100 ejercicios prácticos que encontrará en este libro:

• Comprenderá los fundamentos imprescindibles de React y se capacitará para posteriormente aplicarlos en sus propios desarrollos.

• Creará componentes reutilizables que podrá guardar en su propia colección para reducir los tiempos de desarrollo de sus aplicaciones.

• Realizará aplicaciones que recuperarán información de un servicio externo y la mostrarán en pantalla aplicando estilos para obtener el diseño deseado.

• Practicará con decenas de ejercicios que le permitirán asimilar la materia estudiada.

• Utilizará programación funcional en sus desarrollos: a pesar de no contar con tanta documentación como la programación orientada a objetos en React, es la solución recomendada por Facebook.

COLECCIÓN APRENDER...CON 100 EJERCICIOS

DISEÑO Y CREATIVIDAD

Gran parte del trabajo de los diseñadores gráficos se lleva a cabo con la inestimable ayuda de las herramientas digitales. Aprenda:

- Photoshop
- Illustrator
- Indesign
- After Effects
- Autocad, 3ds Max, Scketch Up
- Premiere

PROGRAMACIÓN, INTERNET Y SISTEMAS OPERATIVOS

El mundo se mueve muy rápido y más en todo lo relacionado con Internet y la programación. Para estar al día le ofrecemos:

- VueJS
- Internet Explorer 10
- Python
- Windos 10
- Informática básica
- HTML5, CSS y Javascript
- Windows 7
- Jquery

OFIMÁTICA

¿Quién no usa un procesador de textos, una hoja de cálculo o un programa de presentaciones? Si quiere dominarlos esto es lo que necesita:

- Access
- Excel
- Office
- PowerPoint
- Word
- Programar con Excel VBA
- Excel financiero
- Fórmulas y funciones con Excel

ELECTRÓNICA

Los dispositivos electrónicos nos rodean día a día (desde el móvil, al ordenador). Aprenda sobre:

- Arduino, prototipado
- Arduino, electrónica
- Raspberry Pi 4
- Raspberry Pi 3

OTROS

La tecnología y la ciencia están llenas de dispositivos y herramientas que nos pueden hacer pasar un buen rato y crecer profesionalmente.

- Impresión 3D
- Astronomía
- Desarrollo de videojuegos
- Inteligencia artificial con Python
- Manualidades con pasta de papel
- Sudokus
- Dreamweaver